현 대 의 철 학 자 들

현 대 의 철 학 자 들

저자 **이윤일** 은

숭실대 철학과를 졸업하고, 동대학원에서 석·박사를 수료하였으며, 철학박사이다.
저서로는『의미, 진리와 세계』,『논리로 생각하기 논리로 말하기』,
『언어철학연구 II』(공저),『논리교실 필로지아』(공저) 등이 있으며,
번역서로는『철학적 논리학 입문』,『콰인과 분석철학』이 있고,
논문으로는「더밋의 의미이론」,「퍼트남의 실용적 실재론」외 다수가 있다.
현재는 관동대학교 교양과 철학 담당 교수이다.

현대의 철학자들 값 13,000원

2002년 9월 10일 초판 발행
2004년 3월 10일 초판 2쇄 발행
2006년 9월 5일 초판 3쇄 발행
2010년 3월 20일 초판 4쇄 발행

지은이 이윤일
펴낸이 이찬규
펴낸곳 **선학사**
등록번호 제10-1519호
주소 121-801 서울시 마포구 공덕동 115-13
전화 02-704-7840
팩스 02-704-7848
이메일 sunhaksa@korea.com
홈페이지 www.sunhaksa.com

ISBN 89-8072-114-5 03160

현대의 철학자들

이윤일 저

선학사

저자 서문

관동대학교 출판부에서 교재를 출판해 보라는 고마운 제안을 받았습니다. 한동안 머뭇거리다가 서양 현대철학을 여러 해 강의해 왔던 터라, 그간 준비했던 강의안을 다듬어 보고 싶은 욕심이 생겨 수락하였습니다. 현대철학 분야를 번역하거나 정리한 책들이 시중에 여럿 있으나, 거의가 교양과정 학생들이 읽고 이해하기에는 좀 어려워 보였기 때문이기도 합니다. 그래서 좀더 쉽게 풀어 해설하겠다는 목표를 세우고 집필에 임했으나, 마감시간이 다가와 막상 작업을 끝내고 보니 그만 장님이 코끼리 다리 만지기 식의 일을 저지르고 만 것 같습니다. 겨우겨우 짜깁기한 정도에 지나지 않는데다가, 일관된 통일성도 없어 보여 내심 불만스럽습니다. 비학둔재한 자의 변명입니다. 앞으로 기회가 오면 바로잡겠습니다.

여기서 소개한 철학자들은 매우 임의적으로 선정된 것입니다. 그냥 1950년대를 기점으로 그 이전의 철학자들에 국한하되, 현대철학에서 중요하다고 생각되는 철학자들을 추렸습니다. 지면상 이 책에서 빠진 해석학, 마르크스주의, 실용주의 철학자들은 제2권에서 다루기로 하였습니다. 따라서 제2권에는 마르크스, 퍼스, 제임스, 듀이, 딜타이의 철학과 더불어, 이 책에서 다루지 못한 나머지 철학자들로서, 바슐라르, 아도르노, 콰인, 포퍼가 포함될 것입니다. 그리고 이 책에서 제외되었던 후기 하이데거와 후기 비트겐슈타인의 철학도 추가될 것입니다. 1950년대 이후에 나타난 구조주의, 후기 구조주의, 사회철학 그리고 후기 분석철학, 후기 해석학, 후기 현상학에 관한 정리는 별도의 책에 담을 생각입니다.

예전에 은사님께서 "철학 오래할 것이 못 된다."고 술회하신 적이 있습니다. 맹랑한 관념의 늪에 빠져 허우적대면서, 현실에 다가가지 못하는 철학도들의 병폐를 뼈아프게 꼬집으셨던 것이 아니었던가 생각해 봅니다. 제가 철학에 입문한 지 27년이 되어 갑니다. 세월의 두께만 쌓였을 뿐, 그 긴 시간을 잘 보내 온 것 같지도 않습니다. 전공분야에서 학문적으로 뚜렷하게 세워놓은 업적도 없고, 저의 철학이라 할 만한 것도 여전히 확립시키지 못하고 있습니다. 이럴 바에야 철학을 대중적으로 알리는 일도 현실에 관여하는 한 방편이 될 수 있겠다 생각되어 매달린 작업입니다. 죽어 가는 인문학을 살려 보고 싶은 애틋한 심정도 실었습니다. 공자께서 "나이 40이 넘어서도 남의 욕을 먹으면 그는 끝장이다."라고 하셨는데, 불혹의 나이를 훌쩍 넘어 지천명의 나이를 향해 달려가는 요즘, 쓸데없는 책이 되어 욕을 얻을까 두렵습니다. 저의 몸가짐도 여전히 불찰의 연속이어서, 자주 후회의 늪에서 허우적거립니다. 그럼에도 저의 결점을 감싸 주고, 살아가는 데 기쁨과 행복을 느끼게 해 주신 분들이 많이 계십니다. 그 진실한 우정과 따뜻한 관심에 고마울 따름입니다. 앞으로도 그분들을 만나는 설레임은 계속될 것입니다. 우리 가족에게도 마음의 평화와 건강이 깃들기를 기원합니다. 이 책의 출판을 권유해 주신 출판부장 송민석 교수님께 감사드립니다. 시인의 손길로 원고를 일일이 검토하고 설익은 문장을 수정해 주신 프랑스 문화학과 심재상 교수님께 감사드립니다. 번거로운 출판 일을 꼼꼼히 챙겨 주신 선학사 이찬규 사장님께도 감사드립니다. 소원에 가깝겠지만, 이 책이 우리 관동대학교의 발전에도 기여할 수 있기를 바랍니다.

2002년 7월 20일

관동대학교 연구실에서

이윤일

차 례

현대철학의 성격

생철학

분석철학

현대철학의
성격

현 대 철 학 의 성 격

오늘날 현대철학이라는 이름 아래 전개되고 있는 광대한 철학의 흐름이 있습니다. 현대철학사조의 이름만 열거해도 머리가 어지러울 만큼 그 조류가 다종다양합니다. 생철학, 실존철학, 마르크시즘, 분석철학, 현상학, 해석학, 실용주의, 구조주의 등, 가히 백가쟁명의 철학자들이 이 시대의 사상적 패권을 차지하기 위해 목청을 한껏 드높이고 있습니다. 게다가 이들의 철학 내용도 대단히 까다롭고 이해하기 힘들어, 전문적으로 철학을 전공하는 학자들조차도 자기 분야 이외의 철학을 넘나들기가 호락호락하지 않습니다. 다. 그래서 현대철학의 흐름을 한 개인이 일목요연하게 규명하기란 그리 쉬운 일이 아닙니다. 다행히도 몇몇 뛰어난 철학사가들이 현대철학의 발생배경과 그 성격을 해명해 준 바 있어, 저자도 현대철학의 사상적 흐름을 어느 정도 이해하고 있습니다. 여기에서는 이 책에서 다루게 될 현대철학에 한정하여 그 발생배경을 설명할 작정입니다. 조급한 일반화의 오류를 저지르고 있는 것인지도 모르지만, 저자가 보기에 현대철학은, 첫째는 헤겔철학에 대한 반동에서, 둘째는 19세기 말 몰아닥친 철학의 위기의식에서 싹텄습니다. 전자는 생철학이나 실존철학의 사조를 설명하는 데 요긴한 관점이며, 후자는 현상학이나 분석철학과 같은 철학방법론의 출현을 설명하는 데 도움이 되는 관점입니다. 이 중에서 먼저 독일관념론의 정점이라 할 수 있는 헤겔의 절대적 관념론의 와해에서 비롯된 현대철학의 출발에 대해 말씀드리지요.

“인간은 이성적 동물이다.”라는 고전적 정의가 서양적 사유에서 나왔듯이, 이성은 서양적 사유의 큰 틀을 이해하기 위한 중핵적 요소이며, 서양철학사 전체의 흐름을 이해하는 데 필수적인 개념입니다. 그런 관점에서 저자에게는 서양철학사 전체가 이성과 반이성 사이의 끊임없는 투쟁의 장이었던 것이라 생각됩니다. 소크라테스, 플라톤, 아리스토텔레스로 대표되는 고대 그리스의 철학자들은 “인간은 이성적 동물이다.”라는 고전적 정의를 확립한 사람들입니다. 이들에게 이성은 이 세계에 존재하는 모든 사물로부터 인간을 구별해 주는 인간만이 가진 존귀한 능력이며, 인간의 탁월성을 설명해 주는 긍정적인 것이었습니다. 이 때 이성은 이치에 맞게 묻고, 이치에 맞게 대답하는 능력, 감정에 치우치지 않고 합리적으로 문제를 해결하는 능력, 사물의 질서와 본질을 파악하는 지적 인식기능, 선악을 제대로 판별하는 논리적 규범 등의 의미로 이해되었습니다.

그러나 중세에, 이성은 인간을 타락으로 인도하는 위험천만한 유혹물로 여겨져, 구원을 위해서는 버려야 할 것이라는 부정적인 평가를 받게 됩니다. 기독교 이론가들의 한 해석에 의하면, 이성은 아담과 이브의 타락으로 말미암아 인간이 얻은 것입니다. 즉, 아담과 이브가 하느님의 엄명을 어기고 선악과를 따먹었다는 것은 선과 악을 판별할 줄 알게 되었다는 것이요, 선과 악을 판별할 줄 알게 되었다는 것은 인간이 이성을 가지게 되었음을 의미한다는 것입니다. 따라서 이성을 버리지 않고는 그 누구도 하느님으로부터 구원받을 수 없으며, 우리의 낙원인 에덴동산으로 되돌아갈 수 없다는 것이지요. 그리하여 이성의 자율성과 독립성을 포기하고, 신앙을 통하여 구원을 받아야 한다는 신학적 인간관이 중세의 천 년을 지배하게 됩니다.

근대에 이성의 복권이 이루어집니다. 르네상스, 자연과학의 발달, 루터의 종교개혁운동 등은 모두 인간의 자율성과 주체성을 재확립하는 데 크게 기여했던 역사적 사건입니다. 근대인은 신이나 자연의 섭리, 정치·경제적인 질서에 수동적으로 종속되려고 하지 않았습니다. 자연법사상과 사회계약론은 왕권신수설을 물리치고 인간의 정치적 자율성을 확보하기 위한 투쟁적 이론이었습니다. 그리하여 그 때까지 왕과 귀족, 국가에 대한 의무만을 강요받았던 평민들이 당당하게 개인의 자유와 권리를 요구하고 나섰습니다. 이 세계도 그 인식론적 위상의 변화를 겪게 됩니다. 근대인들은 중세인들처럼 이 세계를 신의 창조물로 경건하게 관조하는 사람들이 아니었습니다. 그들은 세계를 인간의 인식적·실천적 조작의 대상으로 여겼으며, 인간이 나름대로 자신의 의도에 따라 세계질서를 포착할 수 있는 능력을 지니고 있다고 믿었습니다. 신도 인간인식과 행위의 궁극적인 목적으로 설정하는 것이 아니라, 인간이 세계를 인식할 때 배후에서 요청되는 존재로 간주하였습니다. 윤리학의 경우도 마찬가지입니다. 중세의 윤리학은 종교적 권위와 질서에 의존할 경우에만 의미를 지니는 도덕체계를 세워 왔습니다. 그러나 근대윤리학은 이성이라는 인간적 능력을 바탕으로 자율적 도덕체계를 구성하였습니다. 자율과 자기 규제를 강조했던 칸트의 윤리학이 그 대표적인 사례입니다. 신과 같은 외부의 초월적 존재의 명령에 의해 움직이는 인간이 아니라, 스스로 세운 도덕규칙에 복종하는 인간이 탄생한 것입니다.

이 때부터 이성에 대한 과도한 신뢰가 근대인들의 마음을 사로잡게 됩니다. 서양의 근대철학에서 이성은 진리, 객관성, 확실성, 실재 등과 같은 개념들과의 관계를 통해 이해됩니다. 철학은 진리 및 세계에 대한 객관적 지식을 확보하기 위한 불변적·무역사적인 토대를 탐구하는 학문이었습니다. 근대인들은 철학의 이러한 과제가 이성 자체의 본성과 보편성에 의하여 보증된다고 생각했습니다. 따라서 이성의 선천성·객관성·보편성을 문제삼는 것은 이 토대의 확보작업을 잠식하는 것이요, 철학 자체를 의문시하는 불경한 짓으로 여겨졌습니다.

그래서 19세기에 이성을 바탕으로 한 계몽주의 정신, 낙관주의적 역사관, 진보주의적 사회철학이 득세하게 된 것이지요. 예를 들어, 19세기의 대표적인 철학으로 헤겔로 대표되는 독일관념론, 콩트로 대표되는 프랑스의 실증주의, 그리고 밀로 대표되는 영국의 공리주의가 있습니다. 이 철학들은 각기 그 성격이 다르기는 하지만 모두 합리주의적·낙관주의적이라는 성격을 공유하고 있습니다.

그 중에서도 헤겔의 절대적 관념론은 압도적으로 우세해서 서유럽 사상계에 커다란 영향을 미치고 있었습니다. 헤겔철학은 키에르케고르철학을 다룰 때 구체적으로 소개하기로 하고, 여기서는 간단하게 요지만 언급하겠습니다. 헤겔은 칸트가 소극적으로 보았던 이성을 긍정적·적극적으로 해석했습니다. 헤겔은 "이성적인 것은 현실적이요, 현실적인 것은 이성적이다."라고 말합니다. 이것은 우리가 현실을 인식하는 한, 비로소 현실이 존재한다는 것입니다. 정신은 생각하기 때문에 존재하고, 반대로 저 밖의 사물은 정신이 그 사물에 대해 생각하기 때문에 존재한다는 것이지요. 데카르트는 "나는 생각한다. 그러므로 나는 존재한다."라고 말했습니다. 이에 대해서 헤겔은 한 걸음 더 나아가 "내 사고는 내 존재를 창조한다."라고 선언합니다. 사고는 외부세계의 존재를 증명하고 심지어 창조까지 한다는 것입니다. 이성이 세계를 창조한 하느님의 위치에까지 올라서게 된 것이지요. 이것이 바로 헤겔의 절대적 관념론입니다. 또 헤겔은 역사가 자유를 확장해 나가는 변증법적인 자기 전개라고 보았습니다. 역사는 변증법적 과정을 통해 끊임없이 변화해 가고 있다는 것입니다. 헤겔에게 역사는 단순한 과거의 기록이 아니라 하나의 진보이자 부단한 발전이었습니다.

그러나 헤겔의 이성은 여러 현실에 비추어 본 결과, 너무나도 낙천적이라는 것이 곧 드러나게 되었습니다. 역사가 이성에 따라 낙관적으로 진보하리라는 생각은 환상에 지나지 않았습니다. 이성이라는 이름으로 전개된 프랑스혁명은 사실상 실패해서 사회에 큰 혼란을 일으키고 많은 사람이 불행하게 되었습니다. 자유, 평등, 박애라는 혁명의 이념은 실현되지 않았고, 유럽의 정치적·사회적 질서는 완전히 붕괴될 위험에 놓였습니다. 그래서 메스트르(Joseph de Maistre)는 "인간의 이성에는 인간을 인도하는 힘이 없다는 것이 분명히 입증되었다. 그러므로 사람들이 뭐라고 하든 일반적으로 권위에서 출발하는 것이 좋다."라고 말했습니다. 이로부터 이성의 권위는 떨어지고 이성을 격하시키려는 작업이 곳곳에서 이루어지기 시작하였습니다.

철학계에서 이성을 격하시키려는 작업은 이성과 대립된 반이성을 내세우면서 시작되었습니다. 여기서 반이성이란 이성과 대립되는 일체의 개념적 사유틀이라고 할 수 있습니다. 이를테면 의지, 욕망, 직관, 무의식 등을 말하지요. 그리고 이 반이성적 사유가 현대철학의 출발점을 알리는 신호탄이 됩니다. 예를 들어, 생철학자 쇼펜하우어는 헤겔의 이성 대신 삶의 맹목적 의지가 인간을 움직여 가는 근원적 동인이라고 보았습니다. 또한 쇼펜하우어는 합목적적·낙관주의적인 헤겔의 역사철학에 반대하여, 발전의 개념도 거부합니다. 세계의 본질인 의지는 무시간적이므로, 의지를 역사적으로 파악하는 것은 불가능하다고 보고 있습니다. 쇼펜하우어에게 역사는 학문으로 성립될 수 없습니다. 역사는 개별적이고 특수한 것과 관계될 뿐 보편적인 성격을 지닐 수 없다는 것입니다. 역사는 방향도 목적도, 법칙성도 없습니다. 인류나 민족과 같은 개념도 추상에 불과하며, 구체적인 것은 개인뿐이라고 보고 있습니다. 그래서 쇼펜하우어는 "역사는 살인과 강도와 음모와 거짓말의 끝없는 연속이니, 네가 그 하나를 안다면, 그 모든 것을 알리라."라고 부르짖습니다. 생철학자 니체도 이성 대신에 '힘에의 의지'를 설파합니다. 니체의 '생'은 비역사적인 성격을 띠고 있는 것으로서, 니체는 그것이 역사보다 더 근원적이고 중요한 요소라고 생각합니다. 니체의 영겁회귀사상도 헤겔의 역사철학을 반대로 뒤엎는 주장입니다. 영겁회귀의 세계는 끊임없이 생성·발전하는 세계, 즉 만물이 무한히 되풀이되어 이합집산하는 세계입니다. 모든 것은 영원한 변화인 동시에 이러한 변화는 영원히 되돌아오는 원형운동을 합니다. 따라서 자연과 사회의 진보란 하나의 환상에 불과합니다. 세계의 발전에는 그것이 지향하는 목적이나 의도가 있을 수 없습니다. 모든 움직임은 목표도 의도도 없기 때문에 진보적인 운동이 아니라 제자리로 돌아오는 원형운동일 뿐입니다. 역시 같은 생철학자인 베르크손도 이성 대신 직관과 지속을 내세웁니다. 이성을 통한 개념적 사유는 움직이고, 성장하고, 생성하며, 살아 있는 삶과 운동의 세계를 설명하는 데 무력하다는 것입니다.

실존철학도 헤겔의 역사철학에 대한 반발로 등장하였습니다. 헤겔은 인간 개개인의 삶이 필연적인 역사발전의 한 계기일 뿐, 그 자체로서는 그 어떤 독자적인 의미도 없다고 보았습니다. 개개인은 세계역사라는 연극에 등장하는 꼭두각시입니다. 세계역사라는 연극작가는 이념이요, 개인들은 세계정신의 대행자에 불과합니다. 인간 개개인은 역사의 필연성이라는 수레바퀴가 굴러가는 대로 끌려다닙니다. 거기에 반항하지 못하고 그냥 내맡겨져 있을 뿐입니다. 개인으로서의 인간은 역사 앞에서 무력하고 왜소하고 유한합니다. 이에 맞서 실존철학자들은 인간의 주체성, 단독자 의식, 주체적 진리를 강조합니다. 또한 역사로 파악될 수 없는 비합리적인 것, 일회적인 것, 구체적인 것, 내면적인 것, 체험적인 것, 역동적인 것을 강조합니다. 그래서 실존철학자들은 사물이나 인간에 대한 일반적인 정의에는 관심이 없습니다. 실존철학자들은 구체적인 상황 속에 있는 개별적인 인간이 어떻게 규정되고 행동하느냐에 대해 관심을 쏟습니다. 즉, 인간에 대한 보편적인 이론보다 개인적인 인간존재에 관심을 보입니다. 보편적인 이론은 정작 각 개인에게서 가장 중요한 것을 배제시키는 것으로 여겨집니다. 데카르트는 "나는 생각한다. 그러므로 나는 존재한다."라고 선언함으로써 중세 철학의 체계를 일거에 와해시키고 근대 합리론철학의 발판을 마련하였습니다. 그러나 데카르트의 사유하는 주체는, 개별적으로 실존하는 주체가 아니라 보편적인 이성을 문제삼고 있는 것이기 때문에, 우리는 데카르트를 실존철학자라고 할 수 없습니다. 오히려 철학사에서는 "저 무한한 공간의 영원한 침묵이 나를 두렵게 한다."라고 고백했던 파스칼이, 인간의 고독, 죄, 영원한 구원에 관심을 가졌던 철학자였다는 점에서 실존철학의 풍미를 담고 있었던 것으로 보기도 합니다. 보다 구체적으로 헤겔철학과 대립되는 면을 보면, 실존철학의 선구자 키에르케고르는 헤겔의 매개개념에 반대해서, '이것이냐 저것이냐'를 요구하는 개인의 절대적 선택을 강조하였습니다. 만약 인간의 행위가 역사적 필연의 매개일 뿐이라면, 헤겔에게는 애당초 인간적 자유가 있을 수 없습니다. 그러나 하이데거, 야스퍼스, 사르트르와 같은 실존철학자들은 개인의 자유를 분명히 가장 중요한 인간적 특성이라고 봅니다. 그래서 이들은 사람은 누구나 스스로 자신의 태도와 가치와 생활방식을 선택할 수 있다고 믿습니다. 게다가 이들은 인간을 이성적 동물로 파악하기보다는, 애초부터 '세계-내-존재', '상황-내-존재'로서 이미 이 세계 속에 던져진 존재로 파악합니다. 이성이란 우리가 이 세계에 들어와 필요할 때 세계에 대처하는 데 사용하는 이차적인 기능에 지나지 않는다는 것입니다.

이런 의미에서 생철학과 실존철학은 일종의 반이성주의 또는 반주지주의(anti-intellectualism) 철학이라고 규정할 수 있겠습니다. 반이성주의란 이성을 전적으로 무시하는 입장이 아니라, 인간의 본성을 반성해서 이성의 무제한적인 역할을 제한하려는 사상경향을 말합니다. 이러한 반이성주의 경향은 다른 학문에서도 나타났습니다. 오늘날 심리학의 두 주류를 형성하고 있는 행태주의 심리학과 정신분석학도 모두 반이성주의를 표방하는 학문입니다. 예를 들어, 파블로프(Ivan Petrovich Pavolv)는 조건반사실험을 통하여 개의 신경증을 유발시키는 데 성공하였습니다. 파블로프의 업적은 우리의 많은 행동이 대뇌피질에서 일어나는 것에 의해 결정되거나 크게 영향받는 것이 아니라는 것을 보여 준 데 있습니다. 즉, 인간도 이성적인 생각을 깊이 하고 나서 행동하는 것이 아니라, 반사적인 행동을 되풀이함으로써, 그런 행동이 습관화될 수 있다는 것을 보여 준 것입니다. 바로 세뇌라는 것이 파블로프실험을 인간에게 응용한 것이지요. 프로이트의 정신분석학도 반이성주의 사조에 속합니다. 프로이트에 의하면, 인간은 리비도(Libido), 즉 성적 충동에 의해 움직입니다. 프로이트는 나중에 리비도라는 말 대신에 좀 덜 성적인 의미를 지닌 이드(id)라는 말을 사용하였는데, 이드는 우리의 무의식의 일부입니다. 인간은 이드로 인해서 욕구하고 행동합니다. 이드는 이성적인 것이 아니고, 깊고 충동적인 욕망이자, 정동적인 것입니다. 이런 무의식이 우리의 행동을 지배한다는 것이지요. 프로이트에게 현실적으로 이성을 사용하는 사고는 무의식이라는 거대한 빙산의 일각에 지나지 않습니다.

이 책에서 다루지는 못하겠지만, 20세기 후반에 전개된 많은 철학도 모두 이성의 보편성·선천성·절대성을 부정하는 데 저마다 한 몫을 하고 있습니다. 경험론의 독단에 대한 콰인의 치밀한 공격, '주어진 것의 신화'를 설파한 셀라스, 과학적 변화와 지식의 성장은 선형적인 진보에 의해서라기보다는 갑작스러운 패러다임의 변화와 혁명을 통해 이해되어야 한다는 쿤의 주장, 이론-관찰 이분법에 대한 핸슨과 포이에르아벤트의 반발, 인식론적 토대주의·반토대주의의 구분에 대한 로티의 근본적인 폐기주장, 서유럽의 과학적 합리성에 기초하여 외국문화를 해석하려는 자들에 대한 윈치의 반발, 인식주도적 인간관심에만 터잡은 실증주의적 과학상에 대한 하버마스의 비판 등은 모두 소박한 이성개념과 이성의 맹신에 터잡은 과학지상주의에 대한 준엄한 꾸짖음입니다.

이제는 19세기 말 철학의 자기 정체확인작업에서 비롯된 현대철학의 발생에 대해 말하겠습니다. 오랫동안 철학은 온갖 학문의 왕자임을 자처해 왔으며, 신하의 역할을 했던 개별과학들은 감히 그 위세에 도전하지 못했습니다. 아니, 처음 생겨났을 때부터 철학은 사실상 학문을 총칭하는 것이기도 하였습니다. 그러다가 근대에 철학의 권위를 뒤흔드는 초유의 사건이 일어납니다. 그것은 그 때까지 자연철학이라고 했던 철학의 한 분야가 뉴턴물리학이라는 이름으로 분가한 사건입니다. 자연에 관한 연구는 이제 자연과학자들의 몫으로 넘어갔으며, 철학은 그들의 손이 미치지 못하는 정신영역을 움켜잡고 자위하지 않을 수 없었습니다. 그러나 더 심각한 문제는 자연과학이 분가에 만족하지 않은 채, 정신영역을 자기들의 학문영역으로 편입시키려고 끈질기게 도전해 왔다는 점입니다. 자연과학의 눈부신 발전은 역사, 예술과 같은 인문과학 또는 정신과학의 문제까지도 자연과학의 방법론을 가지고 해결하려는 경향을 낳았던 것입니다. 예컨대 밀은 자기의 귀납

논리를 정신과학(moral science)에 적용하려고 하였습니다. 브렌타노도 "철학의 참방법은 자연과학의 방법과 다를 것이 없다."라고 주장하였습니다. 철학은 이에 맞서, 철학을 자연과학과 대립되는 정신과학이라고 규정하고, 정신과학의 방법론은 자연과학의 방법론과는 근본적으로 다른 것임을 보여 주고자 하였습니다. 신칸트학파의 철학과 딜타이로 대표되는 해석학이 바로 그것입니다. 그래서 신칸트학파의 철학자인 빈델반트는 학문을 법칙정립적 과학(die nomothetische Wissenschaft)과 개성기술적 과학(die idiographische Wissenschaft)으로 나누었고, 또한 리케르트도 이를 이어받아 보편화방법(das generaliserende Verfahren)과 개성화방법(die individualisierende Verfahren)으로 구별하였습니다.

자연과학은 법칙을 일반화하여 이루어지는 법칙정립적 과학이요, 인문과학, 정신과학 또는 문화과학은 역사적 현실의 개성을 기술해 주는 개성기술적 과학이라는 것입니다. 해석학의 완성자 딜타이도 이런 배경에서 자연과학과 정신과학을 대립시키고 "우리는 자연을 설명하고 정신생활을 이해한다."라고 선언합니다. 정신과학을 이해하는 방법론이 바로 해석학이라는 것입니다. 그러나 철학을 정신과학으로 규정하려는 입장도 곧 위기를 맞게 되었습니다. 인간의 마음·정신을 연구하는 분과과학으로 심리학이 출현했기 때문입니다. 이렇게 인간과 그 심리적 현실을 연구하는 심리학이 철학으로부터 독립하게 되면서, 이제 철학에 남겨진 고유한 탐구대상이 과연 무엇인가 하는 문제가 등장했습니다.

　이러한 철학의 정체성 위기에 직면해서, 분석철학자들은 철학의 고유과제가 순수이성비판이 아닌 언어비판이라는 해답을 제시하였습니다. 철학은 세계의 어떤 부분에 관한 진리를 발견하는 것을 목표로 삼는 사실 과학이 아니라는 것입니다. 분석철학자들에 의하면, 철학은 사실에 관한 지식을 표현하는 도구인 언어의 의미분석을 본령으로 하는 학문입니다. 사고는 언어로 객관화됩니다. 역으로 언어는 사고의 화신입니다. 따라서 정신이나 사고를 철학의 대상으로 삼을 것이 아니라, 언어를 탐구대상으로 하고, 그 언어가 지닌 의미를 분석하자는 것입니다. 그래서 카르납과 같은 초기 분석철학자들은 모든 형이상학적 명제를 인식적으로 무의미한 사이비명제로 보고, 언어의 논리적 분석을 통해 전통형이상학을 제거하고자 했고, 전통철학적 물음을 언어적 물음으로 환원시켰습니다. 바로 이것이 로티(R. Rorty)가 말하는 '언어적 전회(linguistic turn)'입니다. 이 언어적 전회의 성격은 슐릭(M. Schlick)이 "우리는 의미의 발견을 과제로 하는 철학방법과 진리의 발견을 과제로 하는 과학방법이 명확하게 대비된다는 것을 깨닫는다. 나는 과학은 '진리를 추구하는 학문'이고 철학은 '의미를 추구하는 학문'이라고 믿는다."라고 주장한 데서 단적으로 나타납니다. 말하자면 철학자는 과학적 진술들의 의미를 명료히 하고, 과학의 언어를 구성하거나 재구성한다는 것입니다. 이처럼 의미와 진리 사이의 구분은 과학의 영역과 철학의 영역을 갈라 주면서, 철학의 일이 과학의 일에 선행한다는 것을 보여 주었습니다. 그 결과, 철학은 과거 전통철학이 차지했던 만학의 여왕이라는 자리를 고수할 수 있게 되었습니다. 따라서 근대철학에서 던져졌던 인식론적 물음들은 "언어를 사용할 때 유의미함을 획득하거나 보증할 수 있는 방법은 무엇인가?, 유의미성을 충족시키기 위해는 어떤 조건이 필요한가?, 다양한 언어적 표현들의 의미와 사용을 명백하게 드러내 줄 수 있는 방법은 무엇인가?"라는 언어적 물음으로 바뀌게 됩니다. 이제 철학자는 사실의 세계를 직접 연구해야 할 필요가 없어졌습니다. 여기서 직접 연구한다 함은 경험적 방법에 의해 연구한다는 것을 의미합니다. 철학자는 실험이나 관찰을 하는 경험적 방법으로 어떤 사실의 구조를 밝히는 작업을 하지 않고, 여러 학문의 이론과 일상언어를 분석·검토하는 논리적 작업에 종사합니다. 이런 의미에서 분석철학의 작업은 메타이론적 작업입니다. 다시 말해, 메타이론이란 이론에 대한 이론이며, 존재하는 구체적 대상의 성질과 구조를 설명하는 개별학문의 이론을 논리적으로 분석·검토하는 작업입니다. 이런 분석철학의 정신은 비트겐슈타인의 전기 사상이 집약된 『논리철학논고』에서 명기되었습니다. 이 책에서 비트겐슈타인은 "철학의 목표는 사고에 대한 논리적 명료화이다. 철학은 교설이 아니라 하나의 활동이다. 철학적 작업은 본질적으로 명료화 작업이다, 나의 언어한계는 나의 세계의 한계이다. 모든 철학은 언어비판이다."(4.0031)라고 합니다. 그래서 몰턴 화이트와 같은 철학사가는 철학에 관한 한 20세기를 '분석의 시대'라고도 하였습니다. 넓은 의미에서 분석철학은 프레게, 무어, 러셀, 비트겐슈타인, 슐릭, 카르납, 에이어, 포퍼 그리고 일상언어학파인 오스틴, 라일 등의 철학을 포괄하고 있습니다. 또한 형식논리학과 언어학의 최근 발전과 맞물려 전개되고 있는 철학적 논리학의 작업도 포함하고 있습니다. 여기에는 진리와 지시체에 관한 여러 가지 의미론적 문제를 연구하고 있는 콰인, 스트로슨, 크립키, 데이빗슨, 퍼트남, 더밋 등의 철학이 첨가됩니다. 대체로 현대의 영미철학자들이 분석철학의 방법론을 사용하고 있는 것으로 이해하면 될 것입니다.

마찬가지로 현상학이라는 철학방법론도 당시 심리학주의로 대표되었던 과학지상주의의 도전에 맞서기 위해 후설이 창안한 것입니다. 후설의 현상학은 과학의 힘이나 과학의 성과를 무작정 부정하는 것이 아닙니다. 다만 과학적 방법을 통해 보이는 세계가 가장 확실하고, 객관적인 세계라고 믿는 소박한 과학주의를 질타하는 것입니다. 그래서 후설은 자연과학의 연구를 위한 수리물리학적 방법론이 정신과학의 영역에까지 일반화되는 것을 비판하고, 무전제성의 요구를 만족시키는 엄밀학으로서의 제1철학을 확립하고자 하였습니다. 후설이 과학주의에 대해서 이의를 제기했던 것은 과학적 인식이 우리의 주관성과 결코 무관하지 않다는 점 때문이었습니다. 모든 인식은 우리의 의식, 즉 주관성에서 출발하며, 과학도 예외가 될 수 없다는 것입니다. 후설은 스승 브렌타노에게서 배운 '지향성'이라는 중요한 개념을 가지고 현상의 본질구조를 추출해 냄으로써, 확실한 인식의 절대적 근거를 확보하게 됩니다. 나중에 후설편에서 상세히 다루겠지만, 그 근거를 확보하는 과정은 외부세계에 대한 자연적 태도를 유보하고, 즉 판단중지하고, 이를 통해 외부대상으로만 향하던 우리의 시선을 의식내재적 영역으로 돌리는 현상학적 환원을 수행하는 것입니다. 현상학적 환원은 우리에게 현상학의 고유영역인 절대명증의 영역을 마련해 주며, 이 영역에서 외부대상은 의식에 나타난 현상으로서의 대상이 됩니다. 대상이 항상 의식의 대상으로 존재한다는 것은, 바꾸어 말하면, 의식은 대상 없는 의식이 아니라 항상 무엇에 대한 의식임을 의미합니다. 그리고 이렇게 우리의 의식에 직접적으로 주어진 것은 명증적일 수밖에 없습니다. 그리하여 엄밀학으로서의 철학이념을 추구하는 후설의 현상학은 경험과학이 아니라, 현상의 본질구조를 탐구하는 본질학이 되었습니다. 일반적으로 개별과학들은 각각 자기 고유의 탐구대상과 연구방식을 가지고 있습니다. 개별과학은 현상을 선택하고 개념화하는 수단입니다. 현상학적 환원을 통해, 개별과학은 자기들이 서 있는 기반, 즉 자기들이 연구하는 현상의 본질적 성격을 볼 수 있게 됩니다. 개별과학들은 특정한 태도에서의 현상에 대한 과학이며, 현상학은 현상의 본질구조를 탐구하므로, 당연히 현상학은 개별과학들에 그 토대를 마련해 줄 수 있습니다. 앞에서 분석철학이 진리보다는 의미의 문제를 탐구함으로써 제1철학의 자리를 되찾았듯이, 이렇게 해서 현상학도 제1철학의 자리를 다시 확보하게 됩니다. 후설의 현상학은 이후 20세기 서양철학자들에게 커다란 영향을 미쳤습니다. 우리가 이 책에서 공부하게 될 하이데거, 사르트르, 레비나스, 메를로-퐁티 등이 모두 후설의 현상학을 자기 철학의 방법론으로 사용하는 철학자들입니다. 그 밖에도 셸러, 바슐라르, 인가르덴, 슈츠 등도 직·간접적으로 현상학적 방법을 받아들인 사람들입니다. 분석철학계에서도 후설의 영향을 확인할 수 있습니다. 후설의 지향성 개념은 치좀의 인식론, 힌티카의 가능세계의미론, 설의 심리철학 등과 관련하여 퍽 활발하게 논의되었습니다.

이상의 이야기는 19세기 말부터 20세기 초에 일어난 현대철학의 발생과정을 생철학, 실존철학, 분석철학, 현상학을 중심으로 정리한 것입니다. 이 밖에도 현대철학에 속하는 철학이 여럿 있습니다. 그것들에 관해서는 또 다른 책에서 소개할 작정이므로 여기서는 간단히 정리하기로 하겠습니다. 우선 마르크스주의도 헤겔의 절대적 관념론에 대한 반발에서 출발합니다. 마르크스의 철학은 헤겔의 변증법을 받아들이고는 있지만, 헤겔의 유신론적 철학을 무신론적 철학으로, 유심론적 사관을 유물사관으로 바꾸어 놓은 것입니다. 헤겔의 정신이라는 개념을 물질이라는 개념으로 바꾸어 놓으면, 거의 마르크스철학과 같은 것이 된다고 생각해도 좋겠습니다. 정치화된 교조적 마르크스주의 철학은 레닌으로 이어집니다. 이후 마르크스주의의 전횡적 독단과 비인간적 행태에 반기를 들어 인간의 얼굴을 한 마르크스주의를 표방한 철학자들이 등장합니다. 동부 유럽의 게오르그 루카치 그리고 독일에서 발생한 프랑크푸르트학파의 신마르크스주의자들인 호르크하이머,

아도르노, 벤야민, 에리히 프롬 등이 그들입니다. 이들의 관심사는 오늘날 사회철학에서 미국의 마르쿠제, 독일의 하버마스가 이어가고 있습니다.

철학방법론으로서 또 하나의 중요한 전통을 형성하고 있는 것이 해석학입니다. 원래 해석학은 성서해석학, 문헌해석학에서 출발하였으나, 슐라이어마허가 해석방법일반에 관한 이론으로 확립시킵니다. 철학 내에서는 딜타이가 정신과학을 해명하기 위한 인식론으로 정립합니다. 하이데거는 후설의 현상학을 받아들이기도 했지만, 존재론적 관점에서 해석학을 재조명함으로써, 그 때까지 방법론과 인식론으로 이해되던 해석학적 사유를 존재론적 해석학으로 변모시켰습니다. 하이데거의 존재론적 해석학은 가다머와 리쾨르에게 전승되어, 가다머의 철학적 해석학, 리쾨르의 텍스트 해석학으로 발전하였습니다.

한편, 미국의 실용주의는 사물지각이 언제나 인간행위자의 관점과 실천에서 이루어진다는 중요한 착상에서 시작되었습니다. 실용주의의 가장 큰 특징은 사실과 가치의 이분법을 배제하면서, 반회의주의와 오류가능주의(fallibilism)를 주장한다는 점입니다. 반회의주의란 의심도 신념과 똑같이 정당화의 요구를 만족시켜야 한다는 것이고, 오류가능주의란 결코 개정될 수 없는 신념에 대한 형이상학적 보증은 있을 수 없다는 것입니다. 우리가 오류를 저지를 가능성이 있으면서도 반회의적일 수 있다는 것은 미국실용주의만이 포착한 유일무이한 통찰입니다. 미국실용주의는 퍼스에서부터 시작되어 제임스를 거쳐 듀이에게서 절정을 이룹니다. 오늘날 미국철학을 대표하고 있는 콰인이나 쿤, 퍼트남의 철학에도 이 실용주의의 통찰이 그대로 유지되고 있습니다.

끝으로 구조주의와 후기 구조주의에 대해 간단히 언급하겠습니다. 구조주의는 처음에는 언어학에서부터 출발하였으나, 프랑스의 문화인류학자 레비스트로스의 공헌으로 본격적으로 철학으로 편입된 학문방법론입니다. 구조주의는 의식, 시간, 역사성의 범주에서 맴돌고 있었던 현상학이나 실존철학의 주체 중심적 사유에 반대해서 주체의 해체라는 기치를 높이 듭니다. 구조주의는 인간중심적 주체가 사실은 무의식적 보편구조의 산물이며, 따라서 인간의 모든 행위는 거기서 독립된 구조에 의해 고유한 자리와 의미가 부여된다고 주장합니다. 이처럼 우리의 의식에 영향을 미치는 무의식적인 보편구조를 문제삼는다는 점에서 구조주의 방법론은 무의식을 이야기하는 프로이트의 정신분석학과 그 맥을 같이 하지만, 늘 또렷한 의식상태를 전제로 하는 현상학과 같은 방법론과는 상극의 위치에 있습니다. 구조주의 방법론은 여러 가지 문화현상에 광범위하게 적용되었습니다. 레비스트로스의 인류학, 라캉의 정신분석학, 알튀세르의 마르크스주의, 푸코의 담론의 고고학, 바르트의 문학비평과 기호학적 분석 등은 모두 구조주의 방법론을 적용하여 얻은 중요한 성과입니다. 후기 구조주의는 전기 구조주의에서 배제되었던 주체와 역사의 문제를 다시 구조주의 틀에 끌어들여 절충을 시도하였습니다. 함께 묶기에는 좀 부담이 가지만, 푸코와 들뢰즈,

데리다 등과 같은 철학자들이 그 대표자입니다.

철학은 마치 관념의 유희인 것처럼 생각될 때가 많습니다. 그러나 인간과 세계에 대한 포괄적인 전망과 깊이 있는 이해를 위해는 불가결하게 공부하지 않을 수 없는 학문입니다. 더구나 한낱 관념의 유희로만 여겨지던 철학적 사고가 현실적인 힘을 얻었을 때는 무서운 힘을 발휘합니다. 헤겔철학이 해체된 후, 헤겔철학은 헤겔좌파와 헤겔우파로 나뉘어 전개되었습니다. 이후 헤겔좌파는 정치적으로 마르크스주의로 이어졌고, 헤겔우파는 나치즘과 파시즘으로 이어졌습니다. 수천만 명의 인명을 앗아 갔던 피비린내 나는 제2차 세계대전이 사실은 초기에는 이념상의 조그마한 차이에서 비롯되었다는 것을 생각하면, 철학적 사유의 힘에 말할 수 없는 전율을 느끼게 됩니다. 현대철학을 잘 소화하여 현대를 살고 있는 여러분들의 사상적·시대적 위상을 잘 파악하고, 자기 정체를 확인하는 데 도움이 되기를 바랍니다. 이 책을 읽고 난 후, 학문적으로 성숙하여 전과는 달라진 자신을 발견하기 바랍니다.

생철학

쇼 펜 하 우 어 의   생 철 학

생 애

쇼펜하우어(A. Schopenhauer, 1788~1860)는 1788년 오늘날 그다니스크
라는 독일의 단치히에서 은행가였던 아버지와 자유분방한 문인이었던
어머니 사이에서 태어났습니다. 21세 때 괴팅겐대학에 입학하여 자연
과학, 역사 그리고 철학을 공부하였습니다. 또 한때 베를린대학에서
피히테의 강의를 듣기도 하였으나, 당시의 강단철학에 실망을 하고 그
후에는 주로 독학을 하였습니다. 쇼펜하우어가 평생 동안 어머니와 다
투며 살았다는 것은 익히 알려진 사실입니다. 쇼펜하우어의 어머니는
당시 사교적인 인기작가로서 남편이 죽자 재혼을 하게 되는데, 이것을

계기로 아들과 멀어집니다. 일찍이 괴테가 쇼펜하우어의 어머니에게 '아들이 앞으로 유명 인사가 될 것'이라고 예언한 적이 있었습니다. 이 말을 들은 쇼펜하우어의 어머니는 스스로 천재라고 생각하고 있었던 터에 한 가족 안에 천재가 둘이 있다는 사실을 용납할 수 없었습니다. 불화가 절정에 이르자 어머니는 아들을 계단 밑으로 밀어 떨어뜨렸습니다. 분노한 쇼펜하우어는 "어머니는 나를 통해서만 후대에 알려지게 될 것입니다."라고 하고는 결별을 선언했습니다. 실제로 그 후 24년 동안 모자는 끝내 재회하지 못했습니다. 뒤에 서술하겠지만 쇼펜하우어의 철학 도처에서 보이는 여성혐오증은 어머니와의 불화에서 유래한 것이라고도 할 수 있습니다. 쇼펜하우어의 성격은 원만하지 못하였습니다. 자신을 '인간혐오자', '염세주의자'라고도 했는데, 동료들이 자기에게 해를 끼칠까 봐 늘 경계하였고, 이발사가 면도칼로 자기의 목을 벨지도 모른다는 불안감 때문에 면도를 시키지도 않았습니다. 심지어는 주위사람에게 폭력을 휘둘러 불구자로 만든 일도 있었습니다. 그래서 그 배상 때문에 재정적인 어려움을 겪었습니다. 쇼펜하우어는 자신의 책이 인정받기 시작한 말년의 몇 년을 제외하고는 불우한 생애를 보냈습니다. 일생 동안 외부인과 접촉을 끊고 개 한 마리와 함께 독신으로 살았지요. 그의 불행한 이력과 관련하여 여러 가지 일화가 전해오고 있습니다.

쇼펜하우어는 자신의 주저 『의지와 표상으로서의 세계(*Die Welt als Wille und Vorstellung*)』를 쓴 후에 다음과 같이 자기를 자랑하는 글을 써서 출판사에 보낸 적이 있었습니다. "이 책은 모든 낡은 관념들의 단순한 재생이 아니라 독창적 사상으로서 지극히 일관된 체계로 명석하고, 알기 쉽고 또 상당히 유력한 책이다. …… 앞으로 이 책은 다른 무수한 책들이 씌어질 원천이 되고 유인이 될 것이다." 그러나 이 책은 당시에 전혀 사람들의 주목을 받지 못했습니다. 결국 출판사는 무려 16년간이나 팔리지 않은 채로 남아 있던 책을 거의 모두 휴지값으로 팔아 버렸습니다. 1822년에 쇼펜하우어는 베를린대학에서 그렇게도 갈망하던 시간강사의 자리를 얻었습니다. 슈펜하우어는 곰곰이 생각한 끝에 당시 가장 이름을 날리고 있었던 헤겔의 강의시간과 같은 시간대에 자기의 강의시간을 정해 놓았습니다. 학생들만은 앞으로 자기를 헤겔과 같은 위대한 철학자로 알아 줄 수 있으리라고 기대했기 때문이었습니다. 그러나 학생들은 전혀 쇼펜하우어를 알아 주지 않았습니다. 얼마 안 되는 학생도 강의 도중에 빠져나가고 말았고, 어느 순간 쇼펜하우어는 자기가 텅 빈 강의실에서 혼자 강의하고 있는 자신을 발견하게 되었습니다. 결국 쇼펜하우어는 사직을 하고, 사람들 앞에서 헤겔에 대해 온갖 험담을 하고 돌아다녔습니다. 헤겔을 '사이비 지혜', '정신병자의 수다', '사기꾼', '정신이 썩어빠진 추악한 남자'라고 비난하였던 것이지요. 그 때문인지 이 후에 쇼펜하우어가 쓴 책들은 더욱 팔리지 않게 되었습니다. 철학자로서 최초로 공공연히 무신론자로 자처했고, 악의 세계를 강조했던 쇼펜하우어는 1870년 72세의 나이에 심장마비로 세상을 떠났습니다. 저서로는 『의지와 표상으로서의 세계』(1819), 『윤리학의 두 가지 근본문제』(1841), 『부록과 추가』(1851) 등이 있습니다.

의지와 표상으로서의 세계

『장자』에는, 공자와 같은 시대에 살았던 도둑의 괴수 도척의 이야기가 나옵니다. 하루는 도척이 사람의 간을 안주로 해서 술을 마시고 있는데, 졸개가 "도둑에게도 도가 있습니까?"라고 묻습니다. 그러자 도척은 "어떤 일인들 도가 없을 수 있겠느냐? 남의 집 안에 간직된 재물을 들어가 보지 않고도 밖에서 알아 맞추는 것이 성(聖)이다. 선두에 서서 남의 집에 쳐들어가는 것은 용(勇)이다. 동료들을 다 내보내고 맨 나중에 나오는 것은 의(義)이다. 도둑질이 성공할지 못할지 미리 알아 맞추는 것이 지(知)이다. 훔쳐 가지고 나온 물건을 고르게 분배하는 것이 인(仁)이다. 일찍이 이 다섯 가지 도를 구비하지 못하면서 큰 도둑이 된 예는 천하에 없었다."라고 대답했습니다.

이 세상 힘겹게 노력해 벌어먹고 살아야 한다는 것은 누구나 다 아는 사실입니다. 그러나 도둑은 그런 고된 길을 무시하고, 손쉽게 물질을 얻으려는 자기의 욕망을 채우기 위해, 타인의 신체와 생명을 위협하면서까지 남의 재산을 약탈합니다. 그 욕망을 달성하기 위해 잔머리를 굴립니다. 어떻게 하면 교묘하게 남에게 들키지 않고 재빨리 도둑질할 것인가를 골똘히 생각합니다. 그리고 자기의 사악한 행위를 정당화하기 위해 억지 논리를 만들어 변명하기도 합니다. 장자는 도가 계열의 사상가입니다. 당연히 도가적인 입장에서 성, 의, 지, 용, 인과 같은 유가의 이념들을 비판하기 위해 위의 도척 이야기와 같은 우화를 만들어 냈습니다. 그러나 저자에게는 이 우화가 인간이 품은 욕망을 정당화하기 위해 이성을 사용하고 있는 전형적인 사례처럼 보입니다. 이처럼 인간의 행위와 세계의 성립을 좌우하는 근본적인 동인이 이성이 아니라 욕망, 또는 의지라고 본 대표적인 철학자가 바로 쇼펜하우어입니다.

쇼펜하우어의 생철학은 칸트철학의 기본적 직관을 받아들이면서 동시에 헤겔의 철학에 대한 반동에서 출발합니다. 칸트는 오성이 만들어 낸 표상의 세계와 그 밑에 있는, 우리가 알 수 없는 물자체의 세계를 구분함으로써 이원론의 입장에 머물렀습니다. 우리의 진정한 인식은 감성과 오성의 결합에 의해 성립된 자연과학적 인식에 한정되며, 아무 감성적 재료가 주어지지 않은 채 이성만의 활동을 통해 만들어진 형이상학적 지식은 우리가 해결할 수 없는 이율배반만 일으킬 뿐이라는 것이지요. 여기서 오성을 'understanding(영어)', 'Verstand(독일어)'라고 하는데, 보통은 '이해'라고 번역되어 사용되고 있습니다. 그러나 칸트철학의 독특한 면 때문에 철학에서는 오성이라고 번역해서 사용하고 있습니다. 쇼펜하우어에 의하면 오성 밑에는 욕망 또는 의지가 자리잡고 있습니다. 칸트가 말한 물자체를 의지라고 해석한 것입니다. 우리가 물자체를 알 수 없듯이, 욕망이나 의지도 인간이 이해할 수 없는 불가해한 영역이라고 인정한 것입니다. 그런데 쇼펜하우어는 오성이 우리의 욕망과 의지를 다스리는 것처럼 보이지만 사실은 그 반대라고 생각합니다. 욕망과 의지가 주인이고, 오성은 단지 의지의 안내자요, 노예일 뿐이라는 것이지요. 오성은 우리의 욕망을 달성하기 위한 수단에 불과하다는 것입니다. 예컨대 쇼펜하우어가 보기에 논리학은 오성의 대표적인 산물입니다. 그러나 사람들은 오성의 산물인 논리를 가지고는 다른 사람들을 쉽사리 설득시키지 못합니다. 오히려 사람들을 설득하기 위해는 그 사람 자신의 이해관계, 그 사람의 마음 속에 깃들여 있는 욕망, 그 사람의 의지를 잘 간파해 내서 거기에 호소하지 않으면 안 됩니다. 이처럼 오성은 의지, 욕망의 지배를 받고 있다고 쇼펜하우어는 주장합니다. 인간의 가장 기본적인 욕구, 예컨대 먹으려는 것은 근거도 없고 동기도 찾아볼 수 없는 살려는 맹목적인 의지의 한 표출입니다. 또 결혼해서 자식을 낳으려는 것도 반성이나 이성이 시키는 짓이 아닙니다. 결혼은 고상한 대화를 나누기 위해서가 아니라 아이를 낳기 위해 하는 것이며, 부부란 마음의 결합이지 두뇌의 결합이 아닙니다. 여성이 남성의 정신에 반했다는 말은, 쇼펜하우어에 의하면 허영에 가득 찬 어리석은 말입니다.

쇼펜하우어는 이 세계 자체 속에도 욕망, 의지가 가득 차 있다고 생각하였습니다. 예를 들어 식물세계에서 우리는 무의식적인 욕망의 힘을 찾아볼 수 있습니다. 나무는 빛을 향해 위쪽으로 올라가려고 욕망합니다. 또한 나무는 습기를 원(의지)하여 흙 속으로 뿌리를 뻗습니다. 동물의 세계에서도 의지와 욕망이 동물의 성장을 이끌며, 그 모든 활동을 주도합니다. 사슴이나 코뿔소에게 뿔이 출현한 이유는 들이받으려는 욕망이 있었기 때문입니다. 사자나 악어의 이빨은 물어뜯으려는 욕망이 그런 신체의 모습으로 객관화되어 나타난 것입니다.

인간도 마찬가지입니다. 의지는 우리의 지각, 기억, 상상, 판단, 추론을 통제합니다. 우리는 지각·기억·상상하고 싶은 것(의지하는 것)을 지각·기억·상상합니다. 미술관에 들어가 예술작품들을 둘러보면서 우리는 보고 싶은 것만 보고 나올지도 모릅니다. 음악감상을 할 때에도 우리는 듣고 싶은(듣기를 욕망하는) 음악만 골라 듣습니다. 앞의 『장자』 이야기에서도 보았듯이, 우리의 논증은 언제나 욕망과 의지를 정당화하고 해명하는 데 여념이 없습니다. 따라서 인간의 육체는 객관화된 삶의 의지에 불과합니다. 인간은 욕구가 구체화한 존재입니다. 인간의 대뇌는 알고 싶은 욕망이 객체화한 것입니다. 이, 목구멍, 위장은 먹고 싶은 욕망의 객체화, 즉 객체화된 굶주림입니다. 생식기는 객체화된 성욕입니다. 눈은 보려는 의지의 표현이고, 손은 쥐려는 의지의 표현이며, 걷는 것은 넘어지지 않으려는 의지의 표현입니다. 또한 사는 것은 죽지 않으려는 의지의 표현입니다. 특히 삶의 의지는 성욕 속에서 가장 강력하게 표출되기 때문에, 밖에서 볼 수 있는 육체의 어느 부분보다도 생식기는 인식이 아니라 전적으로 의지에 속해 있습니다. 성욕이 삶의 의지의 핵심이므로 생식기는 의지의 초점입니다. 따라서 세계의 다른 측면인 표상으로서의 세계, 즉 인식의 대표인 두뇌와는 전적으로 대립된 위치에 있습니다. 인간은 구체화된 성욕입니다.

쇼펜하우어에게 살고자 하는 맹목적 의지는 생명의 근본원리입니다. 이처럼 인간의 본질이 오성에 있는 것이 아니라 의지에 있다면, 우리 인간이 살고 있는 세계는 고통의 세계가 될 수밖에 없습니다. 존재하려는 의지, 살고자 하는 의지는 세계에 존재하는 모든 투쟁, 슬픔, 악의 원인이 되고 있기 때문입니다. 의지는 깊고 충동적인 욕망 이외의 다른 것이 아닙니다. 그런데 욕망은 무한하지만 욕망의 충족은 한정되어 있습니다. 대개 충족된 욕망은 충족되지 않은 욕망의 10분의 1도 되지 않습니다. 실제로 우리 주변사람들의 마음 속을 잘 들여다보면 누구나 가슴 속에 쇼펜하우어의 표현대로 '수천 가지의' 욕망을 품은 채 살아가고 있는 욕망덩어리임을 확인할 수 있을 것입니다. 학생에게는 학점을 잘 받아 장학금을 타서 부모로부터 칭찬받고 싶은 욕망, 많은 지식을 얻어 남에게 자랑하고 싶은 욕망이 있습니다. 교수에게는 학생들을 보다 잘 가르치고 기르고 싶은 욕망, 스승으로서 존경받고 싶은 욕망이 있습니다. 남자에게는 사회적으로 성공해서 명예를 얻고 싶은 욕망, 사업으로 성공해서 부자가 되고 싶은 욕망이 있습니다. 여성에게는 좀더 예뻐지고 싶은 욕망, 이성으로부터 사랑받고 싶은 욕망이 가득 차 있습니다. 또 사람들은 모두 "날 알아달라."라는 근원적인 욕망을 가슴에 담고 살아갑니다. 우리 민요 밀양아리랑의 '날 좀 보소, 날 좀 보소'라는 애원도 그러한 욕망의 한 표현일 것입니다.

그러나 이런 욕망들이 마음먹은 대로 다 채워지는 것은 아닙니다. 그 대부분의 욕망은 여전히 우리의 희망적인 소원으로만 남아 있을 뿐입니다.

이처럼 쇼펜하우어는 인간의 상황을 관찰한 끝에 우리의 삶이란 의지와 의지의 불충분한 만족 사이의 끊임없는 투쟁이라고 주장합니다. 그는 이렇게 인간이 의지·욕구하고, 욕망을 갖고 만족을 열망하는 것을 괴로운 것으로, 따라서 악이라고 간주합니다. "고통은 단지 만족되지 못하고 좌절된 욕구"일 뿐이라는 것입니다. 인생이 이처럼 만족을 열망하는 지속적이고 끊임없는 욕망의 상태이기 때문에, 고통이야말로 바로 삶의 본질이자 인간본성의 실상입니다. 반면에 만족과 행복의 순간은 무상하고 일시적이고 덧없는 것으로서 인생의 소극적 측면입니다. 쾌락은 단순한 고통의 제거 내지 욕망의 완화에 지나지 않는다는 것입니다. 우리의 인생은, 너무나도 순식간에 지나가 버리는 쾌락을 빼고 나면, 늘 고통의 지배를 받습니다. 어떠한 만족도 영속적이지 않기 때문에 만족은 오히려 다시 새로운 욕구의 출발점에 불과합니다. "욕구가 충족되면 또 다른 욕구가 우리를 사로잡는다(루크레티우스)."는 것이지요. 따라서 인생은 악입니다. 우리의 인생은 살 만한 가치가 없습니다. 왜냐하면 곤궁과 고뇌가 그치기 무섭게 홀연히 권태가 다가와서 인간은 필연적으로 심심풀이를 필요로 하게 되고, 그것은 또 다시 고통을 생기게 하기 때문입니다. 곤궁과 권태를 잊기 위해 "민중은 빵과 서커스를 필요로 한다."는 것입니다. 쇼펜하우어에 의하면, 시간적으로 일주일의 6일은 곤궁을 상징하고, 일요일은 권태를 상징합니다. 계급적으로 볼 때에도 곤궁은 민중의 고통이요, 권태는 귀족과 상류층의 고통입니다. 이처럼 인생은 고통과 권태, 욕망과 싫증 사이를 시계추처럼 왔다갔다 합니다. 그러므로 인간은 애당초 태어나지 않는 것이 더 좋았을지도 모른다는 것입니다. 그래서 쇼펜하우어는 스페인의 시인 카르데론의 『인생의 꿈』에서 나오는 구절 "인간의 가장 큰 죄악은 이 세상에 태어난 것이다."를 인용하기도 하고, 또 "인생은 일종의 실수임에 틀림없다."라고도 합니다.

더군다나 인간은 자기 의식과 오성에 의해 더욱 비참해집니다. 쇼펜하우어에 의하면, 유기체는 고등동물로 진화할수록 그 고통을 더 크게 느낍니다. 예컨대 식물은 감각이 없기 때문에 고통도 없습니다. 아메바와 같은 최하등동물은 고통을 아주 적게 느낍니다. 괴로워하는 능력이 제한되어 있기 때문입니다. 신경계통이 있는 척추동물에 이르면, 고통을 느끼는 능력이 크게 발달되어 있습니다. 그 중에서도 인간과 같은 최고등동물에게는 최고도의 고통을 느끼는 구조가 있는데, 그것이 바로 오성입니다. 인간은 오성을 통해 자기가 비참하다는 것을 의식함으로써 더욱 더 비참해집니다. 따라서 인간은 지성적일수록 더 많은 고통을 느낍니다. 전도서 제1장 제8절의 "지혜가 많으면 번뇌도 많으니 지식을 더하는 자는 근심을 더하느니라."라는 말씀은 쇼펜하우어에게는 그야말로 진리의 말씀입니다. 이런 시각에서 볼 때 가장 지성적인 천재는 가장 괴로운 사람입니다.

이처럼 우리 인간은 채울 수 없는 욕구를 채우려고 헛되이 노력합니다. 욕구를 채우려는 강도에 비례하여 커지는 엄청난 좌절감 때문에 고통은 더욱 심해집니다. 인생이란 우리가 그것을 잘 모르고 있을 때에만 살 수 있는 여정입니다. 단테의 『신곡』은 지옥편과 연옥편, 천국편으로 나뉘어 있습니다. 쇼펜하우어는 그 중에서 가장 실감나는 부분은 어디냐고 묻습니다. 단연 그것은 지옥편입니다. 그렇다면 지옥편을 쓸 때 단테는 지옥에 떨어진 인간군상이 겪는 온갖 고통과 괴로움에 대한 묘사자료를 어디에서 얻어 왔을까요? 쇼펜하우어는 바로 우리가 살고 있는 이 세계라고 합니다. 그만큼 우리가 살고 있는 이 세계는 고통의 세계라는 것입니다. 이 세계를 가능한 최선의 세계라고 여긴 라이프니츠와는 반대로, 쇼펜하우어에게 이 세계는 가능한 모든 세계 중에서 가장 나쁜 세계입니다.

한편 인생의 끝에는 알 수 없는 죽음이 기다리고 있습니다. 우리 육체의 생활은 끊임없이 죽음을 맞이하고 있는, 즉 연기된 사망입니다. 숨을 쉬는 것도, 음식을 먹고, 자거나 몸을 따뜻이 하는 것도 죽음과 싸우고 있는 것입니다. 그러나 결국 승리는 죽음에게 돌아갑니다. 우리는 이미 탄생과 동시에 죽음의 소유물이 되어 있기 때문입니다. 다만 고양이가 먹이를 삼키기 전에 쥐를 가지고 놀 듯이, 한동안 죽음이 우리를 희롱하는 것과 같습니다. 쇼펜하우어는 죽음의 공포가 철학의 시초요, 종교의 궁극적 원인이라고 보았습니다. 신학이 죽음의 불안으로부터의 피난처인 것처럼, 정신병도 고통으로부터의 피난처입니다. 미친 사람이 미쳐야만 했던 이유는 그가 살고 있는 이 세계가 너무나도 고통스럽고 괴롭기 때문에 그 세계에서 도피하여 잊어버리기 위해입니다. 광기는 괴로움의 기억을 피하는 수단으로서 생겨납니다.

그렇다고 해서 자살이 문제를 해결해 주는 것도 아니라고 쇼펜하우어는 생각합니다. 자살은 문제를 해결하는 것이 아니라 단지 서투른 실험을 하는 것에 불과하기 때문입니다. 자살은 오히려 더 무서운 실수인지도 모릅니다. 즉, 절멸을 경험하는 실수가 아니라, 그 다음의 인생이 현재의 인생보다 더욱 나쁘다는 것을 발견하게 되는 실수인지도 모른다는 것입니다. 자살은 살려는 의지에 대한 승리처럼 보일 수도 있습니다. 그러나 이 승리는 기껏해야 개인적인 차원에서의 승리에 불과할 뿐, 여전히 의지는 인간이라는 종 속에 고스란히 존속하고 있습니다. 살려는 의지, 생에 대한 인류의 애착은 자살을 비웃고 일소에 부칩니다. 자발적인 죽음이 하나 있을 때마다 무수한 자발적이지 않은 탄생이 있습니다. 비참과 욕망은, 의지가 인간을 지배하는 한, 개체의 사후에도 계속됩니다. 의지가 인식과 지성에 완전히 굴복해 버리지 않는 한, 재앙에 대한 인생의 완전한 승리는 결코 있을 수 없습니다.

동정심의 윤리학

이처럼 쇼펜하우어에게 삶의 맹목적인 의지, 또는 의지의 비합리적인 힘은 본능적인 충동·욕망·욕구의 형태로 우리에게 나타나는 데 반해, 쾌락은 단지 그러한 것들의 일시적인 만족에 불과한 소극적인 것입니다. 즉, 쾌락은 생의 본질인 욕망의 단순한 결여나 정지에 불과한 것입니다. 그 누구도 이러한 삶의 조건, 존재조건에서 시달리지 않을 수 없습니다. 다른 사람들도 나처럼 욕망이 있고 그것을 채우지 못해 고통을 받고 있습니다. 말하자면 다른 사람의 고통이 곧 우리의 고통이고, 우리의 고뇌가 다른 사람의 고뇌입니다. 고뇌 또는 고통은 자기의 욕망을 채우지 못했다는 이기주의적인 충동에서 나옵니다. 여기서 쇼펜하우어는 동정심(sympathy)을 들고 나옵니다. 윤리학에서 동정심에 대한 강조의 전통은 흄, 레싱, 루소를 거쳐 쇼펜하우어로 이어집니다. 쇼펜하우어에 의하면, 단지 동정심만이 이타적인 동기에서 나옵니다. 부도덕성은 이기주의와 무관심에서 유래합니다. 반면에 도덕성은 다른 사람의 고통을 우리 자신의 고통으로 여기는 동정심에서 유래합니다. 그런 점에서 우리가 감옥에 갇혀 있는 죄인에 대해 취해야 할 진정한 태도는 비난이 아니라 동정심입니다. 왜냐하면 그의 죄는 곧 우리의 죄와 같은 것이고, 그의 마음 속에서 발견되는 욕망과 의지는 곧 우리에게서 발견되는 욕망과 의지와 똑같은 것이고, 따라서 그의 고민은 우리의 고민이기 때문입니다. 누구나 욕망에 시달린다는 점에서 내적 본성상 우리는 모두 하나입니다. 그래서 우리는 죄인의 고뇌를 직시할 수 있어야 하고, 우리 자신에게 "죄인은 바로 우리이다."라고 할 수 있어야 합니다. 또 "그 모든 죄가 내 탓이오."라고 고백할 수 있어야 합니다.

천재와 예술

그렇다면 쇼펜하우어는 우리가 영원히 이런 삶의 맹목적인 의지에서 벗어날 수 없다고 보았을까요? 아닙니다. 쇼펜하우어는 우리가 이러한 고통의 상태에서 벗어날 수 있는 두 가지 탈출구 있다고 보았습니다. 하나는 예술을 통한 잠정적 해결책이고, 다른 하나는 의지의 원천적 부정을 통한 궁극적 해결책입니다. 먼저 예술을 통한 임시해결책에 대해 알아보도록 하겠습니다.

쇼펜하우어에게 물자체의 세계는 다름아닌 의지의 세계였습니다. 그리고 그는 플라톤의 이데아와 같은 것을 의지의 직접적인 객체화라고 생각하였습니다. 플라톤의 이데아를, 다른 말로 하면 이념을, 무한의 의지가 현상화되는 영원한 형식으로 파악한 것입니다. 그런데 이러한 이념을 순수하게 인식할 수 있는 영역이 있습니다. 그것은 천재의 일인 예술입니다. 예술은 인과율이나 의지와는 전혀 무관하게 사물을 관찰할 수 있는 방식입니다. 예술의 유일한 기원도, 예술의 유일한 목표도 이 플라톤적 이념의 인식과 전달에 있습니다. 예술작품도 이념을 현시하기 위해 존재합니다. 이 이념은 대상에 완전히 몰입된 순수한 관조에 의해서만 파악됩니다. 그리고 천재는 이념을 관조하는 뛰어난 능력을 소유한 사람입니다. 천재는 사사로운 관심·의욕·목적을 염두에 두지 않고 순수하게 인식하는 주관입니다. 천재의 능력이란 순수하게 사물을 보는 태도를 취하면서, 본래는 의지에 봉사하기 위해 있는 인식을, 그 봉사에서 떠나게 하는 능력입니다. 천재에 의해 우리에게 예술의 길이 열립니다.

예술은 우리에게 사심 없는 미적 경험을 가능하게 해 줍니다. 예술을 통해 우리는 욕망의 무한한 흐름에서 이탈할 수 있으며, 대상에 대한 조용한 관조 속에서 자기 자신을 잊을 수 있습니다. 예술작품을 감상하는 동안 우리는 순수하고, 무의지적이고, 고통받지 않으며, 무시간적인 인식 주체가 되는 희열을 체험할 수 있습니다. 그래서 예술작품을 관조하는 상태에서 우리는 잠시나마 '수치스럽기 짝이 없는 의지의 충동'에서 해방되어 욕망을 진정시킬 수 있습니다. 특히 쇼펜하우어는 음악이 예술 중에서도 가장 강력한 예술이라고 보았습니다. 음악을 모든 의지의 직접적인 개체화이자 모사라고 생각했기 때문입니다. 여기서 작곡가는 세계의 가장 내면적인 본질을 밝히고, 가장 깊은 지혜를 말하는 예술가로 평가됩니다. 리하르트 바그너가 쇼펜하우어에게 열광할 수밖에 없었던 이유가 바로 여기에 있었습니다.

그러나 예술작품의 창조와 감상도 인간을 고통에서 지속적으로 구제하지는 못합니다. 우리는 다시 의지와 욕망의 소용돌이로 떨어지지 않을 수 없습니다. 예를 들어 우리들은 미술관에 가서 순수한 미적 관점에서 그림을 감상할 수 있습니다. 그러나 미술관을 나와서는 한 잔 술 생각에 곧바로 술집으로 줄달음칠 수도 있습니다. 잠시 사그러들었던 욕망이 다시 고개를 쳐드는 것이지요. 결국 쇼펜하우어에게 예술은 의지의 폭정과 실존의 참담함으로부터 우리가 잠시나마 도피하는 수단이었습니다. 예술은 우리의 인생을 때때로 참고 살아갈 만하게 해 주는 임시 방편이었습니다.

최종적 구원의 길과 금욕주의

결국 예술은 고뇌의 문제를 해결하는 것이 아니라, 단지 그 고뇌가 상승하는 흐름을 약화시키고 그 흐름에 저항할 뿐입니다. 고뇌로부터 완전히 벗어나는 길은 고통을 일으키는 원인인 의지의 완전한 부정과 파멸을 통해서만 가능합니다. 그리고 의지의 완전한 파멸은 불행의 상태와 동일한 것입니다. 욕망과 의지가 존속하는 한, 고뇌 역시 끊임없이 존속합니다. 따라서 고뇌에서 벗어나는 길은 의지의 소멸이나 완전한 금욕적 부정, 즉 해탈(Nirvana)을 통해 열립니다.

쇼펜하우어가 힌두교와 불교에 관해 박학다식했다는 것은 잘 알려져 있습니다. 쇼펜하우어에 의하면, 기독교는 하나의 깊은 염세주의 철학입니다. 기독교는 우리 세상살이의 처지가 참으로 비참하며, 죄에 덮여 있다고 고백하고 있습니다. 아담과 이브가 범한 원죄와 예수를 통한 구원의 교의는 기독교가 설파하는 핵심적인 진리입니다. 여기서 원죄는 의지의 긍정과 같은 것이고, 구원은 의지의 부정과 같은 것입니다. 기독교는 지상의 모든 무익한 행복의 추구를 단념하라고 가르칩니다. "헛되고 헛되며 헛되고 헛되니 모든 것이 헛되도다(『전도서』 제

1장 제2절) ……만물의 피곤함을 사람이 말로 다할 수 없으니 눈은 보아도 족함이 없고, 귀는 들어도 차지 아니하는도다.(『전도서』 제1장 제8절)"라는 말씀을 보십시오. 그런데 쇼펜하우어에 의하면, 불교는 기독교보다 더 심원한 종교입니다. 불교는 깊은 수행을 통해 의지를 끊어 버리는 것을 최고의 목표로 삼고 있기 때문입니다. 궁극의 지혜는 열반 속에 있습니다. 살고자 하는 의지를 부정함으로써, 인간은 죽을 수밖에 없는 유한자임을 자각함으로써, 또는 인간존재의 본성이 무임을 깨달음으로써 해탈에 이르게 된다는 것입니다. 시인 고은이 「삶」이라는 시에서, "여기서 사는 동안/ 우리가 무엇을 가지며 무엇을 안다고 하겠는가/ 다만 잎새가 지고 물이 왔다가 갈 뿐이다."라고 노래했던 것처럼, 인간의 희로애락애오욕, 일체의 욕망과 소유에 대해 초연한 자세를 견지하라는 것이지요.

그러나 개인은 열반과 해탈에 의해 구원받을 수 있다 하더라도, 인류 전체는 어떻게 구원받을 수 있을까요? 과연 인류 전체의 해탈이 가능할까요? 그렇지 않습니다. 삶의 맹목적인 의지는 개인이 죽은 후에도 개인의 죽음을 비웃으면서 그 개인의 자손 또는 다른 사람의 자손 속에 존속하기 때문입니다. 쇼펜하우어에 의하면 결국 의지의 근본적이고 철저한 극복은 생명의 원천인 낳으려고 하는 의지를 끊지 않으면 안 됩니다. 인간의 욕망 중에서 가장 끈질긴 욕망은 이성과 교합하는 것입니다. 살려는 의지의 가장 강한 긍정은 생식충동입니다. 이것을 철두철미 부정하지 않으면 안 됩니다. 아이들은 도대체 무슨 죄를 지었길래 태어나서 아수라와 같은 지옥의 고통을 겪어야 한단 말입니까?

　여기서 쇼펜하우어는 그 모든 원인과 최종적인 죄를 모두 여자에게 뒤집어씌웁니다. 그의 여성혐오증이 톡톡히 발현되는 것이지요. 자연은 처녀들의 남은 생애 전부와 맞바꾸기 위해 고작 2~3년 동안의 미와 매력을 주었습니다. 성적 충동으로 이성이 흐려진 남자들만이, 키가 작고 어깨가 좁으며 엉덩이가 크고 다리가 짧은 이 여자라는 존재를 아름답다고 여긴다는 것입니다. 불쌍한 남자는 이런 여자의 헛된 미에 속아 여자를 한평생 돌보아 주는 어리석은 짓을 저지르고 있다는 것이지요. 쇼펜하우어가 보기에 여자는 우둔하고 생물학적으로도 열등한 존재입니다. 여자들의 특징은 '본능적인 교활함', '뿌리뽑기 어려운 거짓말 습관'으로 요약됩니다. 여자들은 음악에도, 시에도, 미술에도 아무런 감수성을 없습니다. 감수성이 있는 체하는 것은 남자들의 환심을 사기 위한 알량한 속셈에서 나온 가식입니다. 여성 전체에서 가장 머리가 뛰어난 자일지라도, 예술에서 진정으로 위대한 업적이나 작품을 하나도 세상에 남기지 못했습니다. 예술사가 그것을 증명해 왔다는 것입니다. 동양인은 여자의 열등성을 잘 인식하고 또 솔직히 그것을 승인하고 있습니다. 자기들 서양인들도 그래야 한다는 것이지요. "여자에게 재산권을 인정하다니 이 무슨 부조리냐!"라고 쇼펜하우어는 외칩니다. 모든 여자는 극히 예외적인 경우는 있지만 '미치광이에 가까운 낭비벽'을 보이고 있다는 것입니다. 그 이유는 여자는 단지 현재에만 살고 있으며 바깥 운동이란 단지 쇼핑뿐이기 때문입니다. 여자들은 마음 속으로 돈을 버는 일은 남자의 일이고, 그것을 소비하는 일은 자기들의 일이라고 생각하고 있습니다. 이것이 여자들의 분업의 개념입니다. 따라서 여자에게는 재산을 관리할 능력이 없으므로 절대로 재산소유권을 주어서는 안 됩니다. 정치가 부패해서 프랑스혁명이 일어난 것도 루이 13세의 궁정에서 여자들의 사치와 낭비 때문이었습니다. 그러므로 여자들에게는 결코 중대한 일을 시켜서는 안 되고 항상 남자의 감독을 받게 해야 합니다. 그 남자가 아버지라도 좋고 남편이라도 좋고 아들이라도 좋습니다. 한 마디로 여자는 일종의 하위의 존재이며, 어린이와 남자 사이의 중간단계에 속해 있는 존재입니다. 따라서 우리는 여자와 관계가 없을수록 좋습니다. 인생은 여자가 없으면 더욱 안전하고 더욱 순조롭게 되어 갑니다. 남자는 여자의 미에 감춰진 함정을 알아차려야 하며, 그래야 생식이라는 어리석은 희극도 인생이라는 이 쓸데없는 소동도 막을 내리게 된다는 것입니다.

이처럼 쇼펜하우어는 삶의 맹목적 의지에 대한 적극적·고의적인 부정, 즉 금욕주의를 통해 인류가 구원될 수 있으리라고 생각하였습니다. 그러나 어처구니없게도 쇼펜하우어 자신은 자기가 말한 것을 실천하지 않았습니다. 그는 성적인 순결을 지키지 않고 오히려 문란했으며, 고급식당에서 좋은 음식을 탐닉한 것으로 알려져 있습니다. 동정심을 강조했으면서도 자신은 주변사람들에게 동정심을 베푼 사람이 아니었습니다. 쇼펜하우어는 이론과 실천이 따로 놀았던 사람입니다.

내가 보기에 그의 여성관도 오늘날의 시각에서 보면 정신병자가 아닌가 의심할 정도로 지나치게 주관적이고 왜곡된 측면이 있습니다. 여성과 남성의 관계는 인간의 모든 감정적 유대와 사랑의 시원이요, 모든 경제적·사회적 분절화를 가능하게 하는 토대입니다. 그러나 불행히도 계급분화와 더불어 여성에게 조직적으로 가해진 억압과 복종의 강요가, 남성과 동일한 자기 삶의 표현 주체이자 행위 주체인 여성의 삶을, 극도로 피폐하게 하고 소외시키는 사회구조를 낳아 왔습니다. 지금까지 여성은 역사 속에서 침묵해 왔으며, 마르크스의 말대로, 그야말로 수천년 동안 여성은 남자의 프롤레타리아였습니다. 사실 위대한 계몽주의자였던 루소도 『에밀』에서 에밀의 상대역으로 소피를 등장시키면서, 여성으로서의 소피가 지녀야 할 덕목을 열거하고 있는데, 루소와 같은 각성한 선구자도 여성을 지나치게 비하하여 표현하고 있음을 볼 수 있습니다. 키에르케고르도 여성의 본질은 순종과 헌신이라고 주장하였습니다. 이런 여성관들은 아마 당시 남성들의 보편적인 시각이었는지도 모릅니다. 그렇다 하더라도 쇼펜하우어의 여성관은 오늘날 마땅히 비판받고 폐기되어야 할 고물입니다.

어쨌든 이러한 쇼펜하우어의 염세주의 철학은 이후의 많은 예술가와 사상가에게 큰 영향을 미쳤습니다. 투르게네프, 하디, 콘라드, 토마스 만, 바그너 등이 특히 그러합니다. 프로이트는 자신의 정신분석학의 기초가 된 무의식이나 성적 동기 등의 개념들을 만들어 내는 데 쇼펜하우어에게서 시사받은 바가 크다고 밝혔습니다. 분석철학의 거인인 비트겐슈타인도 쇼펜하우어의 철학에 큰 영향을 받은 것으로 알려져 있습니다. 실제로 비트겐슈타인의 『논리철학논고』 뒷부분을 보면 쇼펜하우어식의 표현이 여러 군데 등장합니다. "나는 나의 세계의 한계이지 나의 세계에 있는 대상이 아니다."라든지 "비록 모든 과학문제가 해결된다 할지라도 삶의 문제는 손을 대지 못한 채 남아 있을 것이다."와 같은 말이 그것입니다. 철학사적으로 쇼펜하우어의 생철학은 니체의 생철학으로 이어집니다. 그리고 쇼펜하우어가 부정적으로 바라보았던 '삶의 맹목적 의지'는 이제 니체에 이르러서는 '힘에의 의지'가 되어, 의지가 적극적·긍정적으로 해석됩니다. 다음 장에서는 니체의 생철학에 대해서 알아보도록 하겠습니다.

니 체 의 생 철 학

생 애

니체(F. Nietzsche, 1844~1900)는 1844년 10월 15일 라이프치히 근처의 뢰켄에서 루터교회 목사의 장남으로 태어났습니다. 할아버지도 목사였고, 어머니와 외할머니도 목사의 딸이었습니다. 집안 전통에 따라 한때 목사가 되려고 본대학 신학부에 등록했다가 1학기만에 포기한 다음, 라이프치히대학으로 가서 고전문헌학과 철학을 전공하였습니다. 1865년 가을 우연히 얻게 된 쇼펜하우어의 『의지와 표상으로서의 세계』를 읽고 쇼펜하우어의 염세주의철학에 심취하였습니다. 1870년에는 독·프전쟁에 의무병으로 참전했으나 낙마하여 부상을 입고 돌아옵니다. 25세의 나이로 아직 학위도 채 끝내기 전에, 스승 리츨 교수의 추천으로 바젤대학의 언어학교수로 임명되었습니다. 쇼펜하우어의 영향으로 음악에 열광해 있던 니체는 당시 바젤에서 멀지 않은 트리부셴에 살고 있던 바그너를 만나 교제하였습니다. 바그너도 쇼펜하우어로부터 커다란 영향을 받고 있었기 때문에 둘은 서로 깊이 사귈 수 있었습니다. 1871년에 최초의 저서 『음악정신에서의 비극의 탄생』에 이어 1873년에는 『반시대적 고찰』이 출간됩니다. 그러나 책의 내용 중에 기독교를 비방하는 부분이 있어 비난과 냉대를 받았습니다. 바그너에게서 위로를 기대하였지만, 디오니소스적 자유를 추구하던 니체는 바그너의 아폴론적인 형식과 예수에 대한 지나친 찬양, 반유태주의에 싫증을 느끼고 바그너와도 결별합니다. 그래서 바그너를 '서양을 몰락시키는 화신'이라고 공격하였고, 음악에 대한 열정도 시들었습니다. 만성적 불면증과 쇠약한 몸 때문에 1876년 대학에서 휴가를 얻어 요양생활을 하였으나, 건강이 회복되지 않자 1879년에 정식으로 퇴임합니다. 연금으로 이탈리아, 스위스 등 유럽 각지를 떠돌아다니며, 집필활동을 하여, 1881년 『인간적인 너무나도 인간적인』이, 1882년 『즐거운 학문』이 출간되었습니다. 이 당시 니체는 유럽에서 가장 해방된 여성 중의 하나였던 루 안드레아스 살로메를 만나 사랑을 하게 되었습니다. 니체는 친구를 통해 살로메에게 사랑을 고백했으나, 그 친구 또한 살로메를 사랑하여 청혼하고 있었던 터라, 당연히 부정적인 답변을 전해 주었습니다. 니체는 "철학자가 결혼하는 것은 코미디에나 어울린다."라고 하면서 결혼을 포기하고 일생을 독신으로 지내게 됩니다. 한때 알프스 산정에서 영겁회귀사상의 단초를 얻고, 이를 바탕으로 1885년에 내놓은 저서가 바로 『차라투스트라는 이렇게 말했다』입니다. 그 후, 왕성한 창작열에 불탔던 몇 년 동안 『선악을 넘어서』(1886), 『도덕의 계보』(1887), 『바그너의 경우』(1888), 『니체 대 바그너』(1888), 『우상들의 황혼』(1888), 『반그리스도론』(1888), 『이 사람을 보라』(1888)와 같은 저서가 쏟아져 나왔습니다. 1889년 45세 때, 전에 감염되었던 매독 때문에 길거리에서 쓰러져 마비증세를 보였고, 곧 정신착란도 일으켰습니다. 그 후 11년 동안 어머니 집에서 어머니와 누이의 간호를 받고 살았지만 영영 회복되지 못했습니다. 1900년 8월 25일, 56세의 나이로 혼수상태에서 세상을 떠났습니다. 사후에 출판된 책으로는 『힘에의 의지』가 있습니다. 니체의 누이 엘리자베트는 니체의 모든 육필원고를 제멋대로 삭제하고 변형시켜 발표했다는 의심을 받고 있습니다. 니체의 철학은 나치 정권에 의해 왜곡·악용되었는데, 누이 엘리자베트는 히틀러를 니체가 말했던 초인으로 생각하기도 하였습니다.

허무주의의 유형

흔히 니체를 '쇠망치를 든 철학자'에 비유합니다. 니체는 서양철학 전체가 근본적으로 잘못되어 있다고 보고, '철학적 쇠망치'로 서유럽 사상이라는 거대한 건축물을 때려부수려고 했기 때문입니다. 니체는 파르메니데스에서부터 지금까지 자기에게 이어져 내려온 서양의 도덕·철학·종교 등, 서양철학세계 해석 전체가 허무주의로 귀결된다고 진단했습니다. 이 허무주의에로의 귀결을 니체는 바로 "신은 죽었다!"라는 외침으로 요약한 것입니다. 여기서 니체의 허무주의는 우리가 구체적으로 발딛고 살고 있는 이 현실세계를 부정하고, 현실적 삶의 궁극적인 의지처가 될 수 있는 일체의 가치, 즉 실재, 신앙, 도덕 등을 인정하지 않는 태도를 말합니다. 따라서 니체철학의 궁극목표는 현대인들의 정신적 공황상태인 허무주의를 극복하고, 다시 인간의 삶에 대한 근원적인 긍정적 해석을 내려 주는 데 있습니다. 그 처방으로 나타난 니체의 사유가 바로 생성의 존재론, 힘에의 의지, 관점주의, 디오니소스적 긍정, 영겁회귀론, 초인 등의 개념입니다. 왜 전통 서양철학이 허무주의에 빠질 수밖에 없었는지에 대한 니체의 이야기를 먼저 들어 보기로 하겠습니다.

우리가 살아가고 있는 이 현실세계는 모든 것이 끊임없이 생성·소멸해 가는 변화의 세계입니다. 이 변화의 세계는 처음에 인간에게 두려움과 경외의 대상으로 등장하였습니다. 그 의도를 알 길 없는 변덕스러운 자연의 위협 앞에서, 인류의 조상들은 생명을 유지하기 위해 끊임없는 고통을 겪었으며, 자기들이 유한한 존재라는 것을 뼈저리게 느끼지 않을 수 없었습니다. 그리하여 자신들의 전전긍긍함과 무력함을 달래기 위하여 인간의 힘을 넘어서는 초자연적인 존재를 갈망하였습니다. 반복되는 노동처럼 무의미하고 고통스러운 삶을 설명하기 위해 궁극적인 목적과 질서, 유기적인 통일을 생각하기도 하였습니다. 그 과정에서 인간은 자기들이 살고 있는 이 현실세계가 덧없는 세계라고 생각하고, 이 세상 아닌 어딘가에 참된 세계가 따로 있을 것이라고 상상하였습니다. 영원과 무한, 불멸을 꿈꾸었던 인간은 이렇게 하여, 신의 세계, 절대자의 세계, 초월세계를 만들어 내고, 그 세계를 동경·숭배하였던 것입니다. 그리고 이런 세계관이 철학 내에서 이론적으로 순화되어 나타난 것이 바로 플라톤의 이데아론이라고 할 수 있습니다. 진리의 세계인 존재의 세계와 가상의 세계인 생성의 세계라는 이분법적 사유가 확립된 것입니다. 플라톤의 이데아론에 의하면, 생성·변화해 가고 있는 이 현실세계는 참된 세계인 이데아세계의 모방에 불과합니다. 따라서 현실세계의 의미와 가치 근거는 이데아세계, 초월세계에 있습니다. 진정으로 존재하는 것은 초월세계뿐이며, 현실세계는 한갓 가상의 세계로 평가절하되고 맙니다. 이처럼 초월세계를 긍정하여 받아들이는 것은 현실세계를 부정하는 결과를 초래합니다. 플라톤의 이데아론을 기독교적 세계관에 적용시키면, 마찬가지로 초월적 신의 긍정과 신앙이 현실세계를 부정하는 허무주의로 귀결됩니다.

　니체는 이런 존재·생성의 이분법이 생겨나는 딱한 사정을 추적한 후, 그 원인을 인간의 도덕적 요청에서 찾습니다. 인간은 생성·변화하는 현실세계가 자기들에게 불행과 고통을 유발시키는 원인으로 간주하였습니다. 그래서 행복과 변화는 서로 배척하는 것으로 보고, 고통을 일으키는 생성의 세계는 존재해서는 안 되는 것으로까지 여기게 된 것입니다. 반면에 존재의 세계는 고통의 원인과 이유를 설명해 주는 세계로 보았습니다. 아무 이유 없이 고통을 겪는 것은 참을 수 없는 일이지만, 왜 인간이 고통을 당하는지를 설명해 줄 수 있다면 인간은 그 고통을 견딜 수 있기 때문입니다. 그런 점에서 존재의 세계는 인간에게 유용하기도 합니다. 따라서 인간은 존재의 세계를 가치와 진리의 원천으로, 반드시 존재해야만 하는 세계로 절대화시켰습니다. 존재와 생성은 유용성이라는 가치측면에서도 대립되는 것으로 설정되는 것입니다. 존재와 생성이라는 이분법의 기원은 결국 인간의 생존과 관련된 삶의 유용성과 맞닿아 있는 것입니다. 이런 차원에서는 우리가 진리라고 믿어 왔던 것도 사실은 우리의 삶에 봉사하는 것이었음이 드러납니다.

한편 니체는 일체의 유신론이 허무주의로 귀결된다고 여길 뿐 아니라, 유신론의 대립극인 무신론도 똑같이 허무주의에 빠져든다고 주장합니다. 무신론은 전통적으로 사람들이 참세계라고 믿어 왔던 초월세계를 부정하고 있습니다. 이는 신으로 대표되는 모든 가치와 이상을 부정하는 것이며, 따라서 세계의 궁극적인 가치나 목적, 통일도 사라진다는 것을 뜻합니다. 인간이 그것을 위해 살고 죽을 수 있는 최고가치가 없어진다면, 현실세계의 모든 것도 고통스럽고 헛될 수밖에 없습니다. 인간의 모든 삶의 내용들이 무의미하고 무가치한 것으로 전락하는 것입니다. 그리고 니체에 의하면, 이런 무신론적 허무주의는 여전히 부지불식간에 신과 같은 초월적 존재에 얽매어 있는 상태입니다. 은연중에 신을 가치기준으로 설정하고, 그것에서 완전히 벗어나지 못하고 있는 어정쩡한 상태라는 것입니다. 그렇다면 니체는 현대인에게 닥친 이런 허무주의의 총체적 난국에서 어떻게 벗어나려고 했을까요? 『비극의 탄생』을 썼던 시기에, 니체는 고통스럽고 무의미한 현실세계를 구원하는 수단으로 인간의 예술적 능력을 고려한 적이 있습니다. 그것을 통해 인간은 생성·변화하는 세계를 고정시켜 아름답게 만들고, 삶의 기쁨을 얻는다는 것입니다. 그러나 영겁회귀사상의 단초를 얻은 후에는 그러한 길을 포기하게 됩니다. 참 역설적인 주장인 것처럼 들리지만, 니체에 의하면 허무주의의 극복은 극단의 허무주의, 완전한 허무주의에 도달해야 실현될 수 있습니다. 그런 허무주의를 니체는 능동적(적극적) 허무주의라고 했습니다. 이제 그러한 철학적 귀결에 이르는 니체의 사유 여정을 뒤따라가 보겠습니다.

생성의 존재론과 힘에의 의지

니체가 착안한 해결책은 존재·생성의 이분법을 폐기하고 생성만이 유일한 실재임을 논증하는 것이었습니다. 생성을 생성의 성격으로만 설명하고 정당화하는 것, 그리하여 생성을 전통적인 존재의 위치에까지 올려놓는 것이 바로 니체의 필생과제였습니다. 즉, "존재는 변화하는 것이지 자기 동일성을 유지하는 것이 아니다."라는 것입니다. 존재는 움직이는 것이고 생성과정에 있다는 것입니다. 그리고 이 문제를 해결하기 위하여 그가 제시한 중요한 개념이 바로 '힘에의 의지(Wille zur Macht)'입니다. 니체에게 힘에의 의지는 세계의 본질이자 인간의 본질인 형이상학적 원리입니다. 인간의 의식과 행위는 물론, 자연의 변화, 우주의 움직임이 모두 힘을 더 얻으려는 의지의 발로입니다. 따라서 힘에의 의지는 모든 생명적 존재를 유지·발전시켜 주는 근본원리이자, 생명 자체를 상징합니다. 실제로 모든 생물은 좀더 힘 있게 되려고 하며, 좀더 강하게, 좀더 뻗어 성장하려고 애쓰고 있습니다. 모든 존재가 힘에의 의지를 그 존재의 본질로 삼고 있기 때문에, 이 세계의 모든 존재는 힘에의 의지를 확대하려고 늘 투쟁하는 상태에 있습니다. 그래서 니체는 인간을 이성적 존재로서 파악하지 않았습니다. 니체가 파악한 인간이란 자연적 존재입니다. 인간은 자연도태와 생존경쟁을 통해 살아남은 자연계의 최강자로서 하나의 맹수, 금발의 야수(blonde Besite)일 뿐입니다.

그런데 니체에 따르면, 생성이란 곧 힘에의 의지의 작용일반을 의미합니다. 생성과 관련하여 볼 때, 힘에의 의지는 다음과 같은 성질을 함유하고 있습니다. 우선 힘에의 의지는 힘을 발휘하려는 성질을 갖고 있습니다. 그런 점에서 외적 원인들에 자극되어 작용하는 것이 아니라 자체 속에 운동의 원인을 가집니다. 또 힘에의 의지는 부단히 더 많은 힘을 얻으려고 하기 때문에, 항상 작용하는 동적인 상태에 있습니다. 또 존재하는 모든 것이 힘에의 의지 사이의 투쟁인 한, 승자가 되기 위해 항상 최대한의 힘을 발휘합니다. 이것은 힘에의 의지가 본성상 늘 같은 것을 원하고, 힘의 극대화를 꾀하는 자기의 본성으로 영원히 되돌아온다는 것을 의미합니다. 그렇지 않으면 힘에의 의지는 작용을 멈춰 버릴 것이기 때문입니다. 따라서 힘에의 의지작용은 생성이나 다름없는 것입니다. 그런 점에서 모든 것은 힘에의 의지작용인 생성의 실현이며, 그 생성과정은 끝이 없습니다. 이렇게 하여 니체는 종래의 존재와 맞먹는 보편적인 존재론적 지위를 생성에 부여할 수가 있었습니다.

이제 니체는 힘에의 의지라는 보편적 원리를 인간에게 적용시켜 봅니다. 힘을 얻게 되면 우리의 삶은 환희와 희열로 충만한 상태로 고양됩니다. 이를 위해 가장 중요한 것은 본래부터 주어진 인간성을 구속하거나 부정하지 않는 것입니다. 영혼을 위한다고 육체를 천시한 중세의 사상은 배제되어야 합니다. 내세를 약속한다는 구실로 현실세계를 회피하는 태도는 버려야 합니다. 합리와 논리를 우선시해서 창조적인 정열과 의지를 약화시키는 철학은 시정되어야 합니다. 그런데 힘에의 의지가 가장 구체적으로 그리고 가장 뚜렷이 나타난 것이 우리의 육체를 구성하는 힘인 본능과 욕망입니다. 니체에 의하면, 지금까지 사람들은 육체를 경시하고 욕망을 죄악시했지만 이것을 제거하면 삶의 존재성 자체가 부정당한다고 주장합니다. 이 욕망이 삶의 힘을 받아 감동으로 채워지는 것이 삶의 희열이며 환희라는 것입니다. 니체가 아폴론적인 것보다는 디오니소스적인 것, 로고스보다는 파토스, 관념보다는 실재, 지식보다는 의지를 더 중요시하는 이유가 여기에 있습니다. 디오니소스적 욕구는 가장 원초적이며 자유로운 것으로 생 자체를 찬양하면서 노래와 춤, 향락을 찾고자 합니다. 반면에 아폴론적인 욕구는 충동적·본능적인 욕구를 억제하는 이성의 힘을 말합니다. 힘에의 의지란 바로 디오니소스의 자유를 얻으려는 욕망을 말합니다. 그런데 모든 사람들이 한결같이 힘에의 의지를 추구하기 때문에 사람들 사이에는 필연적으로 힘의 충돌이 생깁니다. 그래서 실질적으로는 소수만이 힘에의 의지를 향유할 수 있습니다. 이 때문에 귀족계급과 천민계급, 영주계급과 노예계급의 구별이 생겨납니다. 그리고 여기에서 니체의 유명한 가치전도이론이 등장합니다.

계보학적 물음, 가치전도와 선악의 피안

잘 알다시피 "진리란 무엇인가, 선이란 무엇인가?"와 같은 물음은 전통적으로 철학에서 늘 사용해 왔던 물음의 방식이었습니다. 그리고 이런 물음은 전혀 주관의 의도가 섞이지 않은 객관적인 물음처럼 여겨져 왔습니다. 그러나 니체에 따르면, 이처럼 지극히 투명하고 객관적인 것으로 보이는 물음의 이면에도 어떤 의도나 욕망이 자리잡고 있습니다. 예를 들어 "진리란 무엇인가?"라고 묻는 사람은 자신이 진리를 모르는 바보가 되고 싶지는 않다는 욕망을 숨기고 있습니다. 또 지금의 세계는 진리를 찾아야 할 만큼 허위로 가득 찬 기만적인 세계라는 가치판단을 숨기고 있습니다. 따라서 이 현실세계를 뒤집어엎고 자기가 머릿속에 그리고 있는 이상 세계를 건설하려는 의도를 은연중에 내비치고 있습니다. 게다가 니체에 의하면 이런 물음의 방식은 실질적인 지식을 전해 주지 못하는 근본적인 난점을 지니고 있습니다. 일반적으로 "X란 무엇인가?"라는 물음은 X의 본질에 관해 묻는 물음입니다. 그리고 우리는 이런 물음에 대해 "X는 ……이다"라고 답할 수밖에 없습니다. 이런 답변은 이미 X 속에 들어 있는 내용을 되풀이하는 동어반복이 될 가능성이 많습니다. 그래서 실질적인 지식을 전해 주는 바가 별로 없습니다. 니체는 이처럼 본질을 묻는 물음을 무의미하다고 보고, '누가'라고 시작되는 주체 물음을 제시합니다. 말하자면, "진리란 무엇인가?"라고 묻는 것이 아니라, "누가 왜 진리를 묻는가?"라고 물어야 한다는 것입니다. 이러한 물음을 계보학적인 물음이라고 합니다. 예를 들어 "진리가 무엇인지 묻는 당신의 의도는 무엇입니까?"라고 묻는다면, 상대방은 그런 물음을 던졌던 자기의 의도(계보)를 드러내 보여야 합니다. 그리고 계보학적 물음 속에는 이미 상대방을 자기에게 복종시키고 제압하려는 힘과 힘의 싸움, 힘에의 의지가 들어 있습니다.

이제 니체는 계보학적 물음의 형식에 따라, 종래의 윤리학에서 제기해 왔던 "선이란 무엇인가, 악이란 무엇인가?"라는 물음을 "누가 왜 선·악을 묻는가?"라는 물음으로 바꿔칩니다. 즉, 니체는 선과 악이라는 도덕의 계보를 찾으면서 도대체 왜, 어떻게 그러한 가치개념이 생겼는가를 물었습니다. 또 그러한 가치가 우리의 삶에서 어떤 의미를 갖고 있는가를 물었습니다. 니체에 의하면, 도덕은 공동체 속에 뿌리 내리고 있는 관습체계에서 비롯됩니다. 관습은 한 공동체에 이익이 되는 것, 해가 되는 것에 대한 인간의 공통경험을 나타냅니다. 그 관습은 세월이 흐르면서 고정화·불변화되고, 나아가서는 이윽고 신성한 것으로 간주됩니다. 그 결과 관습의 기원은 망각되고 관습의 외면적 형식은 더욱 단단해집니다. 그리고 이는 관습 그 자체가 도덕화된 것이라기보다는 관습에 대한 복종의 감정에서 도덕이 비롯되었다는 것을 보여 줍니다. 결국 도덕은 보편타당한 원리에서 생겨난 것이 아니라 집단이 개인을 복종시키기 위한 강요로부터 탄생한 것이며, 그 강제가 시간이 흐르면서 자유로운 복종으로 바뀐 것입니다.

지금까지 도덕의 핵심개념이라고 여겨졌던 선·악의 개념도 그 뿌리를 캐어 보면 마찬가지로 자기가 속한 공동체의 보존이나 안녕과 밀접하게 결부되어 있음이 드러납니다. 니체에 의하면, 선과 악이란 원래 강자인 귀족과 약자인 노예라는 두 종류의 신분적인 특성을 구별하기 위해 생겨난 개념입니다. 귀족은 힘에의 의지를 얻은 집단이고, 노예는 그렇지 못한 집단입니다. 처음에는 '고귀한', '귀족적인'이 좋음의 개념으로 통용되어 왔고, '비속한', '평민적인', '저급한' 등과 같은 말은 나쁨이린 개념으로 쓰였다는 것입니다. 그래서 고귀함이란 원래 "상급의 지배자종족이 하급종족에 대해 지니고 있는 지속적·지배적·근원적 감정의 총체"를 의미하였습니다. 이처럼 니체는 도덕을 인간의 생리적·심리적인 상태로 설명하려고 합니다. 예를 들어 사랑은 성적 충동에 그 기원을 두고 있습니다. 겸손은 약자의 영리성에서 나온 것이고, 공정은 책임에 대한 공포에서 비롯된 것입니다. 그리고 정의는 복수본능과 같은 도덕외적 유래를 갖고 있다는 것입니다. 그래서 니체의 도덕이론을 자연주의적 도덕이라고도 합니다.

앞에서 말했듯이, 원래 귀족계급은 좋음을 대표하고, 노예계급은 나쁨을 대표하는 것이었습니다. 그런데 노예는 힘에의 의지를 얻지 못해 귀족이 되지 못했기 때문에, 그들에게 원한과 증오를 품게 되었습니다. 그리고 바로 이 원한에 의하여 그 유명한 가치전도가 이루어지게 됩니다. 여기서 원한은 가치설정의 시선을 전도시켜, 시선을 자신에게 돌리는 대신에 밖으로 향하게 하는 역할을 합니다. 그래서 원래의 모든 선한 것들을 악한 것으로 바꿔치고, 원래의 악을 선으로 바꿔 쳤다는 것입니다. 약자인 노예는 심리적인 또는 상상적인 복수를 통해 자신들이 속한 노예집단의 무력감을 보상하려고 합니다. 즉, 노예는 귀족의 힘과 권력을 두려워합니다. 노예는 무기력해서 귀족의 자리를 차지할 힘이 없기 때문에, 심리적인 보상으로 자기들 무리의 가치가 보편적·절대적인 것이라고 믿으려 하고, 그것을 통해 귀족을 극복하려 합니다. 노예들의 의식은 무리지향적·평균지향적입니다. 노예들은 지배하기보다는 명령받기를 좋아하며, 가치를 창조하기보다는 기존의 가치에 순종하기를 좋아합니다. 이 때 약자인 노예들이 만들어 낸 노예도덕은 겸손, 순종, 동정, 친절, 이타주의적 행동 등을 그 핵심으로 합니다. 이런 덕목들은 노예의 생존과 관련된 공리적인 가치들입니다. 반면에 귀족의 것인 주인의 도덕은 공리적인 것과 관련된 것이 아니라, 자신의 생을 강화시키기 위해 기꺼이 가치를 창조·실천합니다. 결국 오늘날 우리가 선이라고 생각하는 겸손, 순종 등의 덕목은 약자의 복수인 가치전도에 의해 만들어지고 전해져 왔다는 것입니다. 이러한 가치전도의 성공에 의해 약자인 노예는 두 가지 이익을 얻게 됩니다. 첫째, 자기들의 삶이 선한 것이라고 믿음으로써 자기들의 불행을 위로받고 심리적인 만족을 얻을 수 있게 됩니다. 둘째, 강자가 약자의 꾀에 넘어가 강자가 하는 일이 악이라고 믿도록 세뇌되면, 강자는 필연적으로 행복 대신 마음에 괴로움을 얻게 됩니다. 이런 강자를 보고 약자는 심리적인 만족감을 얻고 약자의 복수심을 조금이나마 충족시킬 수 있다는 것입니다.

니체에 의하면, 종교 특히 기독교는 원래 약자이자 무능한 천민노예들이 지배자인 귀족들에게 보복하기 위해 꾸며 낸 간교한 복수수단입니다. 즉, 기독교는 원한과 증오심으로 병든 약자인 유태인들이 만들어 냈다는 것입니다. 유태인들은 가치전도의 필요성을 무의식적으로 느끼고 무의식적으로 다같이 공모해서 강자에 대한 간교한 복수를 했습니다. 이러한 공모를 통해 이루어진 가치전도는 처음에는 문자 그대로 믿을 수 없었지만, 시간이 지남에 따라 약자도 강자도 그러한 뒤집힌 가치를 믿게 되어 버렸다는 것입니다. 여기에서 기독교의 본질이 생성됩니다. 첫째, 기독교는 이 세상의 삶을 부정합니다. 현실의 삶은 타락된 것이고, 현재의 인생은 가치 없는 것이며, 오직 죽음 뒤에 오는 삶을 위해 희생되어야 할 것으로 보고 있습니다. 즉, 기독교는 죽음의 종교로서 인생이 죄로 가득 찬 것, 가련한 것이라고 주장합니다. 둘째, 인생 자체가 벌써 부정되었지만 그러한 인생 가운데서도 빈곤함, 약함, 측은함 등 정신적인 것들은 상대적으로 높이 평가됩니다. 반면에 풍요함, 강함, 육체적 건강함은 완전히 부정됩니다. 이처럼 삶 대신에 죽음을 예찬하고, 삶의 행복이나 기쁨 대신에 불행이나 슬픔을 찬양해 온 것이 기독교라는 것입니다. 지금까지 서양인들은 가치전도에 의해 이루어진 기독교의 세계관을 무비판적으로 받아들여 왔다는 것이지요.

여기서 우리가 주의할 점은 니체의 기독교비판이 자기의 철학적 입장을 해명해 주는 일종의 상징적 역할을 할뿐이지, 기독교가 하나의 교리로서 틀렸다고 주장하는 것은 아니라는 점입니다. 마찬가지로 니체가 유태인을 고발하고 규탄한 이유도 니체가 반유태주의자이기 때문이 아닙니다. 오히려 그는 반유태주의자들을 맹렬하게 비난하였습니다. 그가 말하는 유태인은 본능과 욕망을 경시하는 지적 인간을 상징합니다. 기독교도 삶의 뿌리인 본능과 욕망, 힘에의 의지를 부정하는 일체의 제도를 상징하는 것입니다. 원래 니체의 의도는 선악과 같은 도덕적 가치가 불변적·절대적인 것이 아니라, 관점주의적 해석에 의해 나타난 것임을 보여 주고자 한 것이었습니다. 도덕적 가치에 대한 절대주의적 해석은, 처음에는 사회 내의 한 특정 집단에 의해 만들어진 가치가 다른 모든 집단도 마땅히 받아들여 살아야 하는 가치인 양 왜곡되어 있다는 사실을 보지 못하게 만듭니다. 오늘날 우리가 선이라고 믿고 있는 것은 사회의 특정 집단에게 유리한 가치기준이 다른 모든 사람에게 강제된 결과라는 것입니다. 이것은 도덕적 가치가 만들어지는 과정 또한 그 뒤에 힘에의 의지가 도사리고 있다는 것을 의미하며, 누구의 힘에의 의지가 현재의 도덕을 결정하고 있는가를 물을 수 있게 합니다. 이처럼 모든 도덕적 해석이 관점주의적인 성격을 가질 때, 도덕적으로 칭찬받고 있는 것도, 비도덕적이라고 비난받고 있는 것도, 그 기원에서는 전혀 다른 의도가 포함되어 있다는 것을 꿰뚫어 볼 수 있게 됩니다.

결국 도덕과 관련하여 니체가 도달한 결론은 선악의 피안입니다. 니체는 선과 악이 서로 대립되어 있는 것이 아니라 상호관련을 맺고 있다고 봅니다. 니체의 말을 직접 들어 보시지요. "강한 그대로의 모든 인간에게 사랑과 증오, 감사와 복수, 선의와 분노, 긍정과 부정은 서로 상관적이다. 우리가 어떻게 악할 수 있는지를 알아야만 우리는 선할 수 있다. 우리가 악하면 그것은 악하지 못하고서는 선을 이해할 수 없기 때문이다." 선과 악을 보완적인 것으로 생각하지 않고 대립적인 것으로 파악할 때, 선의 역할은 언제나 악에 대항하는 것에 국한되어 버립니다. 그러나 니체가 말하는 삶은 긍정과 부정을 동시에 간직하고 있는 것으로서 선과 악의 명확한 경계를 허용하지 않습니다. 이 분법적인 도덕개념은 실은 삶에서의 해석일 뿐입니다. 오히려 선과 악의 본질적인 연관성을 인식해서, "선과 악을 적절한 자리에, 즉 이것들이 서로를 필요로 하는 자리에, 동등하게 위대한 것으로 육성하고자 하는, 과단성 있는 비도덕적 사고법을 가지는 것"이 중요한 것입니다. 이것이 바로 니체가 주장한 비도덕주의(Immoralismus)입니다.

영겁회귀사상과 능동적 허무주의

니체의 영겁회귀사상은 앞에서 언급했던 생성의 존재론과 힘에의 의지를 최종적으로 보증하고, 종래의 수동적 허무주의를 극복하고자 하는 니체의 최후사유입니다. 한 마디로 영겁회귀(Die ewige Wiederkehr)란 늘 제자리로 되돌아오는 회귀밖에 없다는 것입니다. 오직 생성만이 있고, 생성 이외의 다른 존재방식은 없으며, 이러한 생성이 계속 유지·지속된다는 것을 보증하기 위해는 같은 것의 영원한 회귀가 필요합니다. 앞에서도 말했듯이, 힘에의 의지인 이 세계는 과거·현재·미래에도 생성하는 세계 이외의 다른 것이 아니었습니다. 그리고 여기서 니체는 영겁회귀란 바로 힘에의 의지의 영겁회귀라고 생각합니다. 언제나 자신의 힘을 최대한으로 발휘하려는 힘에의 의지는, 힘에의 의지라는 자신의 본성으로 영원히 되돌아온다는 것입니다. 그리고 이런 영겁회귀에 의해, 생성과정의 모든 단계가 필연성을 획득하고, 동등한 가치를 가지며, 또 완성됩니다. 이처럼 힘에의 의지가 영원히 회귀한다면, 힘에의 의지로서의 세계는 외부의 어떤 궁극적 목적을 설정하고 있는 세계가 아닙니다. 영원히 생성하는 이 세계는 자신 안에 내재하는 목적을 매순간 완수하고 달성하는 세계입니다. 이로써 전통적인 초월론적-목적론적 형식을 갖는 모든 형이상학적 사유가 폐기되는 것입니다.

한편, 니체는 이 영겁회귀사상이 수동적 허무주의를 넘어서, 우리가 완전한 허무주의, 또는 다른 말로 능동적 허무주의에 도달할 수 있도록 해 준다고 생각합니다. 돌이켜 보면 유신론적 허무주의나 무신론적 허무주의는 모두 현실세계를 부정하고, 우리 삶의 모든 내용들이 무의미하고 무가치하다고 주장합니다. 그런데 니체는 이런 상황을 있는 그대로 받아들이고 철저히 긍정하자는 것입니다. 우리에게 남은 현실세계는 결국 영원히 무의미함이 반복되고 종결되지 않는 허무의 세계입니다. 니체의 영원회귀사상은 바로 우리가 이런 상황으로부터 도망칠 어떠한 가능성도 없다는 것을 자각시켜 줍니다. 이러한 자각은 우리를 절망에 이르게 할 수도 있고, 반대로 최고의 긍정으로 이끌 수도 있습니다. 이 상황은 우리에게 절체절명의 실존적 결단을 요구합니다. 절대적 무의미함을 경험하고 절망의 나락으로 떨어지느냐, 아니면 자신의 삶에 최대한의 의미를 부여하고 있는 그대로의 삶을 최대로 긍정하느냐, 이것이 문제입니다. 물론 니체에 따르면, 우리는 영겁회귀를 받아들여 힘에의 의지를 상승시켜야 합니다. 힘에의 의지를 상승시키면, 우리는 영겁회귀의 세계가 초래할 수도 있는 고통과 무의미, 절망의 길로 들어서지 않고, 반대로 초인이 될 수 있다는 것입니다. 결국 영겁회귀사상은 세계의 모든 순간과 상태를 있는 그대로 긍정하려는 것입니다. 사라진 모든 순간은 되돌아옵니다. 삶의 목적은 그 어떤 초월적인 것도 아닌, 이 현생에서 다시 한번 살고 싶을 정도로 사는 것입니다. 지금 내가 하는 것을 무수히 또 하려 하는가, 그것이 가장 중요한 문제입니다.

초인과 디오니소스적 긍정

니체는 자기가 제시한 새로운 인간상에 초인(Übermensch)이라는 이름을 붙였습니다. 니체는 『차라투스트라는 이렇게 말하였다』에서 다음과 같이 선언합니다. "나는 너희에게 초인을 가르친다. 인간은 초극되어야만 할 그 무엇이다. 너희는 인간을 초극하기 위해 무엇을 하였는가? 나는 너희에게 초인을 가르친다! 초인은 대지의 의미이다. 너희의 의지는 말해야만 한다. 초인은 대지의 의미'이어야'만 한다고! 내 형제들아, 내 너희에게 간청하노니, '대지에 충실하라.'" 신이 죽은 이상, 이제는 대지가 모든 가치의 출처이고, 유일한 현실로서 삶의 바탕입니다. 여기서 대지란 우리에게 유일하게 남아 있는 현실세계를 가리킵니다. 초인은 이 대지의 뜻에 따라 살아가는 인간입니다. 현실세계를 있는 그대로 긍정하고, 스스로 가치의 설립자가 되어 자율적인 도덕을 만들어 내는 자입니다. 초인은 힘에의 의지를 구현할 뿐 아니라, 이원론적 세계관과 목적론적 세계관의 허구를 통찰한 인간입니다. 또 인간의 행위를 포함한 모든 것이 어떤 고정된 목적 없이 늘 되돌아오고 있다는 영겁회귀의 사실을 받아들일 수 있는 용기 있는 인간이기도 합니다.

니체는 『차라투스트라는 이렇게 말했다』의 앞부분에서 초인에 이르는 '세 변화에 대하여' 이야기합니다. 즉, 어떻게 인간의 정신이 낙타의 정신에서 사자의 정신으로, 그리고 사자의 정신에서 다시 어린아이의 정신으로 변하는가를 보여 줍니다. 무거운 짐을 지기 위해 스스로 무릎을 꿇는 낙타는 기존 가치에 대한 순종과 무저항을 의미합니다. 그 짐을 스스로 등에 지고 묵묵히 사막을 건너가는 낙타는 신에 대해 맹목적으로 굴종해 왔던 전통형이상학과 기독교적 가치를 상징합니다. 이러한 낙타의 정신은 곧 옛 가치의 거짓됨을 깨닫고는 사자의 정신이 되어 자유를 구하고, 사막의 왕자가 되고자 합니다. 동시에 사자는 낙타였을 때 자기를 지배해 왔던 거대한 용과 싸워 이기려 합니다. 여기서 용은 "이미 모든 가치는 창조되었고, 일체의 창조된 기성 가치는 바로 나이다."라고 합니다. 이 때 용은 바로 우리 인간에게 "그대는 해야만 한다."라고 명령해 왔던 신을 상징합니다. 용과 싸워

이기려 한다는 것은 신의 죽음에 대한 자각을 의미합니다. 사자는 "그대는 해야만 한다."라는 용의 명령에 대해 "나는 하고자 한다."라고 맞섭니다. 사자의 정신으로서의 인간은 스스로 명령할 수 있는 자기의 주인이고, 스스로의 결단에 따라 행동하는 자유인입니다. 그러나 새로운 가치창조를 위해서는 사자의 정신만으로는 부족합니다. 신에 대한 의무의 부정만으로는 소극적 자유에 머물기 때문입니다. 진정한 가치의 새로운 창조는 어린아이의 정신을 통해 이루어집니다. 니체는 어린아이를 이렇게 비유합니다. "어린아이는 천진난만하며, 망각이다. 새로운 시작이자 놀이이다. 또 스스로 굴러가는 바퀴이고, 최초의 운동, 하나의 성스러운 긍정이다." 여기서 어린아이는 초인을 상징합니다. 그래서 어린아이는 생성·변화하는 이 세계를 있는 그대로 거짓없이 받아들입니다. 스스로의 힘으로 가치를 창조합니다. 또 모든 것은 쉼 없이 늘 되돌아온다는 영겁회귀의 세계를 긍정합니다.

그런데 니체는 이처럼 초인이 영겁회귀의 세계를 기꺼이 긍정하는 태도를 디오니소스적 긍정이라고 했습니다. 후기 니체에게 디오니소스라는 개념은 한낱 도취나 본능, 쾌락 등과 같은 미학적 측면에 국한되어 사용되지 않고 있습니다. 그가 말하는 디오니소스적 긍정은 삶의 온갖 모순적인 면, 즉 미와 추, 고통과 기쁨, 사랑과 증오 등을 모두 조건 없이 긍정한다는 것을 의미합니다. 또한 디오니소스는 영원한 생성과 변화를 겪는 이 세계에서 소멸하고 고통을 받을 수밖에 없는 육체로서의 인간을 상징하기도 합니다. 결국 인간은 창조적으로 자신의 운명을 결정하고, 결정된 자신의 운명에 따라 고통조차도 긍정해야 하는 존재입니다. 이것이 이른바 니체의 운명애입니다. 내가 좋아하는 임보 시인은 그런 긍정적인 시선으로 세상을 바라보는 시를 지었습니다. 한번 읽어 보시지요.

세상을 밀고 가는 힘

임 보

여름은 더워야 맛이고
개는 짖어야 한다
잡초는 뽑아 내도 계속 자라야만 되고
아이들은 늘 무릎이 깨져 있어야 제격이다
바람둥이 여편네는 남몰래 서방질을 하고
사기꾼은 사기를
중은 염불보다 잿밥에 마음을 두어야 하리
이것이 제대로 굴러가는 세상이다

만약, 어느 날 문득
여름이 여름처럼 덥지 않고
시끄럽던 개들도 입을 다물고
김맨 자리에 잡초도 다시 돋아나지 않는다면

그리고

아이들도 어른처럼 점잖을 빼고

바람둥이 여편네도 두문불출 요조숙녀가 되고

사기꾼들은 모두 참회의 눈물을 흘리고

중들도 목탁만 열심히 두드린다면

이 세상은 어떻게 될 것인가?

흔들리는 갑판처럼 거리는 뒤뚱거려

사람들의 발걸음은 휘청거리고

부질없는 만남들로 흥청대던 도시는

이제 극지의 설원처럼 적막해지리라

이것은 구원이 아니라 파탄이다

세상을 이처럼 재미있게 한 것들의 절반은

세상을 이만큼 버티게 한 것들의 절반은

우리가 평소 별로 달갑게 여기지 않는

저 거칠고 불손한 것들임을 기억해야 하리.

생철학자로서 니체에게는 오로지 삶이 유일한 가치이자, 가치의 궁극적 원천이었습니다. 따라서 우리는 가장 충실한 의미에서 삶을 긍정해야 하며, 진리나 합리성의 기준까지도 삶이라는 원천에서 찾아야 한다고 주장하였습니다. 그는 힘에의 의지를 설파함으로써 쇼펜하우어가 온갖 악과 불행의 원천으로 보았던 의지를 긍정적으로 해석해 냈습니다. 긍정적인 측면에서 해석할 때, 이 힘에의 의지는 우리에게 많은 것을 시사해 줍니다. 그것이 우리의 내부로 향할 경우, 우리 심성에 있는 모든 허약한 것, 안락과 나태에 빠지게 만드는 것, 또 그저 탐닉에 불과한 모든 것을 파괴하고, 우리를 숭고한 것으로 향하게 만들어 줍니다. 우리가 궁극적으로 원하는 것은 쾌락이 아닙니다. 우리는 더 큰 힘을 위하여 자발적으로 쾌락을 희생하고 고통을 짊어질 수 있습니다. 경쟁에서의 승리, 다른 사람을 감동시키는 능력, 예술적 창조 등은 모두가 더 큰 힘을 획득하는 예들입니다. 우리는 자신의 충동을 극복하고 보다 영구적인 것을 위해 힘을 자제함으로써, 자신을 숭고하게 만들고 인간으로서의 존엄성을 획득할 수 있습니다. 이 상태를 획득한 자들이 바로 초인일 것입니다. 초인은 결국 우리가 이상적으로 존재할 때의 우리 각자의 모습입니다.

니체가 이후 철학자와 문필가들에게 끼친 영향은 이루 헤아릴 수 없습니다. 심리학자 융은 자신의 이론에 가장 직접적인 영향을 끼친 철학자가 니체였다고 고백하였습니다. 토마스 만은 『파우스트 박사』라는 소설을 쓰고, 그것을 니체소설이라고 했습니다. 버나드 쇼와 예이츠, 로렌스, 조이스, 지드, 앙드레 말로, 유진 오닐 등도 직·간접적으로 니체의 철학에서 영향을 받은 작가들입니다. 철학계에서는 하이데거가 니체 해석을 내놓음으로써 니체를 위대한 철학자의 반열에 올려 놓았습니다. 그 이후 오늘날까지 야스퍼스, 푸코, 바타이유와 들뢰즈, 데리다 등에 의한 니체 해석이 줄을 이었습니다. 그들의 철학에 미친 니체의 영향은 앞으로 해당 철학자들을 다룰 때 필요할 경우 언급될 것입니다. 이어서 니체와 마찬가지로 변화와 생성의 세계에 눈을 돌렸던 또 다른 생철학자인 베르크손의 철학에 대해서 알아보기로 하겠습니다.

베 르 크 손 의 생 철 학

생 애

앙리 베르크손(H. Bergson, 1859~1941)은 1859년 10월 18일 프랑스 파리에서 폴란드계 유태인인 미카엘 베르크손과 아일랜드 유태인이자 영국인인 어머니 캐서린 사이에서 4남 3녀 중 장남으로 태어났습니다. 쇼팽의 제자인 아버지는 작곡가이자 피아니스트로서 쇼팽을 대중화시켰던 인물입니다. 베르크손은 파리 리세의 콩도르세 고등학교에 입학하여 영어, 프랑스어, 라틴어, 그리스어, 수학에서 탁월한 재능을 발휘하였습니다. 19살 때 파리 고등사범학교 철학과에 3위로 입학합니다. 프랑스 사회주의를 이끈 장 조레스, 뒤르켐 등이 그의 동기생이었습니다. 22살 때에 철학교수 자격시험에 2위로 합격하고 앙제고등학교에서 2년간, 그리고 클레르몽 페랑고등학교에서 5년간 철학교사로 근무하였습니다. 30살 때 「의식에 직접 주어진 것들에 관한 시론」을 주논문으로, 「아리스토텔레스의 공간론」을 부논문으로 하여 박사학위를 취득합니다. 앞의 논문은 『시간과 자유의지』라는 제목으로 영역되었습니다. 1892년 33살 때 루이즈 뇌뷔르제와 결혼하여 이듬해 외동딸 잔을 낳았습니다. 1896년 37살 때 『물질과 기억』을 발표함으로써 철학자의 명성을 얻게 됩니다. 1900년부터는 20여 년 동안 콜레주 드 프랑스의 교수로 재직하게 됩니다. 그 해에 『웃음』이 출판되었습니다. 1907년 『창조적 진화』를 발표하여 세계적인 철학자로 발돋움합니다. 1914년에 아카데미 프랑세즈 회원으로 선출되었으나 같은 해에 그의 반지성주의가 카톨릭교에 해를 끼친다는 이유로 저작 중 일부가 금서목록에 올랐습니다. 로마교황청이 비카톨릭 신자의 책을 금서목록에 올린 것은 이례적인 일이었습니다. 카톨릭 혁신주의자들 사이에서 베르크손의 사상이 커다란 영향을 미치는 것을 묵과할 수 없었던 것입니다. 제1차 세계대전중인 1917년에는 미국에 파견되어 윌슨 대통령에게 미국의 참전을 설득하고 이를 성사시킵니다. 1921년에는 오늘날 유네스코의 전신이라 할 수 있는 국제연맹 산하의 지적협력국제위원회의 의장직을 맡아 일했습니다. 1927년에는 노벨문학상을 수상하였고, 1932년 73세의 나이에 마지막 주저인 『도덕과 종교의 두 원천』을 출판합니다. 제2차 세계대전이 발발하고 파리가 점령되었을 때, 당시 독일

점령군은 세계적인 이 노철학자에게 다른 유태인들처럼 줄을 서서 식량 배급을 받지 않아도 좋다고 허락하였습니다. 그러나 베르크손은 이를 거절하고 늙은 몸을 이끌고 동포들의 고통에 동참하였습니다. 1941년 1월 3일 파리에서, 베르크손은 줄어든 석탄배급량 때문에 추운 겨울을 지내다가 폐렴으로 세상을 떠났습니다. 옛날의 강의를 떠올렸던 듯, 옆에 있던 사람들도 알아들을 수 있을 만큼 분명한 목소리로 "여러분, 다섯 시입니다. 강의는 끝났습니다."라 하고는 운명하였다고 합니다. 향년 81세였습니다. 위에서 소개한 저서 말고도 『정신이 힘』(1919), 『사유와 원동자』(1934)가 있습니다.

과학적 지성에 대한 비판

생철학자로서의 베르크손의 철학은 다른 생철학자와 마찬가지로 이성 또는 지성에 대한 불신에서 출발합니다. 이성에 의한 분석적 사유와 개념적인 사유로는 생성·변화하고 있는 이 세계의 진면목을 결코 붙잡을 수 없다는 것입니다. 그런 점에서 베르크손의 철학은 반이성주의 또는 반주지주의를 표방합니다. 그리고 그 이면에는, 미증유의 과학적 성공으로 대변되는 이성의 득세와 자만에 대한 질타가 숨어 있습니다. 갈릴레오 이후 성립한 근대 자연과학적 세계관은 경험의 수학화작업에 의거한 물질주의와 기계론, 인과적 결정론, 그리고 환원주의를 그 요소로 하고 있습니다. 근대인들은 자연에 대한 우리의 경험내용을 순수한 양으로 환원시키고, 그 양적 규정들 간의 관계를 수학적으로 정식화하였습니다. 또 물질적 실체는 엄격한 자기 동일성을 지닌 것으로서, 가장 신뢰할 만한 과학적 탐구의 대상으로 생각하였습니다. 이 물질주의는 자연적 사물의 상태나 작용을 오직 물질적 성질로부터만 파악할 수 있다는 기계론과 연결됩니다. 인과적 결정론이란, 자연이 인과적으로 결정되어 있는 완결된 시간·공간적 체계이며, 그 인과관계는 불변적인 법칙적 구조를 지니고 있다는 입장입니다. 환원주의는 생명이나 인간의 정신활동도 물질현상으로 환원될 수 있으며, 궁극적으로는 자연과학적 방법에 의해 해명될 수 있다는 주장입니다.

베르크손이 철학에 입문할 당시, 프랑스의 사상계도 콩트의 실증주의와 기계론적 결정론, 그리고 유물론적 진화론이 득세하고 있었습니다. 이는 자연과학의 성공에 자극받은 철학계가 자연과학적 방법론을 철학에 수용한 결과 나타난 것입니다. 그러나 베르크손이 과학의 성공과 유용성을 낮춰 본 것은 아니었습니다. 다만 베르크손은 과학에 의해 나타난 세계가 진정으로 참된 세계라고 착각하고 있는 소박한 과학주의자들의 세계관을 개탄하였던 것입니다. 과학이 탐구하고자 한 대상은 정적인 세계입니다. 과학적 지성은 흐르고 있는 것을 공간관계로 바꾸며 또한 모든 것을 기계화합니다. 과학적 지성에게 지속, 운동, 생명, 진화는 단순한 착각일 뿐입니다. 그런데 베르크손에 의하면, 이성에 의한 분석적 사고와 개념적 사고는, 죽어 있는 정적인 세계, 기계론이 지배하는 불활성적인 물질의 세계에서 사용하기에 아주 적합하게 되어 있고, 여기에서 겨우 한 줌의 승리를 손에 쥐었을 뿐입니다. 기껏 실용성의 차원에서만 말입니다.

과학의 이런 정적인 세계관을 거슬러 올라가면, 우리는 플라톤의 이데아론과 마주서게 됩니다. 플라톤에게 참다운 존재의 세계는 추상적 형상으로 가득한 이데아의 세계입니다. 생성·변화하는 현실세계는 가상의 세계에 지나지 않았습니다. 그리고 플라톤은 정적인 성질을 지닌 이데아와 같은 것을 수학적 이성에 의해 파악할 수 있다고 보았습니다. 그러나 베르크손은 살아서 끊임없이 변화하는 생성의 세계야말로 우리의 유일한 세계요, 궁극적인 형이상학적 실재라고 주장합니다. 따라서 베르크손은 과학적 지성을 통해서는 우리가 궁극적 실재를 꿰뚫고 들어갈 수 없다고 선언합니다. 베르크손이 보기에, 생명과 운동의 현존 앞에서 개념적 사유는 무력합니다. 생명과 의식은 기계적·과학적·논리적으로 취급될 수 없습니다. 그것들을 수리물리학적으로 분석하는 과학자들은, 그것을 파괴하며 그것들의 의미를 놓치고 있습니다. 지성의 기능이 생성·변화하는 세계에 확대될 때, 지성은 실재적인 것을 못 쓰게 만들고 왜곡합니다. 베르크손은 이 우주에 시인의 창조적 정신과 같은 그 무엇, 살아 있고 활기찬 힘, 생의 약동이 있다고 보았습니다. 우리는 그것을 오직 일종의 예감에 의해, 이성보다 사물의 본질에 더욱 가까이 다가가는 감정에 의해서만 이해할 수 있습니다. 그리고 철학은 우주를 생명의 약동에서 파악하고 이해하는 기술입니다. 여기서 그 기술적 방법으로 베르크손이 제시하는 것이 바로 직관과 지속입니다.

직관과 지속

베르크손에 의하면, 우리가 대상을 인식하는 두 가지 방법이 있습니다. 하나는 사물의 밖에 서서 그 사물의 둘레를 도는 것이고, 다른 하나는 사물의 내부로 뚫고 들어가는 것입니다. 첫 번째 방법은 우리가 취하는 관점과 표현하는 데 사용하는 기호(symbol)를 통한 방법입니다. 이 방법을 통해 우리는 사물의 외부특징을 관찰하고, 판단하고, 사물들을 부분으로 분석합니다. 이 방법은 우리가 취하는 관점 때문에 상대적 지식에 도달할 뿐입니다. 예를 들어 '달'을 그리스어로 '$\mu\varepsilon\nu$', 라틴어로는 'luna'라고 합니다. 그리스인들은 '달'이라는 말을 통해서, 달에 의해 수행되는 시간적 측정의 성질을 머리에 떠올립니다. 반면에 로마인들은 '달'이라는 말을 들었을 때, 달이 지니고 있는 빛의 밝음을 먼저 떠올립니다. 그러나 원래 달은 시간적 측정의 성격과 밝은 빛의 성질을 모두 가지고 있는 실재입니다. 그런 점에서 언어와 같은 기호는 사물의 한 특정한 면모를 강조한 후, 거기에서 공통적인 것들을 추출해 표현한 것에 지나지 않습니다. 그래서 기호를 통한 방법은 본래 통일되어 있던 사물을 분석하고 토막내기 때문에, 사물의 진정한 모습을 파악할 수 없습니다. 일반적으로 과학이 그렇습니다. 전통적으로 물리학은 사물을 분석해서 원자와 같은 것으로 파악합니다. 생물학은 생명을 분석해서 유전자와 같은 것으로 파악합니다. 심리학은 정신이나 자아를 개별적인 심리상태로 파악합니다. 이처럼 분석은 실재를 파괴하는 짓이고, 사물의 참된 모습을 허구로 대체하는 것밖에 되지 않습니다.

두 번째 방법은 사물 속으로 직접 들어가 스스로 그 대상이 되어 그 대상을 내감하는 방법입니다. 베르크손은 이렇게 사물의 본질을 파고드는 인식을 직관이라고 합니다. 직관은 분석하지 않습니다. 직관을 통하여 우리는 전체로서의 대상을 파악합니다. 직관의 방법을 통해 우리는 절대적 지식을 얻게 됩니다. 이 때의 직관이란 "대상의 내부로 옮겨가 그 대상 자체의 고유한, 표현할 수 없는 것과 합일하는 공감"입니다. 참으로 애매모호한 말이기는 합니다만, 베르크손이 사용한 비유를 통해 설명해 보겠습니다. 강릉이라는 도시를 파악하려 할 때, 우리는 강릉의 곳곳을 사진으로 찍어 그것을 조합해 볼 수 있습니다. 그러나 이것은 아무리 많은 사진을 찍는다 하더라도, 결코 강릉이라는 도시의 전모를 모두 보여 주지 못합니다. 그것은 강릉이라는 도시를 추상적으로 이해하는 것에 지나지 않습니다. 반면에 직접 강릉에 오랫동안 살았던 사람은 강릉을 그렇게 분해한 사진이 없이도, 그 동안의 개인적 체험을 통하여 한꺼번에 강릉을 직관할 수 있습니다. 또 베르크손은 아무리 잘 된 번역된 시라고 해도, 거기에는 지성이 개입된 해석이 들어가 있어 원작의 전체적 의미를 파악해 낼 수 없다고 봅니다. 원작이 지니는 내적인 의미는 작품 전체에 대한 직관을 통해 파악할 수밖에 없다는 것이지요. 우리는 직관을 통해 절대적·내재적이면서, 동시에 구체적이고 표현불가능한 무엇인가에 접근할 수 있습니다. 직관의 방법은 예술적인 창조, 인간의 사랑, 성자와 신비가의 경험 속에서 그 힘을 드러냅니다.

　그런데 베르크손에 의하면, 대개 물질적인 사물을 직관하기란 불가능하지만, 그래도 직관이 가능한 실재가 하나 있습니다. 바로 우리 자신의 의식입니다. 예를 들어 보고 싶은 반가운 사람이 저 앞에 나타났을 때 나는 그에게 손을 흔듭니다. 그 때 내 손의 움직임은 나도 저 상대방도 볼 수 있습니다. 그러나 그 손을 움직이게 하는 내적 원인은 나만이, 내 안에서만 실감할 수 있습니다. 이 때 내감되는 의식은 밖에서 관찰되는 손의 공간적인 위치이동과는 전혀 다른 질적인 것입니다. 이것이 바로 의식이고, 이 의식은 직관, 내감에 의해서만 인식될 수 있다는 것입니다. 그래서 베르크손은 "단순한 분석에 의해서가 아니라, 내부에서 직관에 의해 우리가 잡을 수 있는 실재가 적어도 하나 존재한다. 그것은 시간 속에 흐르고 있는 우리 자신의 인격이요, 지속하고 있는 우리의 자아이다."라고 합니다. 즉, 우리는 직관에 의해서만 자아의 전체성을 바라볼 수 있다는 것입니다.

　그런데 베르크손에 의하면, 이 자아의 본질은 지속(la durée)에 있습니다. 그리고 베르크손의 의미에서 지속이란 진정한 운동 그 자체를 말합니다. 이 지속의 개념은 베르크손철학에서 핵심적인 지위를 차지하고 있습니다. 그의 모든 철학체계가 이 지속의 개념 위에 자리 잡고 있기 때문입니다. 베르크손은 지속의 개념을 토대로 전통형이상학의 존재론을 철저히 뒤엎습니다. 전통형이상학에서 진정한 존재는 플라톤의 이데아처럼 운동이 완전히 다 빠진 불변적 정지물이었습니다. 생성과 변화, 운동은 완전한 존재도 아니고 완전한 무도 아닌 어중간한 상태에 있는 것으로서, 이런 것들이 완전히 다 빠져야 진정한 존재를 얻을 수 있다고 생각해 왔습니다. 역으로 진정한 존재에 운동이 가해질수록, 그것은 무로 가까이 가는 것을 의미하였습니다. 그러나 베르크손에게는 반대로 운동이 진정한 실재이며, 정지는 운동으로부터 끊어낸 추출물에 불과한 것으로 바뀝니다.

"발빠른 아킬레스는 느린 거북을 영원히 따라잡을 수 없다."는 유명한 제논의 역설이 있습니다. 거북이가 아킬레스보다 앞에 서서 달리기 경주를 하는 한, 아킬레스는 거북이를 절대로 이길 수 없다는 것입니다. 베르크손의 진단에 의하면, 운동의 수학적 분석은 운동의 실재를 결코 설명해 주지 못합니다. 이 역설은 지성이 수행하는 공간적 사유로 인하여 불가피하게 생겨난 것입니다. 지속과 흐름을 분할하여 공간화시키는 것이 지성의 작용입니다. 우리의 손목시계가 시간을 공간화한 도구인 것처럼 말입니다. 지성은 실재로부터 자기에게 필요한 것만을 추상해 내고, 그것을 자기에게 편리하게 공간 속에 배치합니다. 지성은 운동 자체는 제거해 버리고, 운동이 지나간 죽어 있는 공간의 궤적만을 보고 있습니다. 그러나 운동체와 운동의 궤적은 지성의 표피적 추출물일 뿐입니다. 제논의 역설이 일어난 이유는 아킬레스와 거북의 운동 자체가 아니라, 그 운동의 궤적을 운동이라고 착각하고, 그 궤적처럼 운동 자체도 무수히 나눌 수 있다고 생각했기 때문입니다. 공간은 동질적이고 상호병치적이기 때문에 분할할 수 있습니다. 그러나 운동 자체는 이질적이고 상호침투하기 때문에 결코 분할할 수 없습니다.

여기서 '운동이 곧 존재'라는 등식이 성립합니다. 베르크손은 이 진정한 운동 자체를 지속이라고 정의한 것입니다. 지속은 나뉘거나 측정되지 않습니다. 그런데 베르크손이의 지속은 자기 동일성을 함축하고 있습니다. 진정한 지속은 운동하면서도 동시에 자기 자신을 잃지 않는 운동입니다. 어떤 것이 운동하여 자기 동일성을 잃고 변하면, 그것은 더 이상 지속하는 것이 아닙니다. 베르크손은 운동함에도 불구하고, 이처럼 자기 동일성을 잃어버리지 않는 지속을 순수지속(durée pure)이라고 합니다. 그리고 그 순수지속의 예로 자아와 생명을 들었습니다. 과연 자아는 끊임없는 변화과정 속에 있습니다. 어느 순간이나 항상 새로운 자기를 만들어 나가는 자기 창조의 연속 속에 있습니다. 그럼에도 불구하고 자아의 동일성은 여전히 유지되고 있습니다. 베르크손은 이 지속을 일반화시켜 "모든 것은 가동성, 즉 변화이다." 라고 선언합니다. 활동력이 없는 상태, 죽은 사물, 정적인 존재란 있을 수 없다는 것입니다. 그래서 베르크손의 입장에서 사물이란 존재하지 않습니다. 사물이란 우리가 지속하는 것을 절단해서 얻은 개념화된 인조물입니다. 있는 것은 오직 과정·사건·생성·지속뿐입니다.

창조적 진화

순수지속이라는 개념을 생물학의 영역에 적용시켜 나타난 이론이 베르크손의 창조적 진화입니다. 베르크손의 채『창조적 진화』는 그 세목부터가 혁명적인 것이었습니다. 중세 이후, 기독교의 교리에 따라 창조론만 믿어 왔던 유럽인들에게 다윈의 진화론은 청천벽력과 같은 사건이었습니다. 자연과학의 발전이 기독교교리에 늘 타격을 입혀 왔듯이, 다윈의 진화론은 중세의 잔재를 털어 버리는 인간이성의 승리를 상징하는 것처럼 보였습니다. 그러나 이것은 인간이 신에 의해 창조된 피조물이 아니라, 그래서 어느 정도 이성과 영혼을 가진 존재가 아니라, 동물수준을 조금 넘어선 존재라는 것을 인정한 꼴이 되어 버렸습니다. 인간을 발가벗기면서 아예 동물의 차원으로 끌어 내린 것입니다. 그리하여 19세기 말에서 20세기 초반까지 유럽인들은 창조론과 진화론을, 둘 중에서 어느 하나를 선택해야 하는 생명에 대한 이론이라고 생각하기 시작하였습니다. 그러나 그의 책제목이 암시하듯이, 베르크손은 지속이라는 개념을 통해 창조론과 진화론을 종합·화해시키려는 의도를 가지고 있었던 것입니다.

　『창조적 진화』에서 베르크손은 창조란 옛날에 언젠가 한 번 있었다가 지금은 끝난 행위라는 기독교식의 창조론을 거부합니다. 또 다윈식의 기계론적 진화론, 스펜서식의 유물론적 진화론, 그리고 목적론에 대해서도 반대합니다. 베르크손에 의하면, 이런 입장들은 모두 생명의 본질을 잘못 설명하고 있습니다. 다윈의 기계론적 진화론은 어떤 우연한 변종이 특이한 생존가치를 지니기 때문에 종의 진화가 이루어진다고 보고 있습니다. 그러나 베르크손은 진화과정이 단순한 우연에 의해 지배된다는 것을 인정할 수 없었습니다. 우연한 변화는 진화과정이 단순한 유기체로부터 점점 더 복잡한 유기체를 향해 진화해 간다는 것을 설명할 수 없다는 것입니다. 이것은 진화과정 속에 어떤 목적이 깃들여 있다는 것을 의미합니다. 그 목적이 예측불가능한 것이기는 하지만 말입니다. 또 베르크손은 우연을 강조하는 다윈의 적자생존과 자연도태설이 여러 가지 변종의 출현을 설명하지 못하고 있다고 비판합니다. 우연에는 이유가 없기 때문입니다. 변종이 출현해서 이것들 간의 경쟁과 도태가 다시 일어나고 있습니다. 베르크손은 이 변종들이 출현하는 이유는 생명력 이외의 다른 것일 수 없다고 주장합니다. 스펜서식의 유물론적 진화론은 유기체를 계산가능한 법칙에 따라 움직이는 기계로 다룹니다. 스펜서는 진화란 생물의 내적 조건이 외적 조건에 적응하는 상태로 전진하는 것이라고 생각했습니다. 그러나 베르크손은 반대로 생명력이 어떤 내적 요구에 따라 외적 조건들을 다시 만드는 과정이라고 생각합니다. 즉, 베르크손이 생각하는 진화는 영원히 창조적인 과정이고, 항상 새로운 방향으로 움직여 가는 것입니다. 한편, 목적론은 진화란 불가피하고 예측할 수 있는 목표로의 전진이며, 완결되어야 할 목적이 있다고 봅니다. 그러나 베르크손이 보기에 이 목적은 고정불변이기 때문에, 생명의 진화를 설명할 수 없습니다. 진화는 항상 예측불가능하고, 창조적이기 때문입니다. 말하자면, 생물학적 진화는 일정한 방향성을 가지고 있기는 하나, 그 방향의 외부적인 목적을 규정하거나, 그 종착점을 미리 알 수 없습니다. 진화가 창조적이라는 것은 진화가 과거에 의해 결정되지 않을 뿐만 아니라, 과거를 넘어서기도 한다는 것을 의미합니다. 자연은 기계론적·목적론적으로 결정되는 것이 아니라, 인간이 자유로운 것처럼 자유롭습니다.

베르크손이 보기에 이런 입장들은 근본적으로 생명의 본질인 지속을 부정하는 잘못을 저지르고 있습니다. 베르크손에게 물질은 지성의 대상이지만, 생명은 직관의 대상입니다. 그리고 생명의 존재양식은 지속입니다. 지속하는 생명은 물질 속에서 자기를 구현하면서도, 필연적 법칙이 지배하는 물질을 극복하고, 거기에 비결정성을 부여합니다. 그리고 비결정적인 것은 비약합니다. 비결정적인 것은 다음 순간에 무엇이 나올지 예측할 수 없으며, 그 전에는 없었던 뜻밖의 것이 그 뒤에 나타나기 때문입니다. 이 때의 비약은 자기 자신의 동일성을 항상 유지하는 비약입니다. 말하자면 생명에는 근원적·비연속적인 비약이 있는 것입니다. 생명의 길은 한 마디로 비약이요, 약동입니다. 베르크손은 이를 생의 약동(élan vital)이라고 합니다. 전체로서의 생은 추상물이 아니라 어떤 일정한 시기에, 어떤 일정한 장소에 생명의 흐름이 솟아난 것입니다. 따라서 진화는 일회적·비반복적인 창조적 진화입니다. 생명의 진화과정에 장애가 있기도 합니다. 자기를 가로막는 물질 앞에서 때로는 길에서 헤매고, 막다른 골목에 부딪치기도 하고 또 뒤로 돌아가기도 합니다. 그러나 결국에는 장애물들은 지속하는 생명에 굴복합니다. 일반적으로 생명의 충동, 비약은 언제나 존속합니다. 생명에는 목적론자의 주장처럼 일정한 계획이 있는 것이 아닙니다. 생명은 비약과 함께 만들어갑니다. 진화과정에서 만들어진 인간의 지성은 생을 이끌어 가는 도구에 불과합니다. 지성은 도구적 지성입니다. 지성은 공간적인 것, 양적인 것, 기계적으로 결정된 것, 물질적인 것을 파악하는 능력을 가진 데 불과합니다. 그래서 과학자나 철학자가 지성을 가지고 생명을 이해하려는 짓은 헛수고에 불과합니다. 우리들은 지성으로 생명을 파악할 것이 아니라 지성의 생명적 근원을 탐구해야 합니다. 따라서 인식론은 생명론 위에 세워지지 않으면 안 된다는 것입니다.

그런데 베르크손은 생명뿐만 아니라 전 우주 자체도 무한한 창조적 진화를 하고 있다고 주장합니다. 우주도 순수지속을 그 본질로 하여 끊임없이 변화해 가고 있다는 것입니다. 마찬가지로 생의 비약도 우주 전체를 꿰뚫고 흐르고 있습니다. 이 생의 비약이 곧 순수지속이고, 우주의 실상입니다. 여기서 베르크손은 생의 약동을 가능하게 하는 생명에너지의 저장소를 신이라고 합니다. 그래서 신은 모든 생명의 원천이 됩니다. 신은 창조적이고, 자유롭고, 끝없이 새로운 표현을 할 수 있습니다. 신의 창조는 아주 끝나는 법이 없이 끊임없이 계속됩니다.

도덕과 종교의 두 원천

베르크손의 마지막 저서 『도덕과 종교의 두 원천(*Les deux source de la morale et de la religion*)』은 단적으로 말해 인간구원의 문제를 다룬 책이라고 할 수 있습니다. 베르크손은 제1차 세계대전을 통해 자칭 문명인이라는 서유럽인들의 야만성을 목격하였습니다. 과학과 문명의 놀라운 진보에도 불구하고, 그들의 도덕성과 사회성은 원시인의 도덕성과 한치의 차이도 없다는 것을 깨달았던 것입니다. 인간사회는 예전이나 지금이나 변함없는 닫힌 사회(société close)이며, 서유럽인의 도덕성은 다른 민족에 대한 증오와 공격본능을 내포한, 집단적 이기주의에 근거한 정적 도덕(morale statique)임이 밝혀졌다는 것이지요. 그런 점에서 『도덕과 종교의 두 원천』은 서유럽 문명에 대한 고도의 문명비판서라고도 볼 수 있습니다.

베르크손은 이 책의 제목이 말해 주듯이, 닫힌 도덕(morale close)과 열린 도덕(morale ouverte), 그리고 정적 종교(religion statique)와 동적 종교(religion dynamique)를 선명하게 구별합니다. 이 책은 "금단의 열매, 즉 선악과의 추억은 인류의 기억 속에서처럼, 우리들 각자의 기억 속에 존재하는 가장 오래 된 기억이다."라는 의미심장한 말로 시작됩니다. 하느님이 먹지 말라고 한 선악과를 따먹음으로써 인류에게는 쓰라린 고통이 찾아왔습니다. 하느님의 엄명을 어겼기 때문입니다. 마찬가지로 우리 각자는 아주 어렸을 적부터 부모나 선생님으로부터 도덕적 명령을 들어 왔고, 그에 따라 도덕적 책무를 지키는 것은 우리 인생의 조건이 되었습니다. 베르크손은 배후에서 이런 도덕적 명령에 권위를 부여하는 것이 사회라고 명쾌하게 지적합니다. 그리고 베르크손의 닫힌 도덕은 이 사회의 안녕과 보존을 위해 의무수행을 요청하는 의무의 도덕입니다.

닫힌 도덕은 인류역사상 초기에 발생한 도덕입니다. 원시인이나 고대인들은 개인보다는 집단과 사회가 훨씬 중요하다고 생각하였습니다. 그들은 자신들이 집단을 벗어나서는 결코 생존할 수 없으며, 협동을 통해야 많은 이익을 얻을 수 있다는 사실을 경험적으로 잘 알고 있었습니다. 따라서 생존을 담보해 주는 집단의 안정을 위협하는 행위는 혹독한 처벌로 다스려야 할 중죄가 됩니다. 당연히 개인적인 욕구충족도 사회공동체의 이익에 저해되지 않을 경우에만 허용됩니다. 개인은 한 집단이나 사회가 설정한 공동목표에 위배되는 행동을 해서는 안 됩니다. 공동목표에 위배되는 행동을 감시하기 위해, 사람들은 서로의 행동을 평가하고 상대방의 행동에 간섭합니다. 그럼으로써 한 사회의 공동목표를 달성하거나, 그 사회의 여러 구성원들의 욕구충족을 위해 적합하다고 판단되는 행위는 칭찬과 보상을 받게 되고, 그와 반대되는 행위는 비난과 처벌을 받게 됩니다. 이러한 칭찬과 보상, 비난과 처벌의 절차가 일정한 형태로 굳어짐으로써 금기나 관습과 같은 것이 생겨나게 되었습니다. 이러한 금기관습에서 닫힌 도덕이 형성되었습니다.

닫힌 도덕은 우리의 행위를 제약하는 소극적·부정적인 성격을 띠고 있습니다. 즉, 초기 도덕규범이나 도덕법칙의 특징은 금지와 복종을 강조하는 데 있습니다. 가령 모세의 십계명을 보십시오. "살인하지 말라, 거짓말하지 말라, 도둑질하지 말라." 등과 같이, 십계명 중 여덟 가지가 "무엇을 하지 말라."는 부정어의 형태로 되어 있습니다. 이처럼 닫힌 도덕은 사회집단의 생존에 우위를 두고, 사회집단이 개인에게 강제로 부과함으로써 생긴 도덕입니다. 그런 점에서 닫힌 도덕은 기존의 가치들을 방어하려 합니다. 닫힌 도덕은 집단이나 사회의 안정을 위해 요구되는 도덕이기 때문에, 금기와 관습의 고수를 요구하며, 개인들의 여러 가지 행동에 대한 제한과 구속, 압력에 중점을 둡니다. 이런 닫힌 도덕이 없으면 사회는 끊임없는 혼란을 겪게 되고, 결국에 가서는 해체되고 말 것입니다. 베르크손은 닫힌 도덕에서 행사되는 사랑의 범위가 가족과 민족에 한한다고 보았습니다. 우리는 자신의 가족이나 민족을 자연히 사랑하게 됩니다.

그러나 인간은 이러한 수동적인 도덕규범에 복종하기를 그치고 차츰 적극적·능동적인 도덕규범을 강조하기 시작하였습니다. 친절, 겸손, 봉사 등이 점차 강조되었고, 이윽고 헌신, 자기 희생, 자비, 인류

애 등을 부르짖는 자들이 출현하였습니다. 이러한 덕목들은 스스로 내가 실천하겠다는 자발적인 의지가 없다면 결코 생겨날 수 없는 것들입니다. 인류역사상 나타난 성인들은 바로 이러한 덕목의 실천이야말로 자기 자신의 구원뿐만 아니라 사회의 안녕과 구원을 약속할 수 있다고 가르쳤습니다. 베르크손은 이처럼 사회적 압력과는 무관하게 인격적 주체의 창조적 의지에 바탕을 두고 성립한 도덕을 열린 도덕이라고 했습니다. 이 열린 도덕이 행사하는 사랑의 범위는 가족애나 조국애를 넘어서 인류애에까지 미칩니다.

베르크손에 의하면, 열린 도덕은 탁월한 인격자나 성인 또는 영웅을 동경하는 갈망(aspiration)의 도덕입니다. 사실 위대한 도덕적 선도자는 우리에게 어떤 행위를 하도록 강제하거나 압력을 행사하지 않습니다. 오히려 위대한 도덕적 영웅은 자연스럽게 우리에게 그의 행위를 모방하도록 인도하며, 그의 인격에 대한 동경심을 불러일으켜 줍니다. 여기서 인간은 도덕적 영웅의 행위를 모방해 새로운 도덕적 사회를 창조해 냅니다. 열린 도덕은 생의 근원에 대한 직접적인 파악에서 생겨나며, 사랑의 품속으로 모든 인간생활을 감싸들입니다. 닫힌 도덕과 열린 도덕 사이에는 연결될 수 없는 근원적인 차이가 있습니다. 닫힌 도덕은 지성 이하의 것이고, 열린 도덕은 지성 이상의 것입니다. 닫힌 도덕은 정지를 위한 것이고, 열린 도덕은 운동을 위한 것입니다. 그렇기 때문에 닫힌 도덕에서 열린 도덕으로 넘어가는 데에는 사랑의 비약(élan d'amour)이 필요합니다. 베르크손은 이 열린 도덕이 인류역사상 돌발적으로 출현했으며, 사랑의 비약과 같은 강렬한 힘을 가지고 도래했다고 보았습니다.

한편 베르크손은 정적 종교와 동적 종교를 구별합니다. 정적 종교는 지성의 여러 가지 파멸에 직면해서 인간의 감정을 보호하는 역할을 합니다. 베르크손에 의하면, 인간은 지성을 소유하고 있기 때문에 다른 동물과 구별됩니다. 그러나 인간은 이 지성 때문에 생명본래의 성질을 잃어버리고 생명 자체를 부정하는 오류를 범하기도 합니다. 생명은 무한히 지속하려는 데 반해, 지성은 인간의 나약함과 유한성, 인간이 죽을 수밖에 없는 존재라는 비극을 자각시켜 줍니다. 그래서 인간의 지성은 죽음의 불가피성을 자각하고 때로는 생명을 끊는 불행한 일을 저지르기도 합니다. 지성은 인간에게 공포와 무기력, 소심을 불러일으키기도 합니다. 그런데 베르크손에 의하면, 종교는 지성과는 반대작용을 하는 다른 힘입니다. 베르크손은 종교가 인간의 공포의 소산이 아니라고 주장합니다. 종교는 오히려 인간의 공포에 대한 치유책이요, 공포를 극복하는, 사회적으로 인정된 수단입니다. 이 공포를 극복하기 위해 생긴 종교가 바로 정적 종교입니다. 그리하여 정적 종교는 공포의 감정에서 출발하여 오로지 개인의 안전과 종족보존을 목적으로 삼고 있습니다. 이 정적 종교는 인간에게 우화적인 기능(fonction fabulatrice)을 부여합니다. 인간은 쓰디쓴 인생의 의미를 깨우치기 위해 환상의 세계 속에서나마 선의의 신을 꾸며 내게 되었다는 것입니다. 우화적 기능이란 죽음이라는 현실적 표상에 대응하는 상상적 표상입니다. 우화적인 기능은 사회적인 유대를 강화하고 개인의 절망을 구하고자 하는 임무를 지니고 있습니다. 이처럼 우화적 기능을 그 본질로 하는 정적 종교는 자기 보존을 위주로 한 안일한 성격을 띠고 있습니다. 그렇기 때문에 부조리한 기구(祈求)를 하고, 환상적인 심상에 사로잡히며, 그릇된 관념에 연유한 거창한 행사를 치릅니다. 비과학적인 기괴한 신화를 지어내어 엉뚱한 종교적 신조나 의식을 설정하기도 하는 것입니다.

반면에 베르크손의 동적 종교는 다른 말로 신비주의를 말합니다. 베르크손은 "완전한 신비주의는 행동이요, 창조요, 사랑이다."라고 선언합니다. 생의 약동은 이러한 동적 종교에서 일어나는 감정이며, 이것은 비범한 소수만이, 창조적 소수자만이 느낄 수 있는 것입니다. 동적 종교는 인간이 생의 과정에서 도달하고자 노력하면서도 끝내 도달할 수 없는 것을 예언자적 입장에서 포착합니다. 여기에서 베르크손은 다시 이성 또는 지성의 효능을 불신하고 있습니다. 이성에 근거한 어떠한 도덕이나 교육도 인류의 근본적인 이기심과 그로부터 파생하는 전쟁을 없앨 수 없다는 것입니다. 인류의 진정한 평화는 오직 사랑을 통해서만 가능합니다. 사랑만이 우리의 이기심을 극복시켜 주며, 사랑만이 인격의 독립성과 인간 간의 깊은 유대를 가능하게 하기 때문입니다. 베르크손은 기독교 신비주의자의 사랑행위 속에서 동적 종교의 모습을 보았습니다. 이들은 자연에 대한 공포심과 전통적 종교의 누추한 습관과 편견을 박차고 일어나, 인류 전체에 대한 사랑을 설파하였습니다. 기독교 신비주의자들은 신비체험을 통해 신이 인간을 사랑한다는 것, 그리고 인간이 서로 사랑하도록 창조되었다는 것을 알아챕니다. 기독교 신비주의자들은 신적인 사랑(amour divin)을 인류에게 행사합니다. 그들의 사랑은 인류에게 한없는 감동을 불러일으켜, 우리에게 그들과 더불어 자발적으로 박애의 행진에 참여하게 하는 힘을 가지고 있습니다. 인류역사에 나타난 위대한 종교적 선구자들은 모두 사랑의 힘으로 인류에게 최대의 감동을 준 종교적·도덕적 영웅입니다. 참다운 도덕적 행위는 이성이나 지성에 의해 이루어지는 것이 아니라, 사랑을 통해서만 이루어집니다. 이런 점에서 사랑은 베르크손에게 한갓 도덕적 행위의 차원을 넘어 만상을 존재하게 하는 형이상학적 행위가 됩니다. 이처럼 베르크손은 이성의 겸양(humilité de la raison)을 강조합니다. 그럼으로써 베르크손은 당대에 팽배해 있던 인식론적 인간중심주의에 반대하여 신중심주의(theocentrisme)를 주창하였습니다. 생철학자로서 베르크손은 쇼펜하우어나 니체와는 달리, 유신론적 입장에 서 있었습니다.

베르크손은 전통 형이상학의 핵심적 사유요소들이었던 본질, 형상, 공간, 정지 등을 배제하고, 그와 대립되는 변화, 지속, 시간, 운동 등을 형이상학의 새로운 사유 요소로 끌어들였습니다. 그렇지만 오늘날 베르크손의 생철학은 20세기에 들어와 최후로 숨을 거둔 거대형이상학이었다고 평가됩니다. 그의 철학이 한때 열광적으로 환영을 받다가, 급속도로 퇴조한 것도 그 때문이었습니다. 알고 보면 쇼펜하우어의 '맹목적 의지'도, 니체의 '힘에의 의지'도, 베르크손의 '생의 약동'도, 모두 만상을 설명하고자 했던 형이상학적 원리였습니다. 이 원리들이 적용되는 대상에는 인간뿐만 아니라 자연도 포함되어 있습니다. 따라서 이들에게 인간은 전 우주적인 질서 속에 편입되어 있는 일부분일 뿐입니다. 그런 점에서 베르크손의 철학에도 인간고유의 역사, 인간고유의 철학이 들어설 틈이 없습니다. 베르크손 이후의 유럽 철학은 실존주의 철학이 이어받게 됩니다. 실존철학에 와서야 비로소 인간을, 인간 그 자체로서 연구하게 되는 것입니다.

그럼에도 불구하고 베르크손의 철학은 당대 지성계에 큰 영향력을 행사하였습니다. 신학계에서는 테이야르 드 샤르댕이 큰 영향을 받고 일종의 창발론인 진화론적 유신론을 전개하였습니다. 철학계에서는 가브리엘 마르셀, 엠마뉘엘 무니에가 베르크손의 철학 일부를 수용하였습니다. 또한 베르크손에게 기억은 우리들의 자아동일성을 확보해 주는 좌표였습니다. 마르셀 프루스트는 베르크손의 시간과 기억 개념을 받아들여 기념비적인 소설 『잃어버린 시간을 찾아서』를 썼습니다. 그 밖에도 알랭 레네의 영화 『히로시마 내 사랑』, 『지난 해 마리엥바드에서』 등도 베르크손의 철학에서 그 주제를 착안했다고 전합니다. 시간에 대한 깊은 통찰은 베르크손의 가장 중요한 공적 중의 하나입니다. 그런데 인간을 연구하는 데 시간성을 철저하게 끌어들인 철학이 앞에서 말한 실존철학입니다. 다음 장부터는 여러 실존주의 철학자들을 공부하게 될 것입니다.

현상학과 실존철학

후 설 의 현 상 학

생 애

현상학의 창시자인 에드문트 후설(E. Husserl, 1859~1938)은 1859년 4월 8일 당시 오스트리아령이었던 체코의 프로쓰니츠에서 유대인 상인의 아들로 태어났습니다. 1876년에서 1882년 사이에 라이프치히대학, 베를린대학, 빈대학 등에서 수학을 전공하였으나, 수의 본질에 대해 연구하던 중 프란츠 브렌타노의 강연을 듣고 크게 감동을 받아 철학의 길로 전향하였습니다. 1887년부터 1901년 사이에 베를린에 있는 할레대학의 강사로 있으면서 「수개념에 관하여」라는 논문으로 교수자격을 취득하였습니다. 이 시기에 『산수의 철학』, 『논리연구·순수논리학』, 『논리연구 I 현상학과 인식이론의 연구』 등의 책을 출판하였습니다. 1901년에는 괴팅겐대학에 교수로 초빙되어 1916년까지 재직하였습니다. 이 시기에 『논리연구-인식의 현상학적 해명의 기본』, 『내적 시간의식의 현상학 강의』, 『현상학의 이념』, 『엄밀학으로서의 철학』, 『순수현상학과 현상학적 철학의 이념들』 등의 책이 쏟아져 나왔습니다. 1916년에는 신칸트학파의 철학자인 리케르트의 후임으로 프라이부르크대학의 정교수로 부임하였고, 1928년에 하이데거에게 자리를 물려 주고 정년퇴임할 때까지 이 대학에서 강의하였습니다. 프라이부르크대학 시절에는 『이념들』, 『형식논리와 선험논리-논리적 이성비판 서론』, 『데카르트적 성찰』, 『유럽학문의 위기와 선험적 현상학』 등의 저서를 썼습니다. 말년에 후설은 유태인으로서 나치스트들에게 핍박과 수모를 겪는 불행한 생애를 보내다가 1938년 4월 27일, 79세의 나이로 세상을 떠났습니다. 4만 5000여 쪽에 달하는 그의 유고들은 나치의 손에 넘어가 유실될 뻔하였으나 벨기에의 신부 브레다가 이를 극적으로 벨기에로 빼돌리는 데 성공하였습니다. 1939년 루벵대학에서 후설문고가 만들어지고 난 후, 후설 최후의 제자인 핑크와 란트그레베의 헌신적인 노력으로 1950년부터는 『후설 전집』이 출간되기 시작하였습니다.

후설 현상학의 이념과 심리학주의 비판

후설은 처음에 수학자로서 학문의 길로 들어섰습니다. 프레게도 처음에는 수학자였습니다. 현대철학의 두 주요 사조이자 방법론인 현상학과 분석철학이 모두 수학자에게서 싹텄다는 것은 오늘날의 철학전공자들에게는 참 묘한 감정을 갖게 합니다. 언제나 철학이 모든 학문의 토대이자 만학의 왕이었다고 으스대던 철학자들이, 학문적 확실성을 추구하는 데 수학자들에게 밀리는 것 같다는 씁쓸한 기분 때문입니다. 후설은 학문방법론으로서의 자기의 현상학을 '엄밀한 학으로서의 철학'이라고 합니다. 엄밀한 학으로서의 철학이란 무전제의 요청을 충족시키는 철학이라는 뜻입니다. 이 때 무전제성은 여타 개별경험과학들로부터 철학을 구분해 주는 핵심적 지표입니다. 예를 들어 형식논리학이나 기하학은 자명한 것으로 여겨지는 공리를 전제로 해서 성립합니다. 그러나 철학은 그런 공리와 같은 전제를 미리 가져서는 안 된다는 것입니다. 아무리 자명해 보이는 공리라도 무비판적으로 전제할 것이 아니라, 그 진리근거가 어떻게 정립되는가를 근본적으로 추궁해 가야 한다는 것이지요. 이는 그 타당성이 보증되지 않은 그 어떤 대상이나 관념도 일절 전제로 허용될 수 없다는 것을 의미합니다. 그래서 '엄밀한 학'으로서의 현상학은 절대적 확실성 위에 서기 위해 어떠한 전제도 없이, 오직 자신을 스스로 근거를 갖고, 다른 어떤 것에도 의지하지 않는 자명한 것을 찾아야 한다는 것입니다. 나중에 자세히 다루겠지만 후설은 그 절대적 확실성의 토대, 더 이상 의심할 수 없는 명증성을 순수의식에서 찾았습니다.

후설이 엄밀한 학으로서의 철학이라는 이념을 세웠던 이유는 당시에 수학계의 한 축을 형성하고 있었던 심리학주의를 비판하기 위해였습니다. 심리학주의는 19세기 말 서유럽 학계에 팽배해 있던 자연주의 또는 과학주의의 한 귀결로서, 한때 후설이 빠져 있었던 입장이기도 하였습니다. 프레게의 준열한 비판을 받아들여 이내 벗어나기는 했지만 말입니다. 심리학주의에 따르면, 수학적 사고나 논리적 사고도 인간의 심리현상의 일종입니다. 그래서 이러한 사고들을 마음에 관한 경험과학이자 사실과학인 심리학의 방법으로 연구할 수 있다고 봅니다. 그런 점에서 심리학주의는 넓은 의미에서 밀(J. S. Mill)식의 수학적 경험주의도 포함한다고 보아도 좋을 것입니다. 심리학주의는 수학이나 논리학의 법칙이 심리적 법칙으로 환원될 수 있다고 주장합니다. 예를 들어 심리학주의는 $2+2=4$와 같은 수학적 진리가, 주관의 심리과정에서 일어난 우리 사고의 습관을 고도로 일반화하고 추상화시킨 것에 불과하다고 합니다. 또한 "모든 인간은 죽는다."와 "모든 인간은 죽지 않는다."라는 두 명제의 연언은, 논리학의 법칙인 모순율에 따라 거짓인 명제입니다. 심리학주의는 이 모순율의 근거도 한 사람이 동시에 이 두 명제를 주장할 수 없다는 심리적 강제성이나 필연성의 느낌에서 찾습니다. 따라서 논리학은 주관적인 필연성의 감정이 일어날 수 있는 조건을 기술하는 학문에 지나지 않는다는 것입니다. 이처럼 논리학이 심리학의 원리로 환원될 수 있으므로, 심리학주의는 모든 학문의 진정한 기초가 논리학이 아니라 심리학이라고 강변합니다.

그러나 후설은 우리가 심리학주의를 받아들일 경우 불가피하게 상대주의나 회의주의에 빠지게 된다는 사실을 간파하였습니다. 이는 후설이 『논리연구 I』에서 프레게의 논리주의 입장을 받아들임으로써 가능하였습니다. 이 논리주의에 대한 설명은 프레게의 철학을 다루는 장에서 상세히 개진되고 있으므로 여기서는 간단하게 요약하겠습니다. 논리주의에 따르면, 수는 관념이나 심적인 대상이 아니라 비감각적·객관적·추상적 대상입니다. 또 수학은 인간의 개념적 창안물이 아니라, 인간과 독립적으로 존재하는 추상적 대상들인 수의 성질과 존재를 발견하는 과학입니다. 수나 수의 법칙이 인간과 독립적으로 존재하는 추상적 대상이라는 말은 이상한 이야기처럼 들립니다. 그러나 잘 들여다 보면 쉽게 무시하기도 어려운 면이 있습니다. 예를 들어 미국의 우주과학자들이 태양계 외부를 탐사하기 위해 쏘아올린 인공위성이 있습니다. 그들은 그 인공위성에 알루미늄 동판을 부착하고, 거기에 수소원자의 모형, 인간 남녀의 모습, 브란덴부르크 협주곡의 악보, 태양계의 모습, 그리고 피타고라스 정리 등을 그려서 날려 보냈습니다. 왜 이들이 피타고라스 정리를 그려서 날려보냈을까요? 이런 그림들을 이해하는 인류라는 생물이 이 우주에 존재한다는 것을 알리기 위해서입니다. 이 우주선이 외계를 떠돌다 외계생물체에 의해 회수되었을 때, 그들은 자기들의 지적 수준에 따라 그런 그림들을 해독하고 이해할 것입니다. 그런데 이 우주선을 날려 보낸 후에, 인류가 지구상에서 멸종당했다고 생각해 보십시오. 그렇다고 해서 피타고라스 정리라는 기하학적 법칙도 사라져 버리는 것일까요? 논리주의자들에 의하면, 그렇지 않다는 것입니다. 인류가 멸종했어도 피타고라스 정리와 같은 기하학적 법칙은 무시간적·객관적으로 존재하고 있는 것이고, 언젠가는 또 다른 지적인 생물체에 의해 발견되어 이용될 수 있다는 것입니다. 그런 점에서 수나 수의 법칙은 인간과 독립적으로 존재하는 객관적·추상적인 대상이라는 것이지요.

그런데 후설에 의하면, 심리학주의는 의식작용과 의식내용을 혼동하고 있습니다. 의식작용은 개개인의 사고행위에 들어 있는 심리작용입니다. 따라서 우리는 그 의식작용이 실제로 어떻게 일어나는지를 기술하고, 그 의식작용이 발생하는 조건들에 대해서도 말할 수 있습니다. 말하자면 의식작용은 시간적으로 생성되고 인과적으로도 규정될 수 있으므로 심리학과 같은 경험과학의 관점에서 연구될 수 있는 것입니다. 그래서 심리학주의에서는 의식작용을 통해 나타난 의식내용도 똑같이 경험적 성격을 갖고 있다고 생각하였습니다. 이 때 심리학주의에서 말하는 의식내용은 의식작용을 통해 나타난 개인의 주관적인 심적 표상을 말합니다. 그런데 2+2=4라는 수학명제가 심적 표상이라면, 우리는 이 수학명제의 논리적 필연성을 보증할 수 없습니다. 개인의 주관적인 심적 표상은 개인마다 다를 수밖에 없기 때문입니다. 이것은 개인의 심리상태에 따라 2+2=4와 같은 수학명제가 참이 될 수도 있고 거짓이 될 수도 있다는 것을 허용하는 것이나 마찬가지입니다. 따라서 상대주의로 귀결될 수밖에 없습니다. 이에 반해 후설은 의식내용이 초시간적·객관적인 성격을 가진 것이라고 생각하였습니다. 예를 들어 피타고라스 정리와 같은 기하학의 법칙이 어떻게 사유과정 속에서 발견되었느냐 하는 것은 피타고라스 정리가 보여 주는 초시간적이고 객관적인 성격과는 전혀 무관한 것입니다.

그렇다고 후설이 프레게의 논리주의를 전적으로 받아들인 것은 아니었습니다. 다시 말해 후설은 수나 수의 법칙이 인간과 전적으로 무관하게 존재하는 객관적·비심리적인 대상이라는 것을 무턱대고 인정할 수는 없었습니다. 수나 수의 법칙이 의식내용인 한, 그것들이 인식주관과 완전히 동떨어진 것은 아니라고 본 것입니다. 의식내용으로 나타난 대상은 어디까지나 인식된 대상이어야 한다는 것입니다. 내가 보기에 이 점에 관한 한, 정확히 말하기는 힘들지만, 수학에서의 직관주의에 들어 있는 문제의식을 후설이 받아들였던 것처럼 보입니다. 어쨌든 이 지점에서 등장하는 중요한 개념이 바로 지향성(Intentionalität)입니다.

지향성

후설은 스승 브렌타노에게서 지향성이라는 중요한 생각을 배웠습니다.

지향성이란 '의식은 언제나 무엇에 대한 의식'이라는 뜻입니다. 과연 의식은 무엇에 대한 의식이 아닐 수 없습니다. 의식의 모든 행위는 대상을 향해 있으며, 대상이 없는 마음의 상태로 홀로 존재할 수 없는 것입니다. 따라서 내가 생각할 때에 나는 언제나 어떤 것에 관하여 생각하고 있습니다. 사랑하고, 희망하고, 슬퍼하고, 기뻐할 때, 나는 어떤 것을 사랑하고, 희망하고, 슬퍼하고, 기뻐하는 것입니다. 예를 들어 내 의식은 여러 관점에서 대상을 향해 있습니다. 나는 내 눈 앞에 있는 대상을 사과로 의식하고 있습니다. 나는 또 그 사과를 누구에게 받았는가를 기억할 수 있고, 사과에 관한 믿음을 가질 수 있으며, 사과와 관련해 욕구를 나타낼 수 있습니다. 어떤 식으로든 내 의식은 이처럼 반드시 그 무엇을 향해 있습니다. 반대로 내 의식의 대상은 그것이 일상적 대상이건, 수학적 증명이나 과학적 발견이건, 그 어떤 존재론적 지위를 가지든 간에, 나에게 의식대상으로 존재합니다. 후설은 이처럼 '향해 있음', 즉 지향성이 의식의 고유한 특성임을 간파하였습니다. 여기서 후설은 '무엇에 관한 의식'으로서의 지향성을 노에시스(Noesis), 의식이 향하고 있는 '무엇', 즉 지향성의 대상적 상관자를 노에마(Noema)라고 했습니다. 그리고 지향적 의식의 근본구조인 이 상관관계를 '노에시스-노에마 상관관계'라고 했습니다. 노에시스는 그리스어로 '사유'를 뜻하고, 노에마는 그리스어로 '사유된 것'을 의미합니다.

　이제 후설에게 지향성은 의식의 보편적 존재양식입니다. 의식대상이 없는 의식은 없으며, 의식작용이 없는 의식대상도 존재하지 않습니다. 그런데 후설에게 지향성은 그저 의식과 대상을 연결하는 정적인 관계가 아닙니다. 지향성은 의식과 대상의 불가분한 상관관계를 지칭하는 것으로서, 의식이 대상을 형성한다는 동적 관계입니다. 동시에 지향된 대상성 자체를 통합하고 의미를 구성하는 활동입니다. 또 의식에 주어진 지향적 대상은 인식의 매개수단이 아니라, 대상에 직접 관계하여 알려진 내재적 대상, 즉 지각된 사태입니다. 후설은 이런 지향성 개념을 통하여 외부세계의 존재에 대한 확실성을 놓고 왈가왈부했던 근대철학의 논쟁을 단번에 극복할 수 있었습니다. 데카르트는 그의 인식론을 통해 '사유하는 존재'와 '연장을 가진 존재'를 근본적으로 구분하였습니다. 여기에서 인식과 대상, 주체와 객체, 사유와 존재라는 근대인식론의 피할 수 없는 이분법이 확립됩니다. 그런데 회의론자들은 우리 의식의 대상이 우리의 경험과 독립된 존재인지를 알 수 없다고 주장했습니다. 이 문제를 해결하는 것이 근대인식론의 골칫거리 중 하나였습니다. 이것은 주체와 객체, 사유와 존재를 구분한 근대인식론이 끝에 가서 마주칠 수밖에 없었던 난관이었습니다. 그러나 지향성 개념을 받아들이면, 이러한 이분법은 사라져 버립니다. 즉, 그럴 경우 우리는 의식의 대상이 독립적으로 존재하는가에 관한 어떤 가정을 하지 않고서도, 의식의 대상을 그 자체로 탐구할 수 있습니다. 지향성의 경우, 일상적 대상이든, 추상적 대상이든, 외부세계에 존재하는 모든 것들의 지위에 관한 문제는 괄호쳐지고, 그것들이 오직 의식내용으로만 탐구될 수 있는 것입니다. 예를 들어, 내 밖에 진정으로 책상이 존재하는지 않는지는 문제가 되지 않습니다. 나는 책상을, 아니 심지어는 전 세계를 괄호칠 수도 있습니다. 나는 외부세계에 책상이 존재한다고 나 자신이 생각한다는 사실만 탐구하면 되는 것입니다. 실제로 나는 책상이 저기 존재하고 있다는 것을 압니다. 내가 그 사실을 알 때 그보다 더 명증적인 것은 있을 수 없습니다. 이것은 우리 자신의 의식이 의심할 수 없는 확실한 것이라는 데카르트적인 통찰을 후설이 받아들였음을 의미합니다. 그리고 후설의 마지막 저작도 『데카르트적 성찰』이었습니다. 물론 주객 이분법이라는 데카르트의 소박한 인식론을 극복하기는 했지만요. 이렇게 하여 후설은 지향된 자명한 의식내용을 통해 확실한 인식의 절대적 근거를 확보하였습니다. 어느 누구도 지향된 의식내용에 의하지 않고서는 어떠한 것도 경험할 수 없는 것입니다. 그러면 이제 보다 구체적으로 현상학의 성격에 대해 알아보기로 하지요.

자연적 태도와 판단중지 그리고 현상학적 환원

우선 이 시점에서 현상학은 대상을 형성하는 의식작용을 기술하는 학문입니다. 그런데 우리는 일상생활 속에서 어떤 대상을 파악할 때 아무런 의심이나 반성 없이 그것이 우리에게 나타나는 그대로 실재한다고 생각합니다. 심지어 개개의 대상뿐만 아니라 이들 대상들의 총체로서의 세계도 그냥 저 밖에 확실히 존재한다고 생각합니다. 이것은 보통사람들이 나면서부터 이 세계에 대해서 취하고 있는 일상적·기본적인 생활태도입니다. 이것을 후설은 자연적 태도라고 합니다. 이런 자연적 태도 속에서 일상대상은 처음부터 자명하게 존재하고 있는 것으로 생각됩니다. 일반적으로 개별 학문들도 모두 이러한 존재에 대한 소박한 믿음을 바탕으로 하고 있습니다. 예컨대 수학이나 자연과학도 기본적으로는 이러한 자연적 태도에서 성립합니다. 과학과 수학은 자연적 태도에 전제된 대상들에 대해 그저 이론적 태두를 취한다는 점에서만 상식과 구별될 따름입니다.

그러나 후설의 현상학은 철학적 태도를 취할 것을 요구합니다. 철학적 태도는 앞에서 말한 엄밀학의 무전제성 요구를 바탕으로 모든 전제들을 의문시하는 태도입니다. 그것을 위해 후설이 우리에게 요구하는 것이 이른바 '판단중지(epoche)'입니다. 그리고 우리는 판단중지를 통해 자연적 태도에서 철학적 태도 또는 선험적 태도로 넘어가며, 이것이 다름아닌 후설의 '현상학적 환원'입니다. 현상학적 환원이란 의식의 대상들에 대한 갖가지 전제들을 괄호친다는 뜻입니다. 우선 판단중지는 우리의 상식적인 자연적 태도를 잠시 유보하자는 것을 말합니다. 다시 말해 이것은 외부세계의 대상에 대한 소박한 믿음을 일시적으로 거두는 작업입니다. 따라서 판단중지를 한다는 것은 세계의 존재를 부정하자는 것이 아니라, 대상이나 세계의 이론적 정립을 잠시 보류하고, 자연적 태도의 소박한 존재확신을 괄호치고, 이 확신의 힘을 배제시키는 것을 뜻합니다. 이 판단중지를 통해 우리는 자연적 태도에서 외부대상으로만 향하던 우리의 시선을 의식내재적 영역으로 돌리게 됩니다. 결국 세계를 괄호친다고 하는 것은 세계에 관한 의식에로 파고든다는 것입니다. 의식내재적 영역에서 우리는 더 이상 괄호칠 수 없습니다. 우리는 의식 내에서 의식을 괄호칠 수 없습니다.

　판단중지의 결과, 현상학적 환원이 이루어지고 이제 우리에게는 현상학의 고유영역인 절대명증의 영역이 드러납니다. 그리고 후설에 의하면 그것은 순수의식의 영역이기도 합니다. 이 순수의식의 영역에서 외부 대상은 의식에 나타난 현상으로서의 대상이 되며, 의식에 나타난 현상으로서의 대상은 우리 의식의 직접적인 경험이 되는 것입니다. 대상이 항상 의식의 대상으로 존재한다는 것은, 반대로 말하면 의식은 대상 없는 의식이 아니라 항상 무엇에 대한 의식이라는 것을 의미합니다. 그리고 이렇게 우리 의식에 직접적으로 주어진 것은 명증적일 수밖에 없습니다. 이 현상학적 환원과 관련하여 사르트르와 보부아르 사이에 유명한 일화가 있습니다. 사르트르가 후설의 현상학에 대해 알았을 때 보부아르를 향해 흥분해서 "이것 봐요, 여기에 있는 컵에 대해 이런 식으로 생각할 수 있어요."라고 말합니다. 사르트르는 컵이 분명히 존재하는 것이 아니라고 판단중지했을 때 어떻게 새로운 의식의 지평이 열려지는가를 알았던 것입니다.

형상적 환원과 선험적 환원

그런데 후설은 현상학적 환원의 성격을 두 가지로 준별하여 설명하였습니다. 그 중 하나는 형상적 환원이고, 다른 하나는 선험적 환원입니다. 형상적 환원은 본질파악을 목표로 합니다. 후설은 순수의식에 주어진 현상이, 다름아닌 자연적 태도에서 경험적으로 경험된 대상의 본질이라고 주장했습니다. 따라서 후설의 본질은 외부세계의 대상과 대립되는 개념입니다. 본질이란, 후설의 표현에 따르면, "어떤 사물을 비로 그 사물이게 하는 것, 그것 없이는 그 사물과 같은 것을 도무지 생각할 수 없는 필연적 형식"입니다. 의식내재의 세계에서 이루어지는 본질파악은 현상학의 가장 중요한 과제가 됩니다. 그래서 후설은 현상학이 사실학이 아니라 선천적 또는 형상적 학문으로서의 본질기술학이라고 정의하기도 하였습니다.

형상적 환원은 본질들을 추출해 내어 직관하는 것을 말합니다. 그리고 본질을 파악해 내는 것을 후설은 본질직관이라고 합니다. 형상적 환원은 자유변경이라는 특수한 절차를 거쳐 이루어집니다. 이 절차에 대한 후설의 말을 직접 들어 보도록 하겠습니다. "어떤 대상에서 출발하여 자유로운 상상에 의해 무한히 많은 모상을 만들어 가면, 이 모상의 다양한 전체에 걸쳐 서로 겹치고 합치하는 것이 종합·통일되어, 여기에서 이 변경 전체를 통하여 영향을 받지 않는 불변적인 일반성, 즉 본질을 가려내서 이것을 직관에 의해 포착한다." 적절한 예가 될지 모르겠지만, 삼각형을 예로 들어 보겠습니다. 우리는 평면인 칠판이나 공책에 여러 가지 모양의 구체적인 삼각형을 그릴 수 있습니다. 그 때 삼각형의 내각의 합은 180도로 나타납니다. 그러나 삼각형을 오목한 곡면이나 볼록한 곡면에 그릴 경우에는 내각의 합이 180도가 안 되거나, 180도가 넘기도 합니다. 우리는 이런 작업을 순전히 상상을 통해서도 해 낼 수 있습니다. 그럴 경우 삼각형의 내각의 합이 180도라는 것은 삼각형이 가진 우연적인 성질임이 드러납니다. 그렇다면 그것은 삼각형의 본질이 아닙니다. 그러나 이런 자유변경에도 불구하고 삼각형의 공통적인 성질이 하나 있습니다. 그것은 삼각형의 각이 세 개라는 사실입니다. 그것은 삼각형의 불변적인 성질, 즉 본질입니다. 이런 식으로 우리는 삼각형의 본질적인 요소와 비본질적인 요소를 판별해 낼 수 있습니다. 이렇게 형상적 환원은 구체적인 현상에서 보편적인 본질파악을 가능하게 해 줍니다. 물론 이 본질은 플라톤이 말한 이데아와 같은 초월적인 것이 아닙니다. 후설이 찾아 낸 본질은 우리 의식에 내재하는 본질입니다.

한편 선험적 환원은, 형상적 환원을 통해 획득된 본질이 선험적 주관의 구성작용(노에시스)에 의해 구성된 것(노에마)임을 밝히는 작업입니다. 여기에서 순수의식은 현상학적 환원의 결과 남은 현상학적 잔여물에 그치지 않고, 대상을 구성하는 능동적·적극적인 역할을 담당하게 됩니다. 순수의식은 이제 선험적 주관의 역할을 하게 되는 것입니다. 그런데 여기서 후설이 사용하는 '선험적'이라는 표현은 전통적인 칸트식의 용법과는 좀 차이가 있습니다. 후설에게 '선험적'이란 '인식형성의 궁극적 원천으로 되물어 가려는 동기'를 의미합니다. 그런데 이미 현상학이 대상을 형성하는 의식작용을 기술하는 학문이었습니다. 현상학적 환원도 판단중지를 통해 대상에서부터 대상을 형성하는 주관의 의식작용으로 들어가는 일이었습니다. 그리고 후설에게 주관의 의식작용은 인식형성의 궁극적 원천입니다. 그런 점에서 후설의 현상학은 처음부터 온전히 선험적 현상학입니다.

이제 선험적 주관은 적극적으로 모든 대상을 형성하는 궁극적 근거이자 대상의 가능 근거입니다. 그리고 선험적 주관이 대상을 형성한다고 할 때 등장하는 중요한 개념이 위에서 언급했던 노에시스-노에마 지향성 구조입니다. 이에 대해 좀더 상세히 들여다 보기로 하지요. 노에시스는 주관이 대상을 형성하는 의식작용입니다. 이것은 감성적으로 받아들인 질료(hyle)에 의미를 부여하는 작용을 말합니다. 노에마는 의식의 지향작용에 의해 형성된 대상, 즉 의식된 내용입니다. 후설은 이렇게 노에시스가 질료를 소재로 해서 노에마를 형성하는 것을 구성(Konstruktion)이라고 합니다. 물론 이 구성은 칸트처럼 오성개념의 형식적 규칙에 따라 대상을 구성하는 것과는 다른 것입니다. 후설의 구성은 노에시스-노에마의 보편적인 상관관계 속에서의 구성이며, 곧 의식의 지향적인 상관자의 구성입니다. 이제 모든 의식체험은 구성하는 의식(노에시스)과 구성되는 의식대상(노에마) 사이의 보편적인 상관관계에서 밝혀집니다. 모든 대상은 의식에서 의식되는 것, 즉 의식의 지향적 상관자입니다. 그래서 모든 존재는 주관에 의해 구성된 의미로서만 그 존재타당성을 얻게 됩니다. 앞에서 판단중지에 의해 배제되었던 모든 초월적 존재는 이제 노에마, 즉 의미를 가진 존재로 되살아나서 현상학적으로 다룰 수 있는 현상이 됩니다. 여기에 와서는 주관이 대상(의미 형성체)을 구성하는 측면이 두드러지게 나타납니다. 그런 점에서 선험적 현상학은, '구성하는 의식의 현상학'으로서 선험적 관념론의 형태를 띠게 됩니다. 실제로 후설은 자신의 현상학을 '선험적 관념론'이라고 표현한 적이 있습니다. 물론 이 때 후설의 관념론은 버클리나 흄식의 심리학적 관념론도 아니고, 물 자체를 상정하는 칸트식의 선험적 관념론도 아닙니다. 선험적 현상학에서는 모든 존재가 의미와 존재를 구성하는 선험적 주관성의 영역 안으로 들어오기 때문입니다.

생활세계

후설의 후기 철학은 전기 철학에서 도외시되었던 생활세계개념과 자연적 태도를 오히려 강조하고 부각시키는 데 주력합니다. 후설에게 생활세계란 과학적 반성 이전에 나타나는 원초적인 세계입니다. 다시 말해 생활세계는 추상화·관념화·수학화가 이루어지기 이전의 일상적·구체적인 삶의 세계입니다. 따라서 생활세계는 선개념적·선이론적이며, 우리의 경험적 삶이 배어 있는 주관적·상대적인 세계입니다.

우리는 이 생활세계에 대해 자연적 태도를 취하며 살아가고 있습니다. 후설은 『유럽 학문의 위기와 선험적 현상학』에서 유럽의 정신적 위기의 원인을, 사람들이 이 생활세계를 망각하였다는 데에서 찾았습니다. 오늘날 유럽인들이 자기들의 자랑거리라고 여기는 과학문명과 자연과학적 세계관은, 사실상 구체적인 삶의 세계인 생활세계를 수학적 방법을 통해 추상화해서 얻은 세계관일 뿐이라는 것입니다. 이 자연과학적 세계관을 절대화한 것이 과학주의입니다. 이러한 과학주의는 과학적 방법만이 올바른 방법이라고 주장하며, 과학적으로 검증된 진리가 아니면 진리에서 배제시키는 독단과 오만함을 표출하고 있습니다.

한편, 앞에서 말했듯이, 자연적 태도는 세계를 우리가 지각한 대로 존재한다고 믿는 태도입니다. 그래서 세계에 대해 아무런 의심도 품지 않고, 주관적 신념에 따라 세계가 존재한다고 가정하고 또 확신하고 있습니다. 그러나 이런 신념과 확신에 대한 태도가 변하면, 지금까지 믿어 왔던 것에 대한 시각변경과 수정도 이루어지게 마련입니다. 전기 후설의 경우처럼, 우리가 자연적 태도에서, 판단중지와 현상학적 환원이라는 철학적 태도로 옮겨가면, 외부세계의 초월성에 대한 문제가 의식 내재적 영역에서 해결되는 것입니다. 그런데 전기 후설에서는 자연적 태도가 이처럼 철학적 태도로의 전환을 위해 배제되어야 할 것으로 나타나지만, 후기 후설에 와서는 전적인 인정으로 바뀝니다. 생활세계와 자연적 태도, 이것이 후기 후설의 철학적 의식이 붙잡고 늘어지는 문제영역입니다. 이 두 가지 점을 부연설명하겠습니다.

후기 후설의 표현에 의하면, 우선 생활세계는 전제된 존재(Voraus-gesetztsein)이고, 앞서서 주어진 존재(Vorgegebensein)이고, 토대존재(Bodensein)입니다. 이는 다시 말해 생활세계가 우리의 모든 경험과 인식, 삶의 실천에 앞서서 전제되어 있고, 미리 주어져 있고, 근본적인 토대가 되고 있다는 뜻입니다. 생활세계는 우리의 온갖 구체적인 경험을 쌓아가는 바탕이자, 모든 의미를 구성하며, 전체 문화를 형성해 가는 기반입니다. 이보다 앞서는 그 어떠한 세계도 먼저 있을 수 없습니다. 그리고 이 생활세계에 어떤 태도를 취하게 되느냐에 따라 우리가 구성해 낸 세계가 나타나는 것입니다. 예를 들어 생활세계에 대해 이론적 태도, 또는 과학적 태도를 취할 때 얻게 되는 것이 자연과학적 세계입니다. 즉, 과학이 다룰 수 있도록 생활세계를 수정한 것입니다. 철학적 태도를 취하면 선험적 현상학의 길을 걷게 됩니다. 따라서 과학적 태도니, 철학적 태도니 하는 것도 모두 자연적 태도를 바탕으로 하는 것입니다.

그런데 과학주의는 과학적 태도가 자연적 태도에서 비롯되었다는 것을 망각하고 있습니다. 다시 말해 자연과학적 세계가 생활세계를 토대로 해서 구성되었다는 것을 까맣게 잊어버리고 있습니다. 과학주의를 신봉하는 사람들은 자기들이 연구하는 현상이 모두 그 현상을 구성하는 유리한 입각점에서 보인 것임을 모르고 있는 것입니다. 예를 들어 보겠습니다. 갈릴레오가 낙하법칙을 발견하기 위해 피사의 사탑에서 실험을 했습니다. 쇠공과 깃털이 실험도구로 사용되었습니다. 이 때 갈릴레오에게 그 물건들은 그저 움직이는 물체요, 일정한 성질을 지닌 대상에 지나지 않았습니다. 어린이가 깃털을 가지고 다른 아이를 간지럽히는 데 사용한다든지, 우리가 쇠공을 가지고 투포환놀이를 할 수 있다든지 하는 것에 대해서는 전혀 관심이 없었습니다. 후자의 행동유형은 실제로 생활세계에서 우리가 그런 물건들을 쓰면서 살아가는 모습입니다. 과학의 추상화는 바로 그런 점을 간과하고 있습니다. 이렇게 볼 때, 질량, 가속도, 소립자 등을 다루는 물리학의 존재론은 생활세계로부터 구성된 것입니다. 물리학은 자기들이 관심을 쏟아야 할 측면들을 생활세계로부터 선택·추출한 것에 지나지 않습니다. 수학과 과학의 방법을 통해 나타난 이 세계가 당연히 계산가능하고, 엄밀하게 예측가능하게 된다는 것은 결코 놀라운 것이 아닙니다. 과학자들의 관심, 즉 이 세계에 대한 태도는 자연적 태도에서 벗어나서 바로 자연을 수학화하려는 과학적 태도에 있었기 때문입니다. 그런데도 과학주의를 신봉하는 사람들은 자기들이 구성해 낸 과학적 세계가 이 세계의 본래모습을 보여 주는 진정한 세계라고 자처하며, 인간적인 체취가 배어 있는 문학, 철학, 역사, 예술 등의 가치영역을 비과학적이라고 배제하는 오만을 서슴지 않고 저지르고 있습니다. 후설은 과학의 유용성을 무시한 것이 아닙니다. 다만 과학적 절차와 진술의 비인격적·객관적인 규칙들도 사실은 우리의 의식과 관련되어 있으며, 생활세계에 근거해 있음을 과학자들이 잊고 있음을 질타하고 있습니다. 과학을 유일한 진리의 영역으로 고집하는 것을 못마땅하게 여기고 있는 것입니다. 실제로 불확정성 원리라든지, 상대성이론이 나타나서 이전의 과학관을 와해시키는 과정을 보십시오. 과학적 태도는 세계의 불변적 측면들이 있다고 전제하고 그것을 찾으려 했지만, 역사적으로 그렇지 않았다는 것을 여실히 보여 주었습니다. 생활세계는 우리가 다 퍼낼 수 없는 무궁무진한 토대존재요, 전제된 존재인 것입니다. 앞으로 살펴보겠지만, 후기 후설이 강조한 세계의 무진성은 메를로-퐁티가 받아들인 것이기도 합니다.

후설의 현상학은 이후 20세기 서양철학자들에게 커다란 영향을 미쳤습니다. 우선 후설의 제자인 하이데거는 현상학적 방법을 받아들여 "사태 자체에로(Zur Sache selbst)!"라는 구호를 만들어 냈습니다. 그의 대표적인 저서 『존재와 시간』이 바로 '존경과 우애의 정으로' 스승 후설에게 헌정되었습니다. 하이데거는 현상학적 방법을 감추어 있는 것을 드러내는 방법으로 보았는데, 실제로 그의 철학에서 존재자의 그늘에 은폐되어 있는 존재를 드러내는 방법으로 사용했던 것입니다. 사르트르 또한 후설의 현상학에 커다란 영향을 받았습니다. 심지어 사르트르는 절대적인 의식 주체를 강조하는 후설의 현상학에 지나치게 의지한 나머지, 하이데거의 '세계-내-존재'를 '의식-내-존재'로 바꿔친 철학자로 평가되기도 합니다. 메를로-퐁티는 후설의 후기 현상학인 생활세계 현상학에서 출발하여 그의 신체의 현상학을 펼쳤습니다. 그 밖에도 셸러, 레비나스, 바슐라르, 인가르덴, 슈츠 등도 직간접적으로 현상학적 방법을 받아들인 사람들입니다. 분석철학계에서도 후설의 영향을 확인할 수 있습니다. 후설의 지향성 개념은 치좀의 인식론, 힌티카의 가능세계 의미론, 설의 심리철학 등과 관련하여 활발하게 논의되었습니다. 그렇지만 후설의 현상학은 어디까지나 우리의 의식이 경험하는 것에서 출발하였습니다. 우리의 의식 내에서 경험되는 것은 모든 것이 다 자명하고 투명한 것입니다. 따라서 후설의 현상학은 부지불식간에 우리의 의식에 영향을 미치는 구조나 무의식과 같은 것을 전혀 인정하지 않았습니다. 나중에 사르트르가 프로이트의 무의식을 인정할 수 없었던 것도 현상학의 이러한 성격과 맞닿아 있습니다. 자유와 책임, 결단은 늘 또렷한 의식상태를 전제하기 때문입니다. 그래서 현상학적 방법은 프랑스 구조주의 철학이라든지, 프로이트의 정신분석학방법과는 상극의 위치에 있다고 하겠습니다.

키에르케고르의 유신론적 실존철학

생 애

쇠렌 키에르케고르(S. Kierkeggard, 1813~1855)는 1813년 5월 5일 덴마크의 수도 코펜하겐에서 부유한 모직 상인의 7남내 중 막내로 태어났습니다. 키에르케고르의 아버지는 전처가 병으로 세상을 떠나자 하녀와 부적절한 관계를 맺고 아내로 맞아들이게 되는데, 거기서 태어난 아이가 바로 키에르케고르입니다. 17살 때에 키에르케고르는 부친의 뜻에 따라 목사가 되기 위해 코펜하겐대학 신학부에 입학하였습니다. 그러나 키에르케고르는 신학보다는 문학과 철학에 더 열중하였고, 또 자유분방한 대학생활의 분위기로 인해 아버지의 간섭과 영향에서 벗어날 수 있었습니다. 그로 인해 키에르케고르는 그 때까지 엄격하게 강요받았던 종교적 생활을 청산하고 기독교와는 한동안 거리를 두게 됩니다. 1841년 코펜하겐대학에서 논문 「이로니의 개념에 대하여」로 학위를 받았습니다. 이즈음에 키에르케고르는, 그 스스로가 '대지진'이라고 했던 충격적인 사건을 경험하게 됩니다. 당시 키에르케고르의 형제 7남매 가운데 5남매가 몇 년 사이에 차례로 세상을 떠났습니다. 키에르케고르는 형과 누나들의 죽음을 목도하면서 이것은 필경 아버지가 과거에 지은 죄로 하느님의 저주가 자기 집에 내린 것이라고 생각했습니다. 그리고 머지않아 자기도 죽게 될 것이라는 공포 속에서 지내게 됩니다. 이 때 키에르케고르의 아버지가 지은 죄란, 그가 소년시절에 유틀란트의 광야에서 양을 치고 있을 때, 괴로움과 배고픔에 지쳐 언덕에 올라가 하느님을 저주했던 사건을 말합니다. 키에르케고르는 그런 사실을 알고 난 후, 엄청난 정신적 압박을 견디지 못하고 한동안 방탕한 향락생활에 빠져듭니다. 키에르케고르가 말하는 미적 실존이라는 삶에 젖어든 것입니다. 키에르케고르는 24살 때인 1837년에 레기네 올젠(Regine Olsen)이라는 여성을 사랑하게 되면서부터 미적 실존에서 떠납니다. 키에르케고르에게 레기네와의 만남과 사랑은 단순한 하나의 사건이 아니라 그의 전 삶과 인생의 방향을 바꿔 놓는 계기가 됩니다. 이로 인하여 키에르케고르는 윤리적 실존의 삶으로 접어듭니다. 그러나 그는 약혼한 지 1년이 채 못 되어 그 약혼이 잘못되었다는 것을 뼈저리게 느끼고 일방적으로 약혼을 파기합니다. 종교적으로 엄숙하고 우울한 성격을 지닌 키에르케고르와 밝고 명랑하고 사교적인 레기네와의 결합은 숙명적으로 불가능하다고 생각했기 때문입니다. 당시에 여성에게 파혼이란 심각한 불명예였기 때문에 키에르케고르는 코펜하겐 시민에게 그 잘못과 책임이 자신에게 있다는 것을 알리기 위하여 온갖 기행도 서슴지 않았다고 합니다. 그리고 결혼은 하지 않았지만 일생 동안 레기네를 잊지 않고 그녀를 위해 헌신하는 삶을 살아갔습니다. 파혼 후 키에르케고르는 그 아픔을 달래기 위해 독일로 건너가 베를린대학에서 공부합니다. 귀국 후에는 시골교회의 목사가 되어 신에게 헌신하는 경건한 여생을 보내려고 생각하였습니다. 그러나 당시 기성교회가 너무나 부패하고 형식주의에 빠져 있었기 때문에 이를 바로잡기 위하여 그저 한 교회의 목사가 되기보다는 코펜하겐의 모든 교회와 대항하여 싸울 것을 결심합니다. 여기서부터 키에르케고르의 종교적 실존이 시작됩니다. 키에르케고르는 세상을 뜨기 얼마 전에 『순간』이란 잡지를 만들어 기성교회를 비판하는 일을 수행하였습니다. 그러나 한 개인이 국립교회와 맞서 투쟁한다는 것은 참으로 벅차고 힘든 일이었습니다. 기성교회와의 오랫동안의 논쟁에 지친 끝에 42살이 되던 1855년, 그는 『순간』 10월호에 게재할 원고뭉치를 안고 인쇄소로 가던 중에 길 위에서 의식을 잃고 쓰러집니다. 이것이 화근이 되어 약 한달 후에 외로운 일생을 마칩니다. 키에르케고르는 그리 길지 않은 생애 동안 40권의 저서와 20권의 「일기유고」를 남겼습니다. 대표작으로는 『죽음에 이르는 병』, 『이것이냐 저것이냐』, 『공포와 전율』, 『우수와 불안』, 『철학적 단편』 등을 꼽을 수 있습니다.

실존철학은 삶의 의미를 상실하고 불안과 허무의 심연에서 허덕이는 현대인에게 특히 공감을 주는 철학입니다. 동시에 유럽 역사를 오랫동안 이어온 합리주의 전통에 대한 비판적 철학이기도 합니다. 실존철학은 제2차 세계대전이 끝난 1945년 9월 사르트르가 "실존주의는 휴머니즘인가?"라는 강연을 한 이후에 유럽 전역에서 크게 유행하였습니다. 그러나 그 전에 하이네만(F. Heinemann)은 『철학의 새로운 길』(1929)에서 1927년에 출간된 하이데거의 『존재와 시간』에 담긴 사상을 실존철학이라고 했습니다. 실존철학이라는 말이 현대철학의 한 사조를 일컫는 말로 처음 사용된 것은 바로 하이네만의 이 저술에서입니다. 실존주의는 넓게는 인간의 존재성격을 실존이라 규정하고 이 실존을 자기 사상의 중심에 놓은 철학자들의 사상을 모두 말합니다. 우리나라에서도 한국전쟁 직후의 실존적 시대상황과 맞물려 한때를 풍미했던 철학이기도 합니다.

'실존'이란 existence(영어), Existenz(독일어)를 번역한 말입니다. 이 말은 중세의 existentia에서 유래합니다. existentia는 중세 때 본질(essentia)에 대립하는 존재라는 의미를 가지고 있었습니다. 이 때 본질이란 "X란 무엇인가?"라는 물음에 답을 얻으려 할 때 등장하는 개념입니다. 본질은 있었다 없었다는 것이 아닙니다. 또 언제나 있는 것이라 할지라도, 어떤 때는 이렇게 있고 어떤 때는 저렇게 있고 하는 그런 것도 아닙니다. 본질은 영원불변한 실재입니다. 종래의 철학은 주로 본질을 찾는 철학이었다고 해도 과언이 아닙니다. 이에 대해 실존은 "X는 어떻게 있는가?"라는 물음에 답을 얻으려 할 때 문제되는 것입니다. 이 물음은 X라는 존재의 존재양태에 관한 물음입니다. 이 때의 X라는 존재는 존재양태상 있을 수도 있고, 없을 수도 있으며, 또 이렇게 있기도 하고, 저렇게 있기도 하는 것입니다. 따라서 이 경우의 존재는 영원불변한 실재로서의 본질이 아니라, 현실적·구체적으로 존재하는 개개의 현실존재를 말합니다. 다시 말해 existentia는 원래 ex-sisto(밖에-서다)를 명사화한 것으로, 밖에 나와 있는 것, 밖으로 나타나 있는 구체적 현실적인 존재입니다.

헤겔철학에 대한 반동으로서의 키에르케고르의 실존철학

대부분의 현대철학이 그러하듯이 키에르케고르의 실존주의 철학도 헤겔철학에 대한 반동으로 출현한 것입니다. 그런 점에서 먼저 당시 전 유럽의 학계를 지배하고 있었던 헤겔철학을 개관할 필요가 있습니다. 헤겔철학을 일컫는 여러 가지 명칭들이 있습니다만, 일반적으로는 절대적 관념론이라고 합니다. 헤겔은 세계의 시원과 근원으로 이른바 절대정신이라는 것을 가정하고, 그것의 변증법적인 발전에 의해 세계를 설명하려고 합니다. 우리 눈 앞에 펼쳐진 세계는 절대정신의 현현(顯

現)입니다. 이 때 헤겔의 절대정신은 그 자체로 존재하는 객관적 정신으로서 포이에르바흐의 표현처럼 합리화된 신과 같은 성질을 지니고 있습니다. 신도 그야말로 절대자이고 순수한 정신적 존재이기 때문입니다. 그러나 기독교에서 말하는 신이 영원 불변하는 고정된 존재라면, 헤겔의 절대정신은 끊임없이 변화되어 가는 존재입니다. 절대정신은 스스로의 내적인 힘에 의해 항상 변증법적으로 발전해 갑니다.

그런데 헤겔은 절대정신의 본질을 이성이라고 생각하였습니다. 헤겔에 따르면, 철학은 세계와 인간의 경험을 인식하고, 사물들 안에 깃들인 이성을 파악하는 학문입니다. 이 때의 이성은 사물들의 피상적·일시적·우연적 형식이 아니라 그것들을 존립하게 하는 영원한 본질·조화·법칙을 의미합니다. 사물들은 그 속에 하나의 의미가 있습니다. 세계 내의 과정들은 이성적입니다. 행성계는 이성적 질서이며, 유기체도 이성적·목적적이며, 의미로 충만합니다. 그런데 세계는 정적이지 않고, 역동적으로 운동합니다. 마찬가지로 세계를 파악하는 사유도 능동적이며 움직이는 변증법적 발전의 과정입니다. 이 때 발전의 높은 단계는 매개를 통한 낮은 단계의 실현입니다. 높은 단계는 낮은 단계의 '진리'이자 그것의 목적, 그것의 의미입니다. 낮은 형식에 내재되어 있던 것은 높은 형식에서 명시화되거나 명백하게 됩니다. 낮은 형식은 높은 형식에서 부정되므로, 그것은 과거의 그것이 아니라 높은 형식에서 보존되고, 지양됩니다. 대립해 있는 것들도 서로에게는 대립해 있는 것들이지만, 그것들이 부분으로서 형성하는 통일체, 즉 전체의 측면에서는 대립자들이 아닙니다. 그것들은 그것 자체로 볼 때는 아무런 가치나 의미를 갖지 않지만, 전체 과정의 계획적으로 표현된 부분들로 볼 때는 가치와 의미를 지닙니다. '대립해 있는 것들'이란 진정으로 대립해 있는 것들이 아니라, 이른바 전체의 계기에 지나지 않는다는 것입니다. 그래서 대상들은 오로지 그 자체만을 보면 '참되지 않은 것'으로 나타납니다. 그러나 모든 관계들이 다 발견되고, 모든 것들이 다 밝혀졌을 때에야 비로소 전체적인 진리가 인식됩니다. 이런 맥락에서 헤겔은 "진리는 전체이다."라고 갈파합니다. 이른바 진리정합론의 풍미를 가득 담고 있는 말이지요. 다시 강조하지만 이 진리는 전체에 있으나, 전체는 오직 발전의 완료된 과정에서만 실현됩니다. 절대자는 본질적으로 결과, 성취과정의 결과라고 할 수 있지만, 그것 자체로는 완전한 전체가 아닙니다. 전체 발전과정과 함께 결과는 참된 전체입니다. 사물은 그 목적에서가 아니라 그 성취에서 완전히 규명됩니다. 따라서 헤겔의 입장에서 철학은 결과에 관심을 갖습니다. 어떻든 헤겔은 절대적 주관성과 절대적 객관성, 예지와 자연, 유한과 무한, 자유와 필연, 현상과 본질이라는 대립적 사유를 하나로 통일하는 것이 이성의 주된 관심사라고 보았습니다.

한편, 헤겔은 이성의 본질을 자유라고 생각했습니다. 그리고 이성이 자기의 본질인 자유를 실현시켜 나가는 것이 바로 역사라는 것입니다. 따라서 이성은 역사적 과정을 초월해 있지 않고, 어디까지나 역사 속에서의 이성(Vernunft in der Geschichte)입니다. 그런데 헤겔은 『법철학 개요』에서 "이성적인 것은 현실적이요, 현실적인 것은 이성적이다"라고 했습니다. 헤겔의 철학에서는 자연과 역사가 모두 절대정신의 자기 발전에서 나오는 부수적 현상들입니다. 그러므로 인간의 눈에 비이성적으로 보이는 모든 사건들은 최종적으로는 이성적인 것과 일치한다고 봅니다. 그래서 헤겔은 사물들의 주어진 질서를 있는 그대로 받아들입니다. 역사적 세계의 온갖 악, 비참, 범죄를 무시하려 하지 않습니다. 오히려 당당하게 잔인한 현실을 정당화하려 합니다. 절대정신의 관점에서 볼 때, 이 현실은 우연한 사실도 아니고 무서운 필연도 아닙니다. 현실은 '이성적'일뿐더러, 이성의 구현입니다. 이처럼 현실적인 모든 사건과 역사를 이성이 배후에서 규정하고 있습니다. 신, 즉 자연(Deus sive natura)이란 스피노자의 공식이 헤겔철학에서는 신, 즉 역사(Deus sive historia)로 바뀌는 것입니다.

그런데 헤겔은 절대정신이 스스로의 필연적인 발전을 위해 인간을 교묘하게 이용하고 있다고 해석합니다. 헤겔은 그것을 '이성의 간지(List der Vernunft)'라고 합니다. 역사를 만들어간다고 생각되는 위대한 인물들도 사실은 이성이 부려먹는 꼭두각시에 불과하다는 것입니다. 이성은 교묘한 지혜를 발휘해 그 시대에 부합하는 인물들을 선택·이용합니다. 그리고 이용가치가 사라질 때는 가차없이 폐기해 버립니다. 어떤 인물이 스스로 뛰어나서 영웅이 되는 것처럼 보이지만, 그것은 착각일 뿐이요, 사실은 절대정신의 조종에 불과할 따름입니다. 예를 들어 나폴레옹과 같은 영웅도 절대정신의 목적을 알지 못하고 단지 자기 자신의 목적만을 추구하는 '위대한 이기주의'의 화신에 불과했다는 것입니다. 나폴레옹은 자기의 개인적인 정복욕 때문에 유럽의 여러 나라를 정복했지만, 자신이 전혀 의도하지 않았던 결과를 초래했습니다. 그는 유럽의 입헌국가 형성을 촉진함으로써 세계사의 진보에 이바지했던 것입니다. 따라서 세계사적인 관점에서 보면, 나폴레옹은 자신도 모르게 무엇인가에 조종되고 만 셈인데, 그것이 바로 이성입니다.

이제 헤겔철학에 대한 키에르케고르의 비판을 살펴볼 차례입니다. 키에르케고르에게 헤겔은 이 세계에 들어와서 먹고, 숨쉬고, 사랑하고, 고뇌하며 살아가는 구체적인 인간을 완전히 도외시하는 철학자일 수밖에 없습니다. 헤겔에게 구체적인 개인의 행위란 이성의 간지에 조종당하는 꼭두각시의 행위와 다를 바 없기 때문입니다. 헤겔의 철학은 거대한 체계의 철학으로서 모든 것을 그 체계 속에 포괄하고 설명하려는 철학입니다. 그래서 헤겔의 철학은 개개인의 실존적 체험을 이해할 수 없습니다. 실존은 그 어떤 체계, 그 어떤 논리로도 환원될 수 없는, 개별성을 구비한 인간 주체의 현존을 의미하기 때문입니다. 개개인의 실존은 특수하고, 구체적·주관적입니다. 우선 키에르케고르는 인간의 실존을 인간의 자기 자신에 대한 관계로 이해합니다. 그는 "인간은 자신이다. …… 즉, 자기 자신에 대해 맺는 관계이다."라고 합니다. 이것은 인간 개개인의 내면성을 표현하는 말입니다. 키에르케고르는 실존을 보편자가 아닌 단독자(Einzelne)라고 규정합니다. 실존은 인간 일반을 말하는 것이 아니라, 개체적인 인간존재로서의 단독자를 말합니다. 단독자란 모든 사람 가운데 단 한 사람을 의미합니다. 나의 인격, 나의 개성, 나의 존재가치는 오직 나만의 유일한 것이기 때문에 결코 다른 사람에 의해 대체될 수 없습니다. 단독자로서의 실존은 그 시대와 대중으로부터 소외된 고독한 예외자이기도 합니다. 대중의 물결 속에 휩싸여 자기 망각 속에 빠져 있는 자는 결코 실존이 될 수 없습니다. 실존은 거리의 이름 없는 사람들과는 단절된 자입니다. 실존을 지탱시켜 주는 것은 오직 자신의 주체성밖에 없습니다. 그러므로 실존은 고독합니다. 고독과 산책을 사랑했던 키에르케고르는 자신의 고독한 실존의 모습을 '늙은 소나무 위에 앉은 한 마리의 외로운 학'에 또는 '문장 속에 반대로 인쇄된 활자'에 비유하였습니다.

그런데 고독한 예외자로서의 실존은 주체적 진리를 갈망합니다. 보통 우리는 일반적으로 객관적이고도 보편타당한 것을 진리라고 합니다. 또는 모든 것을 포괄하는 전체적인 것이 진리라고도 합니다. "진리는 전체이다."라는 헤겔의 진리관이 이를 말해 주고 있습니다. 헤겔에게 진리란 온 우주를 지배하는 절대정신이거나 역사 전체를 지배하는 세계정신입니다. 인체에서 떨어져 나간 손이 손이 아닌 것처럼, 전체성에서 떠난 개별자나 부분은 아무런 존재의미도 드러내지 못하고 진리도 될 수 없습니다. 그러나 키에르케고르에게 진리란 어디까지나 주체적인 것입니다. 다시 말하면 "주체성이 진리"입니다. 객관적으로 보편 타당하기만 한 진리가 아니라, 실존의 삶을 변화시켜 주고 개개인의 영혼을 움직일 수 있는 주체적 진리만이 참된 진리가 될 수 있습니다. 참된 진리란 내 자신이 그 진리 속에 동화되어 그 진리와 더불어 살 수 있어야 합니다. 객관적으로 아무리 훌륭한 진리내용을 포함하고 있더라도, 내가 그 진리 속에 살고 있지 않으면 그 진리는 나와는 아무 상관도 없는 것이 되고 맙니다. 키에르케고르는 헤겔의 모습이 마치 이와 같다고 보았습니다. 헤겔은 거대한 진리의 금자탑을 세워놓았지만, 그것이 그의 실존적인 삶에는 아무런 영향도 미치지 못하였습니다. 그래서 키에르케고르는 "헤겔은 궁전 같은 체계를 세워놓고 자신은 그 옆의 오두막집에 사는 사람과 같다."라고 합니다. 헤겔은 사상적으로는 궁궐 속에 살고 있을지 모르나, 실존으로서는 초라한 오두막집에 살고 있을 뿐이라는 것이지요. 키에르케고르가 탐구한 진리는 객관적인 대상에 관한 보편타당한 진리가 아닙니다. 참자기를 실현하기 위해 삶의 과정 속에서 절망적인 한계상황에 직면해 있는 구체적인 개인을 절망으로부터 구해낼 수 있는 주체적인 진리였습니다. 따라서 키에르케고르에게 진리는 언제나 내면적 · 주관적인 것입니다. 자기 것으로 된 것이 진리입니다.

키에르케고르의 실존철학은 그의 실존 3단계 또는 실존변증법에서 잘 드러납니다. 이 중에서 미적 실존과 윤리적 실존은 『이것이냐 저것이냐』에서 대비되고 있습니다. 윤리적 실존과 종교적 실존은 『공포와 전율』에서 대비되어 설명되고 있습니다. 『이것이냐 저것이냐』라는 책의 제목 자체가 헤겔철학의 극복을 이미 암시하고 있습니다. '이것이냐 저것이냐'라는 선택은 절대적입니다. 그것은 말 그대로 선택하느냐 선택하지 않느냐의 문제이기 때문입니다. 키에르케고르는 헤겔철학을 매개철학이라고 파악합니다. 앞에서도 지적하였듯이, 헤겔에게 세계를 파악하는 사유는 능동적이며 움직이는 변증법적 발전과정입니다. 이 때 발전의 높은 단계는 매개를 통한 낮은 단계의 실현이었습니다. 따라서 헤겔철학에는 절대적인 이것이냐 저것이냐가 들어설 수 없습니다. 매개를 승인한다면, 절대적인 선택은 있을 수 없는 것입니다. 이것은 키에르케고르의 실존 3단계가 인생의 결정적인 순간에 이루어지는 절대적인 선택을 통해 전개된다는 것을 의미합니다.

미적 실존

미적 실존이란 향락의 입장에 서서 살아가는 실존입니다. 미적 실존에 서 있는 자들은 "네 인생을 향유하라, 쾌락을 위해 살아라."와 같은 모토를 삶의 기준으로 내세우는 자들입니다. 따라서 미적 실존은 자기 자신에 대해서는 무관심하며, 자기의 외부에 있는 향락의 대상을 선택합니다. 키에르케고르는 미적 실존의 전형적인 인물로 인간욕망의 지옥을 예감한 로마의 황제 네로와 돈 환(Don Juan)을 꼽았습니다. 돈 환은 그야말로 인간의 관능성의 상징이자 감각적 쾌락의 화신이라 할 수 있습니다. 돈 환은 스페인의 귀족으로서 14세기경에 살았던 전설상의 인물입니다. 빼어난 용모를 자랑하는 방탕한 귀족청년으로 일생 동안 수많은 여성을 농락한 인물로 알려져 있습니다. 한 여인을 만나 사랑한다고 속삭이며 하룻밤을 보낸 다음, 다음 날에는 또 다른 여성을 유혹하면서 지낸 사람이지요. 모차르트가 돈 환을 주제로 만든 오페라가 바로 「돈 지오반니」입니다. 그 오페라에서 돈 환은 다음과 같이 묘사되고 있습니다. "이탈리아에서는 640명, 독일에서는 230명, 프랑스에서는 100명, 터키에서는 91명, 스페인에서는 무려 1,003명이나 됩지요. 이 가운데는 시골여자, 하녀, 창녀, 남작·백작·공작부인 등이 포함되어 있습죠. 말하자면 귀엽거나 메주 같거나 가릴 것 없이 저의 나리는 여자이기만 하면 되는 겁니다. 헤헤, …… 아시겠습니까, 마님!" 관능적 감각의 쾌락은 그야말로 찰나적일 뿐입니다. 그것은 지속성이 없고 순간적으로 지나가 버리는 덧없는 것입니다. 돈 환과 같은 인물은 과거를 뉘우치지도 않고, 미래를 생각하지도 않고, 그저 현재의 쾌락으로만 살아갑니다. 그에게는 현재의 쾌락추구가 있을 뿐이지 일관된 성격과 통일된 인격을 형성할 틈이 없습니다.

키에르케고르에게 우리가 산다는 것은 곧 권태스러운 것이었습니다. 심지어 그는 "존재는 곧 권태"라고까지 말합니다. 『요한복음』 제1장 제1절에 "태초에 말씀이 있었다."라는 구절이 있습니다. 키에르케고르는 이 말을 바꾸어 "태초에 권태가 있었다."라고 합니다. 신은 권태를 느꼈기 때문에 인간을 만들었고, 아담은 혼자였기 때문에 권태를 느꼈고, 그래서 그런 아담을 위해 신이 이브를 창조했다는 것입니다.

그리고 아담과 이브가 타락의 결과로 에덴동산에서 쫓겨나 세속의 지상에서 살아가게 되었기 때문에 지상에도 권태가 시작되었고, 사람의 수에 비례해 권태의 양도 증대해 갔다는 것이지요. 이처럼 권태는 인간존재의 본질이자 생의 본질이기 때문에 인간은 이 권태를 망각하기 위해 쾌락을 추구하고 향락에 도취하게 됩니다. 식도락으로 몸을 불리고, 술로 세상을 잊습니다. 마약으로 정신을 피폐하게 하고, 인격적 교제도 없고 사랑도 없는 익명적·말초적 섹스에 몰두합니다. 그래서 키에르케고르는 이러한 미적 실존의 삶을 윤작과 비교하기도 하였습니다. 농부는 해마다 같은 작물을 심으면 수확이 떨어지는 것을 알고 있으므로, 작물을 바꾸어 가면서 경작합니다. 미적 실존으로 살아가는 사람도 쾌락을 좇기 위해 늘 끊임없는 변화를 구하면서 살아갑니다. 이처럼 아무 것에도 얽매이지 않은 채 제멋대로, 마음대로 쾌락을 추구하면서 살아가는 생활은 얼핏 흥겹고 자유로운 생활처럼 보일 수도 있습니다. 그러나 그것은 피상적 외면적 쾌락의 노예가 된 생활이며, 본래의 진정한 자기를 잃어버린 생활입니다. 미적 실존은 인생에 대해 전혀 성실성이 없는 삶의 모습입니다. 자유방종한 인생으로 끝나기 때문에 결코 진정한 행복을 찾을 수 없습니다. 미적 실존은 출발점에서 보면 아무 것에도 구애받지 않고 생을 향락하는 것처럼 보이지만, 결국에 가서는 우수와 불안으로 끝나고 필연적으로 절망에 빠지고 맙니다. 끊임없는 변화의 추구는 생활을 토막토막 절단하고 인격의 통일성을 파괴하고 말기 때문입니다. 따라서 미적 실존은 더 높은 실존으로

지양되어야 합니다. 자유의 주인인 줄 알았던 자기가 사실은 자유가 아니고, 외면적 쾌락의 노예에 불과했다는 사실을 알게 될 때 미적 실존은 자기 자신에 대해 부정적인 태도, 아이로니컬한 태도를 갖습니다. 향락의 노예로 굴러 떨어진 자기를 깨끗히 버리고 진실한 자기를 회복해야겠다는 자각과 결의를 품게 되는 것이지요. 괴테는 "향락은 인간을 천하게 만든다."라고 했습니다. 실제로 늘 관능적·감각적인 쾌락에만 매달려 사는 육욕적인 인간들의 얼굴을 가만히 들여다 보면, 그 천박한 모습이 여실히 드러나고 있다는 것을 알 수 있습니다.

윤리적 실존

동양의 사서삼경 중에 『중용』이 있습니다. 중용의 철학적 내용을 한 마디로 요약하면 불성무물(不誠無物)이라고 할 수 있습니다. 풀어 얘기하면 "성실하지 않으면 세계가 존재하지 않는다."라는 뜻이겠지요. 실존철학자 중에 특히 성실을 강조한 철학자로는 가브리엘 마르셀이 있습니다. 성실은 동서고금을 막론하고 바른 인간생활을 영위하기 위한 중요한 덕목 중의 하나로 꼽혀 왔습니다. 실제로 이 세상을 살아가면서 성실성이 없으면 아무 것도 되는 일이 없습니다. 성실성이 없는 사랑은 진정한 사랑이 아닙니다. 성실성이 없는 우정은 깊은 우정이 아닙니다. 성실성이 없는 인간관계는 오래가지 못합니다. 성실성이 없는 교육은 참된 인간을 만들 수 없습니다.

그런데 키에르케고르의 윤리적 실존은 바로 성실과 의무에 발을 딛고 있는 삶입니다. 즉, 윤리적 실존은 양심의 입장에서 선 엄숙·진실·건전한 실존입니다. 윤리적 실존은 자기 외부에 있는 향락을 찾지 않고, 자기 내부로 들어와 구체적인 자기를 얻는 실존, 인격을 얻는 실존입니다. 이 윤리적 실존을 선택할 때 비로소 우리는 인간다운 인간이 되고, 하나의 성실한 인격을 갖추게 됩니다. 윤리적 실존은 또한 우리에게 주어진 의무와 책임을 감당할 것을 요청하는 삶이기도 합니다. 그런 점에서 키에르케고르는 윤리적 실존을 결혼에 비유합니다. 미적 실존이 애욕과 분방한 연애에 해당한다면, 윤리적 실존은 결혼에 해당합니다. 결혼은 한 사람만을 사랑할 것을 요구하며, 서로 상대방에게 지속적인 사랑의 의무를 요청하기 때문입니다. 실제로 보통사람들은 윤리적 의무를 많이 지고 살아갑니다. 이 세상을 살아가면서 모범적인 아버지, 인자한 어머니로서의 의무를 충실히 수행하려고 노력합니다. 교수는 열심히 연구하고 열정적으로 가르칠 의무를 지고 있습니다. 학생은 성실한 제자가 되기 위해 수업시간을 준수하고, 강의를 조용히 경청하고, 숙제를 성실히 해야 할 의무를 지고 있습니다. 누구나 차를 운전할 때는 한 사회의 정직한 시민으로서 교통신호를 준수하고, 과속을 일삼지 않아야 할 의무를 지고 있습니다. 넓게는 국민의 4대 의무를 불평 없이 받아들여야 합니다. 이처럼 현실생활을 성실하게 영위해 나가는 것이 윤리적 실존의 모습입니다.

또한 키에르케고르에 의하면, 윤리적 실존의 삶이란 것은 반복(Wiederholung)생활이기도 합니다. 사실 보통사람들의 삶은 다람쥐 쳇바퀴 도는 것과 같은 기계적인 생활로 이루어져 있습니다. 여러분은 1주일 중 적어도 5일은 학교에 나와 수업을 받아야 합니다. 대학에서 1주일의 수업은 또 적어도 16주 동안 반복됩니다. 열심히 수업을 듣는다는 것은 그리 쉬운 일이 아닙니다. 꾀가 나서 결석을 하기도 하고 대리출석을 해달라고 부탁하기도 합니다. 그러다 보면 우리들은 매너리즘에 빠지기 쉽고 기계적으로 살아가기 쉽습니다. 이 반복되는 일상적인 생활을 감내하기 위해는 늘 새로운 결의와 각오를 다지며 살아가야 합니다. 반복적인 삶은 능동적·실천적인 결의를 통해서만 이루어질 수 있습니다. 그러고 보면 윤리적 실존은 평범한 인간의 삶을 존중하는 실존입니다. 친구를 사귀고, 결혼하고, 직장을 잡고, 열심히 일을 하고 사는 것, 이것은 평범하고 당연한 일입니다. 그러나 이 평범하고 당연한 것이 우리에게 가장 어려운 일일지도 모릅니다. 그것은 늘 반복되는 생활이기 때문입니다. 그러나 그런 삶을 감내하고 이겨내야 합니다. 윤리적 실존은 자기가 맡은 일상적인 의무와 책임을 양심껏, 성실하게 감당해 나가는 생활입니다.

그러나 키에르케고르는 "우리는 윤리적 실존으로 만족할 수 있는가?"라고 묻습니다. 여기에 대해서 키에르케고르는 단호히 아니라고 대답합니다. 살다 보면 우리의 도덕적 현실이 우리의 높은 도덕적 이상과는 너무나도 거리가 멀다는 것을 절실히 느끼지 않을 수 없습니다. 완전한 도덕 앞에 설 때, 우리는 너무나도 부족한 자기 자신을 발견하게 됩니다. 윤리적이 되려고 애쓸수록, 우리는 현실의 자기가 너무나도 추악하고 불결하고 무력한 죄악의 존재임을 통감합니다. 예수는 우리에게 "네 몸과 같이 네 이웃을 사랑하라, 네 원수까지도 사랑하라."라고 요구합니다. 그러나 이러한 높은 도덕률 앞에 설 때 우리는 참으로 어림없는 존재이며, 미미하기 한량없는 유한자입니다. 인간의 유한한 지혜와 능력을 가지고는 도저히 그러한 높은 도덕적 이상에 도달할 수 없습니다. 절대의 사랑, 절대의 정직, 절대의 성실, 절대의 희생, 절대의 자비는 우리의 손발이 미치지 못하는 아득한 피안의 세계입니다. 이와 같이 준엄한 도덕률 앞에 설 때, 우리는 자신의 부족과 죄를 자각하고 깊은 회한에 빠질 수밖에 없습니다. 이처럼 윤리적 실존이 진실해질수록 우리는 자기의 유한성과 무력 앞에서 절망을 느낍니다. 그리하여 유한한 자기를 버리고, 겸손한 마음으로 절대자에게로 귀의하는 수밖에 없습니다.

종교적 실존

종교적 실존은 신앙을 가지고 살아가는 실존을 말합니다. 종교적 실존의 세계가 열리려면 우리가 현실의 자기에 대해 일단 절망할 필요가 있습니다. 현실의 나는 한 번 죽어야 합니다. 그러나 그것은 그냥 죽는 것이 아니고 종교적으로 다시 사는 것입니다. 그것은 보다 더 높은 자기 긍정과 자기 심화를 위한 자기 부정이며 절망입니다. 사람이 절망하려면 절망을 선택해야 합니다. 그러나 참으로 절망을 선택할 때 사람은 벌써 절망을 넘어 영원한 자기를 선택한 것입니다. 그것은 인격의 자유로운 결단에 의합니다. 인생에 대해, 또 자기에 대해 극도로 절망을 느끼면 죽을 수밖에 없습니다. 절망은 곧 '죽음에 이르는 병(Krankheit zum Tode)'입니다. 절망은 생의 부정적 계기입니다. 그러나 절망은 죽음에 이르는 병이 아니고, 오히려 생명에 이르는 빛이 될 수 있습니다. 절망은 생의 긍정적 계기가 됩니다. 여기에 절망의 역설적인 변증법이 있습니다. "절망은 죽음에 이르는 병이면서 동시에 죽음에 이르는 병이 아니다."라는 것입니다. 이를 통해 우리에게 종교적 실존의 영역이 드러납니다.

그런데 키에르케고르는 종교성 A와 종교성 B를 구분합니다. 종교성 A는 신이 존재한다는 것을 믿을 뿐인 종교일반을 말하는 것으로, 기독교 이외에 다른 이교도 포함합니다. 반면, 종교성 B는 곧 기독교를 표현하는 것입니다. 그리스도는 절대적으로 이질적인 신과 인간, 무한과 유한, 영원과 시간을 종합한 존재입니다. 다시 말해 그리스도는 시간 안에 들어온 영원자요, 개별자로서 시간 안에서 태어나고, 자라고 죽은 신입니다. 인간의 이성은 이 사실을 이해할 수 없습니다. 이성은 이것을 알려지지 않은 것, 이질적인 것, 절대적으로 상이한 것으로밖에는 알지 못합니다. 이러한 사실에 부딪칠 때 이성은 배리와 역설과 좌절을 경험합니다. 신이면서 동시에 인간인 그리스도의 역설, 이성으로는 도저히 끌어안을 수 없는 이 역설을 그대로 순순히 받아들일 때 우리는 순수한 신앙의 영역으로 들어섭니다.

이렇게 키에르케고르는 종교적 진리, 신앙의 진리는 역설로밖에 설명할 수 없다고 주장하였습니다. 이 역설을 받아들일 때 우리는 "신 앞에 홀로 서 있는 자기"를 발견합니다. 이것이 그의 종교적 실존입니다. 인간이 자기를 자각한다는 것은 자기의 본질을 자각한다는 것이요, 자기의 본질을 자각한다는 것은 자기가 신 앞에 있다고 자각하는 것입니다. 인간이 신 앞에 선다는 것, 즉 영원한 진리에 대면한다는 것은 누구에게나 가능한 일이 아닙니다. 자신의 삶에 대한 실존적 고뇌와 절망에 접해 보지 않은 자는 신 앞에 나설 수 없습니다. 그렇지 않다면 그것은 위선이요, 거짓입니다. 키에르케고르에 의하면 실존이 신과 대면하기 위해는 일체의 것과 단절해야 합니다. 자신의 내부의 욕망과 세속적인 관심은 물론 타인과 가정과 사회 등 일체의 것으로부터 단절된 자만이 비로소 절대적인 진리인 신 앞에 설 수 있다는 것입니다. 신앙의 체험은 실존적인 차원의 체험이며, 이성에게는 낯선 체험입니다. 또 개념이나 일반적 차원의 본질로는 환원될 수 없는 체험입니다. 신앙은 이성의 척도에서 볼 때 초이성적이기 때문에, 하나의 역설입니다. 그래서 키에르케고르는 이성이 절대적 상이성으로서의 역설을 이해하고 만나게 되는 행복한 정열의 순간을 신앙이라고 정의하였습니다.

　키에르케고르는 종교적 실존의 전형적인 인물로 구약성서『창세기』에 나오는 아브라함을 들었습니다. 키에르케고르의 저서『공포와 전율』은 그 전체가『창세기』제22장에 나오는 아브라함과 이삭의 이야기를 주제로 한 글입니다.　그 이야기에 의하면 이삭은 아브라함이 100살이 넘어 얻은 소중한 자식입니다. 이삭은 아브라함이 세상에서 가장 사랑하는 존재였습니다. 그렇기 때문에 신이 아브라함에게 고지할 때에도 '네가 사랑하는 자식'이라고 합니다. 돈에 대해서는 우리는 전혀 윤리적인 의무를 지지 않습니다. 그러나 아버지는 자식에 대해 가장 높고 신성한 의무를 지고 있습니다. 아브라함과 이삭의 관계를 윤리적으로 말하면 실로 간단합니다. 아버지는 자기 자신 이상으로 자식을 사랑해야 한다는 것입니다. 그런데 신은 아브라함에게 자식을 제물로 바치라고 요구합니다. 자기 자식을 잃어버린 아버지는 이 세상에 얼마든지 있습니다. 질병으로 잃든 전쟁터에 보내 잃든, 그 때 자식의 삶을 빼앗은 것은 신입니다. 우리는 자식을 부모보다 먼저 불러들이는 그 신의 의지가 무엇인지를 알 길이 없습니다. 그러나 아브라함의 경우에는 한층 더 무서운 시련이 마련되어 있었습니다. 이삭의 목숨이 바로 칼을 쥔 아브라함 자신의 수중에 있었던 것입니다.

　이러한 아브라함의 행위와 비극적인 영웅 간의 차이를 비교해 볼 수 있습니다. 호머의 이야기에 나오는 그리스 장군 아가멤논은 자기 민족의 미래를 위해 딸을 제물로 바칠 수밖에 없었습니다. 민족을 구하기 위해, 또는 국가의 이념을 위해 자식을 희생시키는 것은 숭고한 윤리적 행위입니다. 비극적인 영웅은 그 인륜적인 덕으로 인해 위대합니다. 즉, 비극적인 영웅은 윤리적 실존의 영역에 머물러 있습니다. 그런 희생에 대해 비극적인 영웅은 그 딸을 붙잡고 울 수도 있고, 주변 사람들로부터도 위로를 받을 수도 있습니다.

그러나 아브라함의 경우는 이와는 사정이 다릅니다. 아브라함의 행위는 민족을 구하기 위해도 아니었고, 국가의 이념을 실현하기 위한 것도 아니었습니다. 아브라함의 행위는 윤리적인 것과는 관련이 없는 순전히 사적인 문제입니다. 아브라함의 행위를 윤리적으로 말하면, 아브라함은 이삭을 죽이려고 하는 것입니다. 그것은 패륜입니다. 그러나 종교적으로 말하면, 아브라함은 이삭을 바치려고 하는 것입니다. 키에르케고르에 따르면, 바로 이런 모순 속에 절망과 불안이 있습니다. 즉, 아브라함의 행위에서 신앙이 제거되면 남는 것은 아브라함이 이삭을 죽이려고 했다는 잔인한 사실뿐입니다. 그런데 아브라함은 여기서 전적으로 신에 의지하고 신을 믿었습니다. 윤리적으로 볼 때는 부조리한 일이지만 그 부조리의 힘을 통해 믿은 것입니다. 아브라함은 부조리한 것의 힘으로 이삭을 되찾게 됩니다.

이것은 역설입니다. 아브라함은 이 역설을 다른 사람에게 설명할 수 없습니다. 왜냐하면 이 역설은 그가 개별자로서 절대적인 것과의 절대적인 관계 속으로 들어가는 것이기 때문입니다. 그런 점에서 신앙은 하나의 기적입니다. 신앙의 역설이란, 윤리적인 것으로는 측량할 수 없을 것 같은 내면성이 존재한다는 것입니다. 신앙은 한편으로는 극도의 이기주의의 표현이지만, 다른 한편으로는 신을 위하여 행한다는 지극히 절대적인 헌신의 표현입니다. 인간적으로 말하면 아브라함은 제 정신을 잃고 있습니다. 그리고 누군가에게 자기를 이해시킬 수도 없습니다. 그래서 아브라함은 말을 하지 않았습니다. 아브라함은 아내인 사라에게도, 엘리에셀에게도, 이삭에게도 말하지 않았습니다. 아브라함은 이들이 살고 있는 윤리적 세계의 경계를 뛰어넘어 있기 때문입니다. 아브라함은 고독합니다. 아가멤논과 같은 비극적 영웅은 아브라함이 가졌던 고독의 무서운 경험을 모릅니다. 이처럼 신앙의 비약은 인간의 완전한 고독 속에서 스스로를 책임지는 것으로써 이루어집니다. 신앙은 한 인간의 마음 속에 있는 최고의 열정인 것입니다.

불행히도 모든 예언자적인 철학이 그러하였듯이, 키에르케고르의 실존철학도 당대 철학계에서는 큰 주목을 받지 못했습니다. 오히려 문학 쪽에서 극작가 입센, 릴케(『말테의 수기』에서 그 영향이 보입니다.), 우나무노 등이 먼저 주목했습니다. 그러다가 1909년에 독일에서 C.슈램프가 키에르케고르의 책을 번역하였고, 이를 통해 칼 바르트, 하이데거, 야스퍼스 등이 키에르케고르의 철학을 접하게 되었습니다. 그로부터 키에르케고르는 현대 그리스도교 사상과 실존철학의 선구자로 세계에 알려집니다. 그의 실존철학에서 나타났던 불안, 죽음 등의 개념은 하이데거의 철학에서 핵심적인 개념으로서 다시 등장합니다. 이제 하이데거의 철학을 공부할 차례가 왔습니다.

전 기 하 이 데 거 의 실 존 주 의 철 학

생 애

존재의 철학자 마르틴 하이데거(M. Heidegger, 1889~1976)는 1889년 9월 26일 독일 남부 바덴주의 메스키르히라는 작은 마을에서 태어났습니다. 아버지는 그 곳에 있는 성 마르틴 성당의 성당지기였습니다. 소년시절 하이데거는 스키에 대해 강의할 정도로 선수 못지않은 전문 스키인이기도 하였습니다. 1909년에 프라이부르크대학에 입학하여 처음에는 목사가 되기 위해 신학을 공부했지만, 곧 철학으로 전공을 바꿉니다. 처음에는 리케르트 밑에서 신칸트주의를 공부하였습니다. 1914년에 「심리주의에의 판단론」이라는 논문으로 박사학위를 받았고,

2년 후에는 「둔스 스코투스의 범주론과 의미론」으로 교수자격시험에 합격하였습니다. 프라이부르크대학의 강사시절 현상학의 창시자 후설 밑에서 10여년 간 철학을 연구하면서 현상학의 방법을 통해 철학이 나아가야 할 새로운 길을 모색합니다. 1923년에 마르부르크대학의 교수로 초빙되었으며, 1928년에는 프라이부르크대학으로 돌아와 후설의 뒤를 이어 정교수가 되었습니다. 1927년에 현대철학 불후의 명저인 『존재와 시간』을 발표하여 철학적 명성을 드높입니다. 1933년 프라이부르크대학의 총장으로 취임하면서 명백하게 나치의 국가사회주의에 동조하는 취임연설을 하였습니다. 이 사건은 하이데거 일생일대의 큰 실수로서 두고두고 그의 오점으로 남게 됩니다. 그러나 10개월 후 하이데거는 자신의 과오를 깨닫고 총장직을 사임하고 정치에 직접 참여하는 것을 그만 두었습니다. 세인의 비난을 의식하고 1966년 슈피겔의 인터뷰에서 당시의 자신의 입장을 밝혔으나 죽기 전에는 인터뷰 내용을 밝히지 않기로 약속하였기 때문에, 그 내용은 하이데거가 죽은 지 5일 후인 1976년 5월 31일에 공개되었습니다. 그 인터뷰에서 하이데거는 당시 독일대학의 자율권을 보존하기 위해 타협을 생각했었다고 고백하였으며, 나치즘에 대한 동조도 1934년 무렵부터 포기하였다고 말했습니다. 1953년에 프라이부르크대학에 복귀하였으나 곧 사임합니다. 하이데거는 1976년 5월 26일에 심장마비로 세상을 떠났습니다. 향년 87세였습니다. 대표적인 저서로는 『형이상학이란 무엇인가』(1929), 『형이상학입문』(1953) 등이 있습니다.

존재론

일상대화에서 무의식적으로 자주 사용되는 철학적 용어 중의 하나가 '존재'입니다. 밀란 쿤데라의 『참을 수 없는 존재의 가벼움』이라는 소설도 있고, 『존재는 눈물을 흘린다』라는 공지영 씨의 소설도 있습니다. '존재의 이유'라는 대중가요 제목도 있지요? 그런데 맹랑하게도 이 '존재'라는 말의 의미를 알아보려고 하는 순간, 우리는 참 막막한 기분에 젖어듭니다. 그것은 너무나도 자명한 개념이지만 막상 정의하려면 쉽사리 정의되지 않는 가장 일반적인 개념이기 때문입니다. 예컨대 논리학에서는 정의를 내릴 때 아리스토텔레스의 공식에 따라 '종차(種差)＋최근류(最近類)'라는 공식을 사용합니다. 그러나 '존재'는 그 내포는 '있음' 하나이지만 외연은 가장 넓은 최상류 명사입니다. 최상류 명사에는 최근류가 없으므로 이 고전적인 정의의 공식을 적용할 수 없는 것이지요. 그런데 이처럼 가장 일반적·보편적인 존재개념을 일생 동안 끈기 있게 천착한 철학자가 바로 하이데거입니다. '존재'는 하이데거의 일생에 걸친 유일한 사유거리였습니다.

사물의 존재의미를 탐구하는 철학의 한 분과를 존재론이라고 합니다. 존재론은 "있다는 것은 도대체 무엇인가?"라고 묻습니다. 형이상학은 물리학, 생물학, 경제학, 정치학과 같은 개별과학처럼 세계의 한 영역을 탐구하는 것이 아닙니다. 전통 형이상학은 세계 전체의 공통된 본질과 궁극적 근거를 물어 왔습니다. 이에 대해 플라톤은 세계 전체의 공통된 본질은 선의 이데아라고 주장하였습니다. 또한 기독교에서는 세계 전체의 궁극적 근거가 세계 전체를 창조하는 신이라고 주장하였고, 헤겔과 같은 철학자는 절대정신이라고 주장하였고, 쇼펜하우어는 삶의 맹목적인 의지라고 주장하였습니다.

하이데거의 저서 『존재와 시간(Sein und Zeit)』이 문제삼는 것도 존재의 의미입니다. 그런 의미에서 하이데거의 철학은 존재론입니다. 이런 이유에서 하이데거는 자신의 철학에 실존철학이라는 딱지가 붙는 것을 싫어했습니다. 그러나 하이데거의 철학은 실존철학의 본질적 요소를 모두 함유하고 있기 때문에 본인의 의지와는 상관없이 오늘날 철학사에서 실존철학으로 분류되고 있습니다.

존재와 존재자

우선 하이데거의 철학에 접근하기 위해는 하이데거가 구별한 존재(Sein)와 존재자(Seinende)의 차이를 숙지해야 합니다. 존재자는 돌, 나무, 책상, 산, 강 등 구체적으로 존재하는 사물을 말합니다. 이런 존재자들은 우리 주변에서 여기저기에 존재합니다. 내 앞에 갈색책상이 있습니다. 저기 푸른 나무가 존재합니다. 저 멀리 설악산이 웅장한 자태로 존재합니다. 그런데 하이데거의 철학이 문제삼는 것은 "책상이 존재한다, 나무가 존재한다"라는 표현에서 '존재한다'는 말입니다. 그리고 하이데거는 '존재한다'라는 표현을 간단히 줄여, '존재'라고 합니다. 요컨대 책상, 나무와 같은 존재자가 어떻게 존재하고 있느냐가 하이데 거의 관심거리입니다. 오해의 여지가 있는 표현일지도 모르지만, 존재 자의 존재양식을 말하고 있는 것으로 보아도 좋겠습니다.

여기서 하이데거는 자신의 존재론을 종래의 형이상학과 구별합니 다. 종래의 형이상학은 존재자에만 관심을 두고 그 존재자의 본질을 찾으려고만 해 왔지, 존재를 도외시했다는 것이지요. 그래서 하이데거 는 파르메니데스, 플라톤, 아리스토텔레스, 토마스 아퀴나스를 거쳐 근 대에 이르는 서양의 형이상학을 존재망각의 역사라고 주장합니다. 여 기서 '존재망각'이란 존재가 근원적으로 경험되지 않거나 사유되지 않 았다는 것을 의미합니다. 요컨대 본래는 '존재자'의 '존재'가 문제인데 도 종래의 철학자들은 그것을 잊은 채 존재자만을 문제삼아 왔다는 것입니다. 이런 점에서 하이데거는 자신의 철학을 존재의 철학이라고 합니다. 자신의 철학을 그 동안 잊혀졌던 존재를 찾는 철학이라고 보 기 때문이지요. 하이데거에게는 오히려 존재가, 존재자를 존재자이게 해 주는 그 어떤 근원적인 지평입니다.

현존재와 실존

하이데거는 인간을 특별히 현존재(Dasein)라고 합니다. 구체적으로 거기에(Da) 있는(sein) 자라는 뜻입니다. 존재가 드러나는 장소라는 의미도 함축하고 있습니다. 하이데거는 인간을 이처럼 현존재라고 바꿔 부름으로써, 그 명칭을 통해서도 인간이 존재(Sein)와 근원적으로 관계맺고 있다는 점을 부각시키려 합니다. 즉, 인간은 언제나 존재와의 연관 속에서만 인간일 수 있다고 하는 것입니다. 하이데거가 인간을 현존재라고 할 때 노리는 또 하나의 의도는, "인간은 이성적 동물이다."라는 종래의 대표적인 인간규정에 반대하려는 데 있습니다. 이러한 인간정의는 이성을 종적 본질로 생각하게 만듦으로써 인간의 본질을 인간 각각의 각자성에서 찾을 수 없게 만듭니다. 인간의 본질을 다른 것에 의거하지 않고 인간의 '존재 자체'에서 찾아야 할 것인데, 그것을 동물이라는 생물성의 차원에서 찾게 만든다는 것입니다. 그런 고전적인 정의는 인간의 본질을 인간이 아닌 인간 밖의 어떤 관점에서 찾는 것이나 마찬가지입니다. 중세나 근대에 인간을 신이나 절대정신과 같은 것에 의해 고찰했던 것처럼 말이지요.

그런데 하이데거에 의하면, 현존재인 인간은 다른 존재자와는 전혀 다른 특이한 존재자입니다. 왜냐하면 인간은 다른 존재자와는 달리 스스로 존재하면서 자기의 존재를 항상 문제삼고 있기 때문입니다. 돌이나 책상과 같은 사물은 결코 자신의 존재를 문제삼을 수 없습니다. 그러나 인간은 날 때부터 특정한 본질이 미리 정해져 있는 존재자가 아닙니다. 그렇기 때문에 인간은 스스로의 존재를 문제삼을 수 있고 자기의 존재방식에 관심을 가지는 존재자입니다. 인간이 자신의 존재를 문제삼는다는 것은 자신의 현재의 존재방식에 의문을 품고 새로운 존재방식을 모색한다는 뜻입니다. 즉, 현존재는 존재하면서도 어떻게 존재해야 하는가를 스스로 결정해 가는 존재자입니다. 하이데거는 이렇게 자기의 존재를 스스로 문제삼고 거기에 관심을 쏟는 인간현존재를 실존(Existenz)이라고 합니다.

한편, 현존재는 대단히 중요한 특이한 성격을 지니고 있습니다. 그것은 현존재가 자신의 존재와 다른 존재자들의 고유한 존재를 불명료하게나마 이해하고 있다는 사실입니다. 예를 들어 저 창문 밖에 푸른 나무가 존재합니다. 그리고 현존재인 나는 그 나무가 저기에 존재한다는 것을 알고 있습니다. 나무는 존재자이며, 이 존재자의 있음(존재)을 나는 이해하고 있습니다. 이처럼 존재이해는 오직 현존재만이 지니고 있는 특징입니다. 현존재의 존재양식 중 하나가 존재이해라는 말입니다. 그리고 하이데거는 현존재의 존재이해라는 존재양식을 분석함으로써 존재일반의 의미를 해명할 수 있다고 생각합니다. 그러한 점에서 과연 현존재는 말 그대로 존재가 드러나는 장소인 것입니다.

세계-내-존재

이처럼 인간은 존재를 이해하는 탁월한 존재자입니다. "존재란 무엇인가?"라고 묻는 자(현존재)의 존재를 문제삼음으로써 존재일반을 해명하려는 것은, 하나의 존재자의 존재로부터 존재일반의 존재를 해명하려는 것입니다. 그래서 하이데거는 현존재의 실존론적 분석이, 일반적 존재론을 세우기 위한 기초가 된다는 점에서, 기초존재론의 역할을 수행한다고 생각합니다. 그런 의미에서 『존재와 시간』의 내용 전체가 기초존재론이라고 할 수 있습니다.

하이데거는 먼저 일상 삶에서 나타나는 현존재를 분석하면서 현존재를 '세계-내-존재(In-der-Welt-Sein)'라고 규정합니다. 여기서 하이데거가 '-'표시를 하여 낱말을 모두 연결시켜 표현하고 있는 것은, 현존재가 세계와 뗄래야 뗄 수 없이 연관되어 존재한다는 점을 강조하고 부각시키기 위해입니다. 세계는 우리가 본래부터 참여하고 깃들여 사는 주어진 조건입니다. 우리는 전통철학자들이 생각해 왔던 것처럼 저 세계를 관찰하고 인식하는 존재가 아닙니다. 마치 세계가 우리와 다른 것인 양, 세계를 따로 격리시켜 탐구하고 지식을 얻고 관계하려 하는 것은 잘못입니다. 오히려 인간현존재는 세계와 분리되어 있는 것이 아니라, 이미 세계 속에 들어와 존재하고 있으며, 세계의 일부이고, 세계에 대처하고, 세계와 왕래하는 존재자입니다. 인간이 세계 속에 들어와 있으면서 세계와 관계하는 방식은 무수히 다양합니다. 실제로 사람들이 살아가는 모습을 들여다 보십시오. 사람들은 "어떤 것에 관여한다, 어떤 것을 만든다, 어떤 것에 주의를 기울이고 돌본다, 어떤 것을 사용한다, 포기한다, 분실한다, 시도한다, 성취한다, 탐지한다, 물어 본다, 고찰한다, 서로 토론한다, 규정한다……"는 식으로 살아가고 있습니다. 이렇게 세계 속에 들어와 실존한다는 것은 행위한다는 것입니다. 이와 같은 식으로 살아가는 현존재의 태도를 하이데거는 배려(Besorgen)라고 합니다. 즉, 현존재의 세계 내 존재방식은 배려라는 것입니다.

그런데 하이데거는 현존재가 호모 사피엔스, 즉 예지인이 아니라, 호모 파베르, 즉 공작인이라고 보고 있습니다. 현존재는 눈으로 세계를 보는 자가 아니라 손으로 세계와 교섭하는 자라는 것입니다. 이러한 인간규정은 데카르트에서 후설로 이어지는 전통인시론을 철저히 뒤집고 비판하는 것이라고 할 수 있습니다. 하이데거는 전통인식론의 틀인 주관-대상의 관계가, 우리가 사물과 맺는 관계를 충실하게 기술하고 있는지를 살펴본 후, 전혀 그렇지 못하다는 사실을 알게 됩니다. 예를 들어 목수가 망치질을 할 때, 망치가 제대로 기능하고 있고, 목수가 망치질을 잘 한다면, 그 목수는 거침없이 망치를 사용합니다. 이때 목수는 망치라는 대상을 지향하는 주관이 아닙니다. 목수는 전혀 그 망치에 대해 생각할 필요가 없습니다. 솜씨 있게 망치를 사용하면서, 그는 자식의 얼굴을 떠올리고 웃음 지을 수도 있고, 저녁에 있을 동료와의 즐거운 술자리를 떠올릴 수도 있습니다. 이런 차원에서는 주의와 의식이 전혀 필수적인 역할을 하고 있지 않는 것이지요. 하이데거는 이런 일상의 숙련된 대처방식을 '원초적 이해'라고 하고, 그 때 마주치는 존재자들을 '손 안에 있는 것', 즉 '도구적 존재'라고 합니다.

앞에서도 말했지만 인간은 이미 세계 속에 들어가 세계에 대처하는 존재입니다. 그러면서 뭔가 일이 잘못되었다고 생각될 때, 비로소 문제를 푸는 주관, 즉 이성적인 동물이 됩니다. 예를 들어 목수가 망치를 사용하다가 망치가 작업을 하기에 너무 무겁다는 생각이 들면, 그 때서야 다른 망치가 더 나을 것이라고 생각하고 망치를 교환합니다. 하이데거는 문제가 생겼을 때 사물이 우리에게 드러나는 방식을 '손에서 벗어나 있음'이라고 합니다. 그리고 이 부차적인 차원에서 주관객관을 전제하는 인식론이나 후설의 현상학이 시작된다고 보는 것입니다. 이 인식론적인 차원에서 우리는 사물과 또 다른 방식으로 마주치게 되는데, 하이데거는 그것을 '눈 앞에 있음(대상적 존재)'이라고 합니다. 이 때 우리는 망치를 바라보는 데 거리를 두면서, 망치를 쇠뭉치가 달린 나무자루로 볼 수 있습니다. 이 경우 망치는 속성을 가진 실체로 등장하는 것이지요. 전통철학자들은 이런 차원에서만 사물들을 보아 왔으며, 주어와 술어를 구분하여 성립하는 술어논리도 이런 차원에서나 성립되는 것입니다. 요컨대 우리의 일상적 삶에서 대개의 경우 우리가 사물에 대해 의식적으로 주의를 기울이게 되는 것은, 무엇이 잘못되었거나 어떤 특수한 문제가 일어날 때뿐입니다. 이런 차원은 결코 근원적인 단계가 아닙니다. 근원적인 단계에서 인간현존재는 우선 세계와 함께, 세계 안에서, 세계를 대하면서 존재하고 있는 것입니다.

환경으로서의 세계와 공동세계

한편 하이데거는 도구적 존재를 통해 세계의 구조를 분석해 나갑니다. 현존재가 세계 속에서 만나는 것은 그냥 사물이 아니라 도구입니다. 즉, 우리의 일상적 삶에서 존재자는 우선 도구로 드러나는 것입니다. 예를 들어 우리의 생활과 아무런 관계가 없이 그냥 있을 때 길가의 돌들은 단순한 사물이지만, 뭔가를 하기 위해 내가 그 돌들 중의 하나를 집어들었을 때 그것은 도구가 됩니다. 하이데거에 의하면, 도구는 모두 무엇인가를 '위한' 도구입니다. 그릇은 뭔가를 담기 위한 것입니다. 창문은 바람을 막거나 방안을 환기시키기 위한 것입니다. 연필은 무엇을 쓰기 위한 것입니다. 그리고 도구는 반드시 목적들의 지시연관의 전체 안에서 그 존재의미가 있습니다. 예를 들어 톱은 널빤지를 자르기 위한 것입니다. 널빤지는 책장을 짜기 위한 것입니다. 책장을 짠다는 것은 현존재가 책을 훼손되지 않게 가지런히 잘 보관하기 위한 것입니다. 따라서 톱은 널빤지를 지시하며, 널빤지는 궁극적으로 책을 잘 보존하려는 현존재의 관심을 지시합니다. 모든 도구적 존재자는 이러한 목적연관의 전체 안에서 자신의 존재의미를 획득하고, 이러한 목적연관의 체계 내에서 자신을 드러냅니다. 이처럼 톱은 널빤지를 자르기 위해, 널빤지는 책장을 짜기 위해 하는 식으로 그 목적이 되는 무엇을 계속 거슬러 올라가면 나중에는 '목적이 되는 누구'인 현존재에 이르게 됩니다. 따라서 현존재가 없다면 도구의 존재의미도 없는 것입

현 상 학 과   실 존 철 학

니다. 이렇게 결국 현존재에서 끝나는 도구연관의 전체를 하이데거는 환경으로서의 세계(Umwelt)라고 불렀습니다.

그런데 우리가 살고 있는 세계에는 도구만 존재하는 것이 아닙니다. 다른 현존재, 즉 타인들도 존재하고 있습니다. 제 정신을 가진 사람이라면 나 혼자만 이 세계에 존재한다고 생각하지 않을 것입니다. 그러나 이전의 후설과 같은 데카르트주의자들은 자율적이고 고립된 주관으로부터 철학을 시작했기 때문에, 타인의 마음의 실재성에 대해서 회의적인 태도를 취해 왔습니다. 반면에 하이데거는 처음부터 타인들을 고려합니다. 하이데거에 의하면 모든 현존재는 이미 문화가 우리에게 제공하고 있는 가능성의 공간 안에 있습니다. 숙련되게 상황에 대처하는 방식, 가능한 공동의 무엇 등을 공유할 때에만 우리는 현존재가 되거나 우리 안에 현존재를 갖게 된다는 것입니다. 현존재는 언제나 이미 타인과 함께 살아가는 □함께 있음 공동존재, Mitsein)이'라는 것입니다. 현존재는 저마다 일반적으로 사회 안에서 누구나 하는 바로 그 일을 하고 있습니다. 우리 문화에서 나는 다른 보통사람들이 김치를 먹기 때문에 김치를 먹습니다. 나는 우리 나라 사람들이 한국어를 사용해 왔기 때문에 한국어를 사용하게 되었습니다. 나는 다른 교수들이 가르치는데 분필을 사용하기 때문에, 분필을 사용합니다. 그래서 하이데거는 대개 인간은 통상적인 규범으로부터 거리를 둘 수 없다고 말합니다. 통상적인 규범에 꼭두각시처럼 순응하는 것이 현존재를 구성한다고 할 수 있습니다. 그러면서 우리는 언제나 이 타인들에 대해 마음을 쓰면서(고려, Fürsorgen) 살아갑니다. 사랑하는 사람이 참 잘 어울리는 옷을 입었을 때, 고혹적인 모습이라고 칭찬해 줄 줄 압니다. 술에 취해 시쳇말로 필름이 끊기는 사람에게 걱정하면서 안주를 충분히 들라고 충고해 줍니다. 교수는 가르치면서 학생의 학업성취의 욕을 고려합니다. 학생은 수업을 들으면서 교수의 기분을 고려합니다. 하이데거는 이처럼 타인을 고려하면서 타인과 함께 살아가는 세계를 공동세계(Mitwelt)라고 했습니다.

퇴락한 인간

그런데 하이데거는 대개의 경우 공동세계 속에서 만나는 타인과 내가 본래의 자기가 아니라 평균화·획일화되어 있는 세상사람에 불과하다고 합니다. 그래서 하이데거는 이런 평균적인 세상사람을 독일어의 부정 인칭 대명사의 대문자인 das Man으로 표기합니다. 실제로 "man sagt ……"를 번역할 때 우리는 구체적인 누구를 지칭하지 않고 "……라고 들 한다"라고 해석하지요. das Man은 어느 누구라도 괜찮고, 또 어느 누구도 아닌 혹자입니다. 하이데거는 평균적인 일상인이 본래의 자기가 가려져 있는 비본래적인 방식으로 살아가고 있다고 보고, 그런 모습을 퇴락한 상태라고 표현합니다. 퇴락한 상태로 살아간다는 것은 깊이와 전체성이 결여된, 얄팍하고 산만한 삶을 살아간다는 사실을 뜻합니다.

예를 들어 현대를 살아가는 우리 주변 사람들의 하루 생활모습을 추적해 봅시다. 일상인의 삶은 대개 마치 자동인형과 같은 차원에서 영위됩니다. 사람들은 무엇을 위한 것인지도 모르고 그냥 습관적으로 아침에 일어나 세수를 하고, 화장을 하고, 차를 몰고 직장에 나갑니다. 동료들과 무덤덤하게 인사를 나누고, 책상 위의 컴퓨터를 켜고 자판을 두드립니다. 점심 때가 되면 통상적인 메뉴로 식사를 하고, 커피를 마시며 잡담을 나누기도 합니다. 근무가 끝나면 집에 돌아와 식사를 한 후, 텔레비전을 켜고 가십거리가 없나 채널을 돌리다가 얄팍한 호기심으로 스포츠 중계나 연예가 소식을 보다가 잠자리에 듭니다. 비본래적 삶이란 이렇게 일상의 정형화된 틀에 아무 생각 없이 순응하면서 기계적으로 살아가는 모습을 말합니다. '화장을 하는 것', '차를 운전하는 것', '직장에 나오는 것', '컴퓨터를 사용하는 것'은 모두 처음에는 그 목표와 절차를 의식하고 기획활동에 의해 수행한 행동이었습니다. 그러나 이런 행위가 반복되어 습관이 되면, 그 본래적인 의미를 모두 잊게 됩니다. '자동차', '컴퓨터'가 원래 가지고 있는 사물의 존재의미를 잊어버립니다. 비본래적인 퇴락한 삶은 이처럼 순응자가 되어 통상적 규범에 따라 살아가는 삶입니다. 공동생활의 익명성에 자신을 숨기면서 그럭저럭 살아가는 것입니다. 이러한 삶은 사물이나 타인에 대한 진정한 애정이나 관심을 보여 주지 않습니다. 삶에 통일성과 깊이가 결여되어 있어서 공허감과 권태에 시달립니다. 그리고 그것을 잊기 위해 쾌락적·감각적인 오락거리를 찾아 나섭니다. 틈만 나면 무리지어 돌아다니면서 외로움을 잊으려고 합니다. 그렇다면 평균적인 세상사람은 왜 이런 비본래적이고 퇴락한 삶에 그냥 자기를 내맡기고 있는 것일까요?

불안과 죽음

그것은 바로 불안(Angst)을 잊기 위해, 또 불안에서 도피하기 위해 입니다. 그러면 현존재에게 불안이 찾아드는 이유는 무엇일까요? 하이데거에 의하면, 모든 현존재는 이 세계에 들어와 존재하는 방식이 근거가 없다는 것을 어렴풋하게나마 알고 있습니다. 앞에서도 언급했듯이 인간은 Dasein, '거기에 있는 자'입니다. 이것은 인간현존재가 어디로부터 와서 어디로 가는지 알지 못한 채 이 세계 속에 내던져져 있다는 것을 의미하기도 합니다. 과연 인간은 태어난 이유도 모르면서 살아가는 존재입니다. 어느 날 갑자기 정신을 차리고 보니까 그냥 세상에 살고 있었던 것입니다. 근원도 모르고, 뿌리도 없고, 돌아갈 곳도 모르면서 우연히 세계 속에 내동댕이쳐진 것입니다. 하이데거는 이런 현존재의 조건을 '피투성(Geworfenheit)'이라는 말로 표현합니다. 이것은 애초부터 인간의 본질이 없었다는 것을 뜻합니다. 하이데거에 의하면 바로 현존재의 이러한 무근거성이 우리를 불안하게 합니다. 현존재는 안주할 곳이 없습니다. 불안은 근본적으로 안주할 수 없다는 것에 대한 현존재의 반응입니다. 불안은 곧 현존재의 순전한 무규정성에 현존재가 압도당할 수밖에 없다고 느꼈을 때 나타나는 기분입니다. 하이데거에 따르면, 우리는 불안이라는 현존재의 이 근본정조를 떨쳐버릴 수 없습니다. 불안은 안주할 곳 없는 인간에게는 숙명적인 것입니다. 그런데도 대개의 경우 사람들은 이 불안을 부정하기 위해 자기가 처한 진정한 상태를 외면하며 살고 있습니다. 사람들은 일상생활에서 이 불안을 잊으려고 애를 쓰지만, 그것은 본래의 실존에서 퇴락한 사람들이 하는 짓입니다. 그들은 잠시 불안을 잊을 뿐이지 결코 그것에서 벗어나지 못합니다.

　게다가 불안은 인간이 죽을 수밖에 없는 존재, 즉 죽음에 이르는 존재(Sein zum Ende), 또는 종말에 이르는 존재(Sein zum Ende)라는 사실을 자각시켜 줍니다. 불안 속에서 인간은 회피할 수 없는 죽음과 세계의 허망함을 마주하게 됩니다. 물론 여기서 죽음은 일종의 생물학적 죽음이 아니라 '실존론적 죽음'입니다. 실존론적 죽음은 현존재가 시간 제약성 속에 존재하고 있음을 말해 주고 있습니다. 하이데거에 의하면, 죽음은 현존재를 "가장 고유하고 고립된, 더 이상 관계지을 수 없고, 더 이상 넘을 수 없는 극단적인 가능성"으로 내던지는 것입니다. 우리가 살아있을 때 죽음은 목격될 뿐 경험할 수 없습니다. 나는 언젠가는 죽어야 하지만 언제 죽을지 모르기 때문에, 죽음은 언제나 절박한 가능성으로 존재하고 있습니다. 또 죽음은 경험도 예측도 할 수 없기 때문에 우리에게 알려질 수 없습니다. 그러나 죽음은 우리 각자의 가장 내밀하고 개인적인 사건이며, 가장 가능한 것인 동시에 내 모든 가능성을 일거에 무화시켜 버리는 것입니다. 앞으로 다가올 나의 죽음은 어느 누구도 대신 맡아 해 줄 수 없는 가장 외로운 체험일 것입니다. 그래서 장켈레비치는 이러한 내 죽음을 1인칭 죽음이라고 했습니다. 1인칭의 죽음은, "너는 죽는다. 너는 죽었다, 너는 죽을 것이다."와 같이 2인칭 죽음의 3시제로 서술될 수 없습니다. 또 에피쿠로스가 말했듯이 "나는 죽었다."고 하는 것도 불가능하며, "나는 죽는다."는 것은 불확실하고 명확하지도 않습니다. 1인칭의 죽음은 과거형으로는 표현될 수 없고, 현재형으로는 명확하게 생각될 수 없지만, 미래형으로는 확실하게 말할 수 있습니다. 현재시점에서 "나는 죽었다."는 불가능한 명제이지만, "나는 죽을 것이다."는 확실한 명제입니다.

그러나 우선 그리고 대부분의 경우, 현존재는 가차없는 가능성인 죽음의 짐을 짊어지려 하지 않고 그것으로부터 도피합니다. 이 가차없는 가능성에 대해서 계략을 꾸미려 하거나, "나는 아직 젊다, 나는 아직 건강하다."라고 하면서 피해 보려는 구실을 찾는 것은 허망한 짓입니다. 하이데거가 말하듯이, 사람은 태어날 때에 죽을 수 있을 만큼 충분히 늙었습니다. 또 이탈리아 소설가 디노 부자티의 말처럼 나는 "남이 모르는 노인"일 뿐입니다. 한 시간 후에 트럭과 충돌해서 몸이 부서질 30대의 자동차 운전자는 아주 늙었고, 내일이면 심장마비로 죽어 버릴 40대의 사람도 아주 늙었고, 10일 후에 익사할 소년도 아주 늙었습니다. 그런데도 현존재는 "사람들은 언젠가는 죽지만 나는 아직 죽지 않았다(아직 아니다)."라고 자기를 안심시킵니다. 그러면서 죽음을 토론의 대상으로 삼기도 하고, 마치 평범하고 일상적인 사건인 것처럼 취급합니다. 죽음의 실제적인 의미를 왜곡하고 정면으로 대결하기를 거부하는 이러한 일상인의 죽음의식을 장켈레비치는 '3인칭의 죽음'이라고 표현하였습니다.

죽음에 대한 선구, 피투적 기투

그러나 하이데거는 "죽음 없이는 현존재가 본래적으로 존재할 수 없다."고 합니다. 죽음은 현존재가 본래적으로 존재할 수 있는 가능성을 마련해 주는 유일무이한 사건입니다. 죽음은 현존재의 진정한 자기 발견과 세계의 근원적인 개시를 가능하게 해 주는 통로입니다. 과연 죽음은 우리에게 엄숙하고 진지한 결단을 요구하는 사건입니다. 죽음 앞에서 우리는 의미 있다고 착각하고 집착해 왔던 모든 것이 사실은 상대적이고 허망한 것들이라는 사실을 깨닫습니다. 죽음 앞에서는 권력, 재산, 명예 등 모든 세상적인 것들이 한낱 피상적 가치들로 물거품처럼 스러져 버리고 만다는 것을 우리는 경험합니다. 죽음은 이러한 외면적·표피적인 가치들이 사실은 비본래적이었다는 것을 자각하게 합니다. 이것을 깨달음으로써 현존재는 자기의 가장 고유한 존재가능성을 확인하게 됩니다. 결국 현존재의 죽음이라는 극단적인 가능성은 다른 모든 가능성들에게 위계와 질서를 부여하고 이를 통해 실존의 전체성과 통일성을 가능하게 해 주는 가능성인 것입니다. 따라서 우리는 죽음의 경험으로부터 도피하지 말아야 합니다. 죽음을 경험한다는 것은 현존재가 항상 이미 죽음 앞에 내던져져 있다는 사실을 깨닫는 것이며, 그것을 통해 현존재의 실존방식이 전적으로 뒤바뀌는 것을 의미합니다. 이렇게 죽음 앞에서 물러서지 않고 당당하게 직면하는 것을 하이데거는 죽음에로의 선구(das Vorlauf zum Tode)라고 했습니다.

죽음에로의 선구는 현실적으로는 살아 있지만, 사유의 차원에서 죽음을 향해 먼저 뛰어가 보는 것입니다. 죽음에 대한 선구는 현존재에게 새로운 지평을 열어 줍니다. 그것은 현존재가 죽음에 이르는 존재라는 유한성의 자각, 다시 말해 인간이 영원히 살 수 없는 시간적 존재라는 자각에서 나오는 결단입니다. 인간이 영원히 산다면, 성실하게 살아야 한다든가, 올바르게 살아야 한다는 말이 대체 무슨 의미가 있겠습니까? 우리가 시기를 놓치지 않고 학창시절에 시간에 쫓겨 가면서 열심히 공부하는 것이 무슨 소용이 있겠습니까? 보브와르도 말했듯이, 인간의 시간은 조직될 수 있는 시기와 순간의 연속으로 분절되어 있습니다. 그 이유는 바로 우리가 영원을 소유하지 않았기 때문입니다. 비록 영원이 존재한다 하더라도, 그 영원은 자신의 유한성에서 자신의 의미를 찾아 내는 우리의 현재 삶과는 아무런 관계가 없는 것입니다. 인간이 예고도 없이 죽을 수밖에 없는 존재라는 유한성의 자각은 현존재의 현실적인 삶의 구조를 변경하고 새롭게 조명할 수 있는 계기를 마련해 줍니다. 그리하여 삶의 목적을 막연한 미래로 미루지 않고 바로 현재의 삶에서 충분한 의미 실현이 이루어지도록 살아가게 만듭니다.

따라서 현존재는 이제 그저 던져진 존재에 그치지 않고 미래를 향하여 기획하고 계획하는 삶을 살아가게 됩니다. 하이데거는 이처럼 자기를 미래를 향해 내던지는 것을 기투성(Entwerfen)이라고 했습니다. 던져져 있음, 즉 피투성이 과거적 필연성이라면, 내던짐, 즉 기투성은 미래적 가능성입니다. 이 세계는 현존재가 자신을 위해 기투해야 할 세계이기도 한 것입니다. 이제 우리는 던져져 있다는 과거적 필연성에 밀리기만 하거나 아무 하는 일 없이 막연히 미래를 기다리는 것이 아니라 진지하게 나의 미래를 스스로 결정하면서 살아나가야 합니다. 하이데거에 의하면, 그것은 양심의 소리에 따름으로서만 가능합니다. 양심이란 세상사람의 일상성 속에 파묻혀 잊혀져 있던 본래의 자기가 자기 자신을 되찾으려는 부르짖음입니다. 이 양심의 소리에 따라 본래의 자기가 된다는 것은 "던져져 있으면서 앞으로 내던지는(피투적 투기, geworfener Entwerf)" 실존으로 있다는 것을 의미합니다. 궁극적인 존재가능으로서의 죽음에 대해서도 앉아 기다리거나 불안에 허덕이고만 있는 것이 아니라 스스로 앞질러 죽음을 떠맡기로 결의하는 것입니다. 그리고 그 때 '죽음의 불안'은 오히려 '죽음에의 자유'가 됩니다. 죽음은 어떻게 살아야 하는가 하는 윤리적 계기를 인간의 의미관련

속에 부가하는 것입니다. 이처럼 하이데거는 죽음을 통해 실존의 근원적 한계를 설정함으로써 우리들의 삶에 통일성을 부여하고자 하였습니다.

하이데거의 『존재와 시간』은 참혹한 제1차 세계대전을 겪고 난 당시 유럽인들의 지적 고뇌와 불안, 어두운 시대상황을 반영하고 있다고 할 수 있습니다. 하이데거는 삶이 아니라 죽음에서 인간실존의 구성계기를 찾았기 때문입니다. 필자가 보기에 하이데거는 인간의 죽음의 문제를 그 어느 철학자보다도 심도있게 천착한 인물로 생각됩니다. 죽음의 비극적 의미를 밝히려는 작업은 이미 소크라테스 시대부터 시작되었습니다. 플라톤의 대화편 『파이돈』에서 우리는 '철학은 죽음의 연습'이라는 구절을 발견합니다. 죽음이 언제 닥쳐오더라도 그것에 굴하지 않고 당당하게 맞아들일 수 있는 철저한 사생관을 확립하는 것이 철학하는 목적이라는 뜻으로 보면 되겠지요. 하이데거의 전기 철학은 죽음에 대한 사색이 삶의 가치를 깨우쳐 준다는 점을 시사하고 있습니다. 실제로 자신이 죽을 것이라는 의식은 타자를 위해 또 자기 자신을 위해 예사로 인생을 살지 말라는 자기 권유가 될 수 있는 것입니다. 그런 점에서 죽음에 대한 사유와 삶에 대한 사유는 배타적이 아니라 보완적입니다. 삶만을 생각하는 것은 죽음에 비극적인 성격을 부여합니다. 죽음만을 생각하는 것은 삶을 귀중하고 연약한 것으로 생각하게 만듭니다. 그러나 충만하게 삶을 살아가는 사람은 죽음의 위험을 적극적으로 의식하고 수용합니다. 그래서 칼 융은 이렇게 말했습니다.

"그 순간이 닥쳐와도 죽음을 가장 평온하게 받아들이는 사람들은 가장 충만하고 가장 행복한 실존을 향유한 사람들이다."

후기 하이데거는 현존재의 기투로 구성되는 존재사건에서 존재 자체에로 사유의 방향을 선회합니다. 여기서 하이데거는 존재의 사건으로서의 진리를 언어를 통해 해명합니다. 그래서 후기 하이데거의 존재론은 전기의 기초존재론과 대비하여 언어존재론이라고 합니다. 하이데거에 의하면 언어는 존재의 집이며, 인간은 언어라는 집 속에 살고 있습니다. 즉, 언어는 존재의 언어이며, 인간이 언어를 경험하는 것은 존재를 경험하는 것입니다. 하이데거에게 언어는 인간의 표현이 아니라 존재의 출현이며, 사유는 인간을 표현하는 행위가 아니라 존재가 스스로 언어 사건으로 드러나게 만드는 행위입니다.

또한 후기 하이데거는 존재 역운의 역사를 이야기합니다. 역사는 존재의 개시와 은폐, 진리와 비진리에 의해 생기한다는 것입니다. 하이데거에 의하면, 모든 역사적 시대는 존재의 의미에 대한 특정한 이해를 전제하고 있습니다. 예컨대 고대 그리스 시대에는 존재자가 존재한다는 것이 '모든 존재자의 보편적 특성으로서 눈 앞에 존재'한다는 것을 의미하였습니다. 중세에서 존재자가 '존재한다'는 것은 '신의 피조물로서 존재한다'는 것을 의미하였습니다. 근대에 존재자가 존재한다는 것은 '조작되거나 사용될 수 있는 대상으로서 존재한다'는 것을 의미하였습니다. 또 현대의 과학기술시대에서 존재자가 존재한다는 것은 인간까지도 "효율적으로 사용되고 소모되어야 할 에너지들의 덩

어리로서 존재한다.”는 것을 의미하고 있습니다. 이런 시각에서 볼 때 ‘존재’라는 말의 이해는 한 시대의 세계관 전체를 궁극적으로 규정하고 있는 것입니다. 따라서 하이데거는 한 시대를 극복하기 위해는 그 시대를 지배하는 존재이해와 대결해서 그 존재이해를 극복하는 것이 필요하다고 생각합니다. 그리고 종래의 이런 존재이해들은 모두가 원래 존재가 ‘밝힘’이라는 의미를 망각하고 있는 그릇된 이해라고 합니다. 후기 하이데거의 철학은 전기보다 훨씬 더 난해합니다. 이를 풀어 설명하는 작업은 훗날 제2권에서 이루어질 것입니다.

사르트르의 무신론적 실존철학

생 애

장 폴 사르트르(Jean Paul Sartre, 1905~1980)는 1905년 프랑스 파리에서 태어났습니다. 한 살 때 해군 장교였던 아버지가 베트남에서 열병으로 세상을 뜨자 어머니가 친정으로 돌아갔기 때문에, 그 후 10년 동안 사르트르는 외가쪽의 조부모 밑에서 성장하였습니다. 외조부는 알버트 슈바이처 가문의 사람으로서 뛰어난 독일어 교사·독서가·장서가였으므로, 어린 사르트르는 자연히 책을 가까이 대하는 습관을 몸에 지니게 되었습니다.

1917년 사르트르의 어머니가 재혼을 하게 되는데, 어머니의 재혼은 사르트르에게 일종의 배반으로 느껴져 상당한 충격을 주었습니다. 이 때 느꼈던 소외감은 의부에 대한 의식적 반항으로 이어집니다. 나중에 사르트르는 자신이 12살 때인 이 당시에 이미 신이 존재하지 않는다고 단정해 버렸으며, "그 후 내 생각은 전혀 달라진 것이 없다."고 술회하였습니다.

사르트르는 1924년 명문학교인 파리고등사범학교에 입학하였고 여기에서 보부와르, 아롱 등과 교유합니다. 특히 보부와르는 계약결혼 관계를 맺은 사르트르의 실질적 아내이며, 평생의 지적·정신적 동반자가 되었습니다. 1928년 고등사범학교를 졸업하고 1929년 고등학교 및 대학교수자격시험에 합격한 다음, 1931년 르 아브르고등학교의 철학교사로 교편을 잡기 시작하였습니다. 그 후 1939년에 위생병으로 입대하자 제2차 세계대전이 발발되었고, 전투에 참가해 보지도 못하고 독일군의 포로가 되었습니다. 석방되자 파리의 콩도르세중학교 철학교사로 복직하지만 문필활동에서 얻는 수입으로 저술활동에 전념할 수 있었기 때문에 곧 교사직을 그만두게 됩니다.

사르트르의 사상과 행동에 결정적인 전기가 된 것은 제2차 세계대전이었습니다. 그는 전쟁의 체험을 계기로 자아에서 집단으로 사상의 초점을 옮기고, 고독한 엘리트 의식에서 벗어나 정치적 세계로 뛰어들었습니다. 실제로 사르트르는 약 4년 동안 독일에 대항해서 레지스탕스 활동을 벌이기도 하였습니다. 제2차 세계대전 이후 몇 년 간의 시기는 사르트르의 평생에서 가장 화려하고 다산적이었던 시기입니다. 그는 이른바 실존주의의 기수로서 부각되어 맹활약을 전개하였습니다.

1960년을 전후한 몇 년간은 사르트르가 지식인의 양심으로 거의 우상화되었던 시기입니다. 물론 그것은 그의 저서 때문이기도 하지만, 그보다도 알제리 전쟁에 반대하는 운동의 제일선에서 전개된 그의 다채롭고 적극적인 행동 때문이었습니다. 말년에도 사르트르의 정치참여는 계속됩니다. 동서 양진영에서 자행되는 여러 압제과 부정에 항의하는 서명운동에 동참하고 성명서를 발표합니다. 베트남 참전에 반대하기도 했고, 헝가리 자유혁명을 지지하기도 했습니다. 한국정부가 김지하를 반공법으로 잡아 가두었던 것에 대해서도 비난을 보내고 그의 석방을 위해 노력을 하겠다고 선언하기도 하였습니다. 1974년 그는 건강상의 이유로 모든 저널리즘에서 손을 떼고 1980년 폐수종(肺水腫)으로 죽었습니다. 사르트르는 다방면에 걸쳐 많은 작품을 내놓았습니다. 소설로서는 『구토』와 『벽』, 3부작인 『자유에의 길』 등이 있고, 희곡으로는 『파리떼』, 『더러운 손』, 『유폐된 방』 그리고 철학책으로는 『존재와 무』, 『실존주의는 휴머니즘이다』, 『변증법적 이성비판』 등이 있습니다. 사르트르는 1964년 노벨문학상 수상자로 지명되었으나 수상을 거부한 것으로도 유명합니다.

즉자와 대자

사르트르는 처음에 후설의 현상학에 영향을 받은 현상학자로서『구토 (*Nausea*)』라는 기념비적인 소설을 썼습니다. 그 후 하이데거의 저서를 읽고 그의 실존주의 철학을 받아들입니다. 그렇게 해서 나타난 철학적 저작이『존재와 무(*l'être et le néant*)』입니다.『존재와 무』는 따라서 후설의 현상학과 하이데거의 실존주의 철학을 접목시킨 책이라고 볼 수 있습니다. 실제로『존재와 무』는 후설의 현상학에 따라 개별적인 의식 주관을 기초로 해서, 하이데거가 말하는 죽음, 불안, 존재와 무 등에 관해 이야기합니다. 하이데거의 입장에서 볼 때 이런 서술방식은 자기 의 철학을 완전히 곡해한 것입니다. 하이데거는 인간의 의식주관을 강 조했던 후설의 철학, 즉 데카르트적 가정에서 벗어나려 했던 사람이기 때문입니다. 하이데거철학의 전공자인 미국의 드레퓌스 교수가 하이 데거를 방문했을 때『존재와 무』독일어 번역판이 책상 위에 있어서 그 책을 읽고 있느냐고 물었습니다. 하이데거는 "어떻게 이런 쓰레기 를 읽는단 말입니까?"라고 대답하였습니다. 사르트르가 하이데거의 철 학을 왜곡하여 '세계-내-존재'를 '의식-내-존재'로 만들어 버렸기 때문 입니다. 그러나 어쨌든『존재와 무』는 오늘날에도 실존주의 철학을 대 표하는 책으로 자리잡고 있습니다.

모든 실존철학이 그렇듯이 사르트르철학의 근본적인 관심사도 인 간의 실존방식을 해명하는 데 있습니다. 전통적으로 철학자들은 인간의 본질 규정에 따라, 즉 인간의 종차에 따라 정의하여 왔습니다. 인간은 이성적 동물이라느니, 인간은 사회적 동물이라느니, 상징적 동물이라느니 하는 식으로 정의하는 것입니다. 그러나 사르트르가 알고자 하는 것은 인간의 이러한 본질규정이 아니라 먹고, 자고, 느끼고, 생각하고, 사랑하고, 교제하고, 노는 구체적인 인간입니다. 우선 사르트르는 헤겔의 용어를 빌려 존재를 두 가지 양식으로 나눕니다. 그는 대상으로서의 존재를 즉자(卽自, en-soi)라 하고, 의식으로서의 존재를 대자(對自, pour-soi)라고 합니다. 즉자와 대자는 고정된 존재 자체가 아니고 존재양식을 의미합니다. 왜냐하면, 앞으로 설명하겠지만, 인간과 같은 존재는 경우에 따라 즉자로서도, 대자로서도 존재할 수 있기 때문입니다.

즉자는 외적 주관의 세계, 내 외부에 있는 세계 전체의 존재양식을 말합니다. 즉자는 우리 의식의 대상이 됩니다. 이 즉자의 존재양식은 충족된 것으로서 그냥 그대로 존재합니다. 즉자는 스스로에 대한 의식도 없고, 단순하며 달걀처럼 그 자체로 충족되어 있습니다. 즉자는 가능하지도 않고 필연적이지도 않습니다. 즉자는 아무 근거도 없이 그냥 우연적으로 존재할 따름입니다. 예컨대 산, 물, 이 책상 등은 그냥 그대로 우연히 있습니다. 내 주위에 있는 대상의 현재모습이 반드시 현재와 같아야 할 필연적인 이유는 없습니다. 내 앞에 있는 이 책상은 얼마든지 다른 모습으로 존재할 수 있었습니다. 이 교실의 모습도 반드시 문이 둘이어야 할 필요가 없었으며, 얼마든지 다른 모습으로 장식될 수 있었습니다. 우리 눈 앞에 펼쳐진 존재의 세계가 반드시 지금과 같아야 할 필연적인 이유는 없습니다. 이처럼 사르트르는 인간 아닌 모든 존재는 즉자에 속한다고 주장합니다. 그냥 존재하는 것, 아무 이유도, 목적도 없이 존재하는 즉자는 대자의 관점에서 볼 때 구역질이 납니다. 왜냐하면 즉자는 그냥 그대로 아무 의미 없이, 우연적으로 존재하기 때문입니다. 이것이 사르트르의 소설 『구토』의 의미입니다.

『구토』의 주인공 로캉탱은 조약돌과 같은 사물과의 만남을 통해 갑자기 사물의 우연성과 무의미성을 극명히 인식합니다. 어느 날 돌연 사물들이 인간이 부여한 의미를 벗어 버리고 그 본래의 모습을 드러내면서, 그 자체로 충족되어 있는 상태로 나타날 때, 우리는 당황하게 되고, 구역질을 느끼게 됩니다. 이 때 구토는 대상의 맹목적인 존재를 설명할 그 어떤 근거도 없다는 것을 깨달았을 때 느끼는 감정입니다. 그리고 그것을 통해 로캉탱은 자신의 존재 또한 정당화될 수 없는 잉여물이라는 것을 깨닫게 됩니다. 『구토』에서 사르트르는 로캉탱의 다양한 구토경험을 묘사하면서, 모든 존재의 우연성을 드러내 보이려고 합니다. 존재에 앞서 있는 존재의 이유가 없으며, 대상이 그저 거기에 우연히 있을 뿐이라는 로캉탱의 경험은 부조리한 경험입니다. 로캉탱이 인식한 부조리는 우연성이라는 부조리입니다. 즉, 모든 대상의 존재를 설명할 수 없으며, 세계가 전혀 아무런 의미 없이 존재한다는 어이없음입니다.

　이와 반대로 대자는 의식으로서의 인간만이 가질 수 있는 존재방식입니다. 인간과 같은 의식적 존재는 자신을 위한 존재, 즉 대자적 존재입니다. 의식은 결코 대상이 될 수 없습니다. 그냥 의식으로 남을 뿐입니다. 사르트르의 이 대자(의식)는 마치 후설의 선험적 자아와 같은 것입니다. 즉, 지향성에 의해 모든 것에 의미를 부여하는 개별적 주관과 같은 것입니다. 그런데 충족되고 완결된 상태로 그냥 존재한다는 점이 즉자의 근본적인 특징인 반면에, 대자의 근본적인 특징은 충족되지 못한 채로 존재한다는 것입니다. 그래서 사르트르는 즉자를 존재라 하고 대자(의식)를 무라고 합니다. 결핍으로서의 대자는 근본적으로 불만에 차 있을 수밖에 없습니다. 따라서 대자는 그 결핍을 채워 무를 메꾸고 존재가 되려고 합니다. 인간의 소유욕, 애무행위는 이런 원리에서 나옵니다. 예를 들어 사랑하는 남녀가 서로를 포옹하고 입맞춤을 합니다. 이러한 애무행위는 서로를 아무 생각 없이 멍하게 만듭니다. 포옹과 키스는 상대의 의식을 제거하기 위한 수단입니다. 의식을 제거한다는 것은 대자로서의 상대의 존재를 부정하고 상대방을 의식이 없는 존재인 즉자로 만들어 버리는 것입니다. 상대방을 멍하게 만들어 상대를 자기 사랑의 대상으로 삼아야 하기 때문입니다. 인간이 인간을 소유할 수 없으므로 상대방을 즉자로 만들어야만 상대방을 소유할 수 있기 때문입니다. 그러나 사물의 소유는 대자가 즉자가 되기 위한 수단에 불과합니다. 결여으로서의 대자는 항상 불만스럽고 그 불만을 채우려고 애쓰며, 따라서 불안할 수밖에 없습니다.

실존은 본질에 앞선다

인간은 의식적 존재, 즉 대자로서 존재하지만 또한 자기가 태어난 시대와 장소, 사회적 조건을 떠나서는 존재할 수 없습니다. 사르트르는 이것을 여건 또는 상황(circonstance)이라고 합니다. 그런데 이와 같은 여건은 인간의 자유를 부정하는 기능을 합니다. 나는 20세기 후반에 태어났습니다. 따라서 나는 내가 존경하는 원효대사나 칸트를 만나 대화를 할 자유가 없습니다. 나는 남자로 태어났습니다. 따라서 나는 시집갈 자유가 없으며, 아이를 낳을 자유가 없습니다. 나는 한국인으로 태어났습니다. 따라서 나는 안중근 의사를 좋아하고 이토 히로부미를 싫어할 수밖에 없습니다. 눈이 먼 나는 화가가 될 자유가 없고, 두 손이 잘린 나는 피아니스트가 될 자유가 없습니다. 그러나 그 어떤 경우에도 나는 즉자로서 존재하지 않고 대자로서 의식을 갖고 그 주어진 제한된 조건하에서 어떤 행동을 선택할 자유가 주어져 있습니다. 사르트르에 의하면 가장 고통스럽고 가장 강압적인 상황 속에서조차, 우리에게는 여전히 무엇인가를 선택할 수 있는 자유가 남아 있습니다. 쇠사슬에 묶인 노예일지라도 나는 주인에게 맹목적으로 비굴하게 복종할 수도 있고, 당당하게 반항할 수도 있는 것입니다. 나는 그러한 자유가 있을 뿐만 아니라 그러한 자유를 버릴 수도 없습니다. 이처럼 어떠한 여건에서도 완전히 결정될 수 없는 대자의 힘을 사르트르는 초월(transcendence)이라고 합니다. 이 말은 주어진 여건을 넘어선다는 뜻입니다. 미래의 계획에 따라서 현재의 상황을 넘어서는 것이며, 인간이 외적인 조건에 의해 완전히 결정되지 않았다는 말입니다. 그래서 적어도 자유로서의 인간에게 "실존은 본질에 앞선다."는 것이지요. 왜냐하면 한 인간의 운명은 자기 자신의 자유로운 선택에 의해서만 결정될 수 있기 때문입니다. 이 때 자유란 끊임없이 상황을 부정하고 그것을 극복하려고 하는 인간의 근본적인 본성을 말하는 것입니다.

그러면 실존은 본질에 앞선다는 말이 무슨 의미인지를 알아보기로 합시다. 실존은 본질에 앞선다는 말이 마치 실존주의 철학을 대표하는 말처럼 인구에 회자되어 오고 있지만, 사실은 사르트르와 같은 무신론적 실존주의 철학에서만 의의를 가지는 말입니다. 우선 도구와 같은 존재가 생겨나는 과정을 생각해 보지요. 도구는 무슨 도구든지 무엇에 쓰려고 만듭니다. 그릇은 무엇을 담기 위해 만듭니다. 칼은 무엇을 베려고 만듭니다. 시계는 시간을 측정하기 위해 만듭니다. 또 이런 도구를 만드는 사람은 그 도구가 쓰이는 용도, 목적, 제작 과정, 재료 등을 다 알고 만듭니다. 예를 들어 책상은 대개 나무로 만듭니다. 책상은 공부하는 데 쓰기 위해 만듭니다. 책상은 나무를 알맞은 길이에 따라 톱으로 썰고 못을 박고, 사포로 나뭇결을 갈고, 페인트로 칠을 해서 완성합니다. 이 때 책상의 용도, 목적, 제작과정이 책상의 개념, 책상의 본질을 구성한다고 할 수 있습니다. 그런 점에서 책상과 같은 도구는 사람들이 먼저 머릿속으로 만들고자 하는 본질을 생각한 다음, 그 본질에 따라 만드는 것입니다. 도구의 본질은 그것이 실존하기 전에 이미 결정되어 있습니다. 이처럼 도구는 본질이 먼저 있고 그 존재, 실존은 나중에 출현합니다. 그러므로 도구적 존재에서는 본질이 실존에 앞섭니다.

그런데 유신론자들은 신이 마음 속에 인간에 관한 개념을 간직하고 인간을 창조했다고 믿습니다. 신이 인간을 창조하기 전에 머릿속으로 인간은 이러이러한 모양(신의 형상대로)을 하고 있고, 이러이러한 성향을 가지고 있고, 이러이러한 행동을 해야 한다고 미리 규정해 놓았습니다. 이렇게 신이 자기의 생각대로 인간의 본질을 미리 규정하고 그에 따라 만들었다면, 인간은 도구와 마찬가지로 본질이 실존에 앞설 것입니다. 그러나 사르트르는 무신론자입니다. 사르트르는 후설의 현상학으로부터 지향성이라는 중요한 생각을 배웠습니다. 의식은 본질적으로 지향적이라는 것이지요. 그런데 현상학은 현상 너머의 것을 부정합니다. 그래서 사르트르는 니체의 '배후세계의 망상'이라는 말을 빌려 타세계적인 것, 내세적인 것을 부정합니다. 따라서 사르트르에게는 현상의 세계 전체가 그대로 세계 전체입니다. 이런 무신론자인 사르트르에게 인간의 존재에 앞서는 본질이란 있을 수 없습니다. 인간은 도구처럼 본질이나 목적이 실존에 앞서 있는 것이 아닙니다. 이처럼 인간이 본질에 앞서는 실존적 존재라고 주장하는 것은 인간이 이 세계에 우연히 존재하게 되고 아울러 우연히 나타나게 되었다는 것을 의미합니다.

이 세계에 존재하는 모든 것이 그냥 우연적으로 존재하게 되었다는 생각은 사르트르가 젊은 시절부터 깊이 사로잡혀 있었고, 또 해명하고 싶어했던 화두였습니다. 인간도 예외가 아닙니다. 인간은 먼저 이 세계 속에 아무 이유도 없이 내동댕이쳐졌습니다. 우리는 우리의 의지로 이 세상에 태어난 것이 아닙니다. 우리는 우리가 선택하지 않은 세상, 우리가 선택하지 않은 얼굴, 우리가 선택하지 않은 조건을 가지고 이 세상의 삶을 시작했습니다. 물론 죽을 때도 우리의 의지로 이 세상을 떠나는 것이 아니지요. 그렇다면 우리의 본질은 과연 어떻게 만들어지는 것일까요? 그것은 우리가 일단 이 세상에 태어나서 우리가 어떤 행위를 하고 어떤 선택을 하며 살아가느냐에 따라 결정되는 것입니다. 이 때의 본질은 전 인류에 공통적으로 적용되는 유적 본질이 아니라 각 개인의 가능성이 완결된다는 의미에서의 본질입니다. 소크라테스가 날 때부터 철학자가 되기 위한 본질을 가지고 태어난 것은 아닙니다. 소크라테스는 아버지의 직업을 이어받기 위해 조각가가 되기 위한 훈련을 받았습니다. 그리고 카리스 여신상과 같은 작품이 소크라테스가 조각한 작품으로 추측되고 있는 것을 보면 얼마간 조각가라는 직업을 영위했다고도 보입니다. 그러나 그는 철학의 길로 들어서기로 결심한 후로는 일생 동안 철학자로서의 사명을 이루기 위해 전력을 다했습니다. 결국 소크라테스가 철학자라는 이름을 얻은 것은 그 자신의 선택에 의한 것이었고, 그가 세상을 떠나는 순간, 최종적으로 철학자라는 이름으로 규정된 것이지요. 우리도 마찬가지입니다. 우리도 앞으로 어떤 선택을 하느냐에 따라 앞으로 우리들은 위대한 예술가도 될 수도 있고, 뛰어난 과학자가 될 수도 있고, 빛나는 철학자가 될 수도 있습니다. 결국 우리는 자신이 선택하는 인간상을 창조하는 것이고, 우리가 우리 자신을 선택함으로써 인간을 선택하는 것이나 다름없습니다. 이런 점에서 볼 때 인간은 먼저 실존의 세계 속에 내던져진 다음 스스로의 행동에 의해 자기 자신을 만들어 가는 자유로운 존재입니다. 인간은 자기를 결정하고 자기를 만들어 나아가고 자기에게 본질을 부여합니다. 내가 선택하는 것이 바로 나의 본질, 내가 존재하는 특정한 방식입니다. 다시 말해, 실존이 본질에 앞서 있는 것입니다.

무신론자인 사르트르에게는 이처럼 인간에게 지시를 내릴 신은 존재하지 않기 때문에, 인간의 본성은 태어날 때부터 자유로우며 완전히 비결정적입니다. 이제 인간은 신에 의지해야 할 것이 아니라 자기 자신에 의지해야 합니다. 신은 시대 착오적인 가정이기 때문입니다. 신이 존재하지 않는 상황에서 내 자유는 전면적이고 무한하게 주어졌습니다. 우리는 실존적 상황 속에서 끊임없이 무엇인가를 자유롭게 선택하면서 살아가야 할 처지에 놓이게 되었습니다. 심지어 선택을 하지 않기로 작정하는 것도 일종의 선택입니다. 아무 것도 하지 않겠다고 버티는 것도 내 결정입니다. 나는 아무 것도 하지 않은 책임을 추궁당할 수 있습니다. 그래서 사르트르는 심지어 "나는 자유의 형벌에 처해졌다."라고까지 합니다. 그렇지만 인간은 이제 자기가 한 모든 일에 책임을 지면서 스스로가 결단을 내려야 합니다. 그리고 사르트르에 의하면 우리의 책임은 우리가 전제할 수 있는 것보다 훨씬 더 큽니다. 왜냐하면 우리의 책임은 알게 모르게 인류 전체를 구속하기 때문입니다. 모든 사람은 인류 전체에 대해 책임이 있습니다. 예컨대 내가 사랑하는 사람과 결혼해서 아이를 낳기를 원한다면, 그 결혼이 내 형편, 내 감정, 내 욕구에 의한 것일지라도, 나는 그러한 행동을 통해 나 자신뿐만 아니라 인류 전체를 일부일처제로 구속하는 것입니다. 그래서 나는 나 자신에 대해서뿐만 아니라 모든 사람에 대해서 책임이 있습니다.

그러나 사르트르에 따르면, 인간은 이러한 내던져진 실존의 상태 속에서 고독과 불안과 절망을 경험하게 됩니다. 자유가 피할 수 없는 것인 한, 인간은 자유의 무거운 짐을 체험하지 않을 수 없습니다. 내 자유를 제한하는 한계는 나의 죽음뿐입니다. 인간은 자유에 따르는 강렬한 책임의식 때문에 불안과 고독과 절망을 느끼게 됩니다. 불안은 실존의 기본현상입니다. 불안은 인간이 곧 자유 자체라는 결과에서 파생하는 것이며, 공허와 절망의 감정이고, 사르트르의 표현을 빌리자면 "무의 심연에서 느끼는 어지러움"입니다. 우리는 자신의 불안을 감추면서, 우리의 목적이 마치 다른 사람이나 사회 또는 신에 의해 결정된 것처럼 행동하려고 합니다. 그런 방식으로 불안으로부터 도피하려고 합니다. 그러나 사르트르에 의하면 우리에게는 자신을 불안으로부터 해방시킬 능력이 없습니다. 우리가 바로 불안이며 우리가 바로 불안이어야만 합니다. 그렇지 않으면 우리는 우리의 자유나 우리 자신의 존재를 의식할 수 없습니다. 사르트르의 실존주의 철학을 비합리적 자유의 윤리학이라고 하는 이유도 여기에 있습니다.

타자는 지옥이다

하이데거는 우리가 타인과 더불어 살고 있는 세계를 공동세계라고 했습니다. 사르트르도 타자가 우리에게 주는 의미를 천착해 들어갑니다. 의식으로서의 대자는 또 하나의 대자, 즉 다른 인간과도 접촉하면서 살아갑니다. 그리고 한 주체로서의 대자의 눈에는 또 하나의 대자가 타자로서 나타납니다. 그러나 타자의 입장에서 보면 나라는 대자가 곧 타자가 됩니다. 여기에서 갈등이 생겨납니다. 한 대자가 상대방 대자를 바라볼 때, 즉 의식할 때, 양자는 주체로서의 의식과 객체로서의 대상과의 관계를 맺게 됩니다. 말하자면 내게 타자는 마치 하나의 사물처럼, 즉자처럼 보이게 됩니다. 우선 타자는 응시(regard)의 대상으로 나타납니다. 메두사의 응시 속에서 인간이 돌덩어리가 되었던 것처럼, 타자의 응시 속에서 인간은 마치 하나의 대상으로, 즉 즉자로 등장합니다. 아무도 없는 텅 빈 강의실에서 책상에 편한 자세로 앉아 책을 보기도 하고 상상의 나래를 펼치고 있는데, 갑자기 누군가가 문을 벌컥 열고 들어와 나를 쳐다본다고 생각해 보십시오. 아무도 나를 보고 있지 않다고 생각하고 있다가 갑자기 누군가가 나를 보고 있다는 것을 알게 되면 나에게는 변화가 일어납니다. 편안한 자세를 고쳐 앉게 되고, 나의 동작도 갑자기 어색해지고, 목소리도 달라집니다. 심지어는 내 상상도 끊어지고 생각마저도 전과는 달라집니다. 쉽게 말해 타자는 우리를 자극시킵니다. 타자는 우리를 당황스럽게 하고 부자연스럽게 만듭니다. 예컨대 넓은 식당이나 다방에 들어가 손님이 아무도 없을 때 우리는 정중앙에 앉으려 하지 않고 흔히 벽을 등 뒤에 대고 구석에 앉으려는 경향이 있습니다. 가운데 있는 자리는 별로 인기가 없습니다. 그래서 이런 현상을 잘 관찰한 주인들은 벽감을 많이 만듭니다. 벽을 최대한으로 확대하기 위해 임시 칸막이도 설치합니다. 타인의 시선이 차단된 밀폐된 공간에서 우리는 아늑함과 편안함을 느끼게 되는 것이지요. 사람들은 누군가가 자기를 보고 있다는 것을 알고는 있지만, 자기를 뒤나 옆에서 보는 것을 원하지 않습니다. 누가 자기를 보고 있는지를 자신이 확인·통제할 수 없기 때문입니다. 누군가가 자신을 반드시 보아야만 한다면, 정면에서 보기를 원하는 것이라고 할 수 있습니다. 그럴 경우 정면으로 우리를 보고 있는 사람을 우리도 정면으로 볼 수 있다는 장점이 있습니다. 여기에서 응시의 결투가 일어나게 되고 먼저 시선을 피하는 사람은 패배자가 됩니다. 패배자는 대상으로 남게 됩니다. 이처럼 타자는 나에게 응시로서 등장한다는 것입니다. 타자가 나를 응시하지 않을 때 타자는 한낱 물건, 사물에 불과합니다. 반대로 타자의 응시는 나를 그의 대상으로 만듭니다. 타자는 자기 마음대로 응시 대상인 내게 의미를 부여합니다. 그러한 의미는 대개 나에게 알려지지 않습니다. 나는 타자가 지금 나에 대해 어떤 생각을 하고 있는지 알 길이 없습니다. 따라서 타자의 자유는 나에게 위험합니다. 결과적으로 내가 타자의 대상이 되기 때문입니다. 나는 하나의 즉자로 고정되고, 타자에 대해 무방비한, 자유를 박탈당한 노예가 됩니다. 이처럼 타자는 나 자신의 주체성을 부인하는 적이 됩니다. 그래서 사르트르에게 두 대자 간의 관계는 마르틴 부버가 주장하는 것처럼, '당신과 나(Ich und Du)'의 융화될 수 있는 관계가 아니라, 주인과 노예의 관계같이 갈등을 면할 수 없는 관계입니다. 그래서 사르트르는 「유폐된 방(Huis clos)」이라는 연극에서 우리가 늘 타자의 고문을 당하고 있다고 보고 다음과 같이 선언합니다. "대형 석쇠가 따로 없다. 지옥, 그것은 바로 타자들이다(L'enfer, c'est autres)." 타자가 바로 지옥이라는 것이지요.

이와 같은 존재조건 속에서 인간에게는 두 가지 태도가 가능하다고 사르트르는 말합니다. 첫째는 자신의 자유를 피하여 자기 기만, 즉 불성실에 빠지는 길입니다. 불성실하게 행동하고 불성실하게 살아간다는 것은 사르트르에게는 인간적 책임을 포기하고 인간성을 구성하는 자유를 부정하며, 스스로 의미와 가치를 찾는 일로부터 도피하는 것입니다. 만일 인간이 자신의 행위는 결정론적인 원인에 기인한 것이기 때문에 자신에게 책임이 없다고 변명한다면, 그는 비겁한 사람입니다. 인간은 하나의 쓸데없는 수난이며, 인간은 불합리하고 무의미한 '파리떼'에 지나지 않습니다. 또 인간은 자유롭도록 운명이 정해진 하나의 비극입니다. 이 근본적으로 주어진 자유를 부정하는 것은 곧 자기 기만이며, 자기 기만은 인생에 대한 불성실한 태도입니다. 사르트르에 의하면, 불성실하게 살아가는 사람은 정형화된 생활방식만을 추구하거나 고정된 역할만을 하는 사람입니다. 삶의 의미나 가치를 선택해야 하는 책임을 회피하고, 기존에 정해져 있는 역할을 받아들임으로써 탈출구와 표면적인 안락을 구하는 사람입니다. 그런 사람은 자유를 경험하는 주체로 사는 것이 아니라, 미리 정해져 있는 기능을 가진 대상이나 사물처럼 취급될 뿐입니다. 또 불성실하게 행동하는 사람은 경직된 정신 속에서 사는 사람입니다. 경직된 정신 속에 사는 사람은 정형화된 가치와 의미가 객관적으로 있다고 믿고 곧이곧대로 받아들입니다. 예컨대 내가 예술작품을 경직된 마음으로 본다면, 나는 작품에 대해 내 스스로 부여하는 가치판단의 자유를 외면하고, 대신 그 안에 구현되어 있다고 믿는 가치를 열심히 찾을 것입니다.

둘째는 자기의 자유를 인정하고 그에 대한 행동에 철저히 책임을 지는 태도입니다. 사르트르는 이러한 태도를 진정성(authenticité)이라 하고, 그러한 인간생활이 불합리하게 실존하는 인간의 본모습을 인정하는 정직한 생활이라고 보았습니다. 사르트르는 자신의 철학에 염세주의라는 딱지가 붙는 것을 불편해했습니다. 완전히 자유로워진 인간은 더 이상 사물에 있는 의미를 쉴새없이 찾으려 하지 않고 명랑함과 모험심을 가지게 된다는 것이지요. 그래서 그는 "어떤 사상도 이 사상보다 더 낙관적일 수 없다. 인간의 운명은 그 자신 안에 있다."고 했습니다.

변증법적 이성비판

사르트르가 『존재와 무』를 통해 보여 주려고 한 것은 인간의 자유입니다. 그래서 가장 인간다운 충실한 인생은 자유로운 인생이라는 결론이 나옵니다. 그러나 실제로 노예의 자유와 주인의 자유가 똑같다고 할 수 있는가? 하는 문제가 여전히 남아 있습니다. 존재론상으로 볼 때 주인과 노예는 똑같이 자유롭습니다. 그러나 배가 고프고 사슬에 묶여 있는 노예의 자유는 배가 부르고 사슬에 묶여 있지 않은 주인의 자유와 비교해 보면, 한낱 심리적이거나 관념적인 자유에 불과합니다. 노예에게는 구체적인, 또는 실천적인 자유가 없습니다. 『존재와 무』가 개인적인 실존을 연구해서 인간의 존재론적 자유를 밝혀 주었다면, 『변증법적 이성비판』은 집단적인 실존을 연구해서 인간의 실천적 자유가 사회 속에서의 인간의 존재방식을 통해 어떻게 나타나는가를 보여 주고자 합니다.

그런데 사르트르의 후기 철학은 마르크스주의에 경도되었습니다. 즉, 사르트르는 마르크스주의와 인간의 자유에 대한 자신의 신념을 종합하려 하는데, 그래서 그의 후기 철학을 실존주의적 마르크스주의라고도 합니다. 사르트르는 『존재와 무』에서 펼쳐진 자기 사상의 약점이 비역사적인 인간관에 있다는 점을 자각합니다. 그래서 마르크스주의가 역사에 대해 가치 있는 해석을 제공한다고 보고 역사성을 끌어들입니다. 역사를 인간의 자유가 회복되는 장으로, 혁명적인 실천으로 자기 주장을 하는 장으로 본 것입니다. 이제 사르트르는 마르크스주의가 우리 시대가 완전히 지나가기 전에는 결코 폐기되지 않을 기본적인 진리라고 생각합니다. 그리고 실존철학은 마르크스주의 철학을 보조하는 부차적인 역할을 해야 한다고 생각합니다. 그는 고전적 마르크스주의 중에서 변증법적 유물론에 대해서는 반대하였지만 역사적 유물론에는 항상 찬성하였습니다. 변증법적 유물론은 '물질'개념을 통해 모든 것을 설명하려는 일종의 형이상학적 유물론입니다. 변증법적 유물론은 따라서 인간역사와 관련하여 의미있을 뿐인 변증법적 법칙을 자연 전체로 확대적용시키려고 하기 때문에 인간역사를 하나의 자연현상으로 환원시켜 놓은 오류를 범하고 있습니다. 결과적으로 변증법적 유물론은 인간의 진보를 이해하는 길잡이가 되는 것이 아니라, 인간의 진보에 관한 일종의 기계론적인 의사과학으로 변질되었다고 사르트르는 생각합니다. 반면에 역사적 유물론은 초월적이거나 영적인 존재의 역할을 인정하지 않으면서 인간이 가시적이고 분명한 세계와 구체적으로 관여하고 있다고 보는 유물론입니다. 인간은 자연대상이 아니라 역사적 존재이므로 인간의 행동은 자연 대상의 움직임과는 다른 차원에서 이해되어야 할 것입니다.

사르트르에 의하면, 인간은 살기 위해 여러 가지 물질을 필요로 합니다. 만일 인간이 필요로 하는 물질이 공기나 바닷물처럼 충분하게 존재한다면, 각 인간은 사회생활을 할 필요를 느끼지 않을 것입니다. 사회생활은 모든 사람이 다같이 필요로 하는 물질의 희소성 때문에 생깁니다. 물질이 희소한 상황에서 인간 각자는 서로에게 위협으로 나타나게 됩니다. 왜냐하면 남들은 내가 필요로 하는 물질을 약탈해 가는 존재로 나타나기 때문입니다. 여기서 인간은 자신의 개인적인 욕구를 충족시키기 위해 행동하는 존재입니다. 그러면서 인간은 자신과 다른 사람들이 이미 만들어 놓은 기존의 상황에 알맞게 행동해야 한다는 사실, 즉 우리가 역사의 일부라는 사실을 깨닫게 됩니다. 또 자신의 욕구를 충족시키기 위해 행동하는 과정에서 세계에 관여하며, 나아가, 우리 자신과 마찬가지로 욕구를 충족시키기 위해 부지런히 행동하는 타인들과도 접촉하게 됩니다. 사르트르는 이러한 개인 간의 이해관계를 합리적으로 해결하기 위해 사회와 사회질서가 필요하게 되었다고 생각하였습니다. 말하자면 우리는 역사적 존재로서, 우리가 살고 있는 세계에 대한 우리의 관계는 무관심하거나 관조적인 관계가 아닙니다. 인간은 실천 속에서 미래를 조망하고 자신이 처한 상황을 초월하는 방법을 창안하는 존재라는 것입니다. 이처럼 사르트르의 후기 철학에서 인간은 '세계-내-존재'에서 '사회적-세계-내-존재'로 바뀌게 되었습니다.

실존철학은 개인의 주체성을 강조하는 철학입니다. 이처럼 개인의 주체성을 강조하다 보니 타인의 주체성을 무시하고 등한시하는 위험이 그 속에 도사리고 있습니다. 내가 보기에 사르트르의 실존철학은 그런 위험이 가장 적나라하게 드러나 있는 철학인 것 같습니다. "타자는 지옥이다."라는 명제나, 후기 철학에서 각 개인을 우리가 필요로 하는 물질을 약탈해 가는 존재로 해석한 것이 그것을 웅변하고 있습니다. 그런데 같은 실존철학이면서도 타자를 나의 주체성을 부정하는 적으로 보지 않고 오히려 나의 주체성을 만들어 주는 고마운 존재로 해석한 실존철학이 있습니다. 레비나스의 실존철학이 바로, 타자를 나 밖에서 명령하고 호소하는 손윗분으로 인정하는 겸손한 마음가짐의 철학입니다. 레비나스에게 타자는 나의 의식에 내재하는 존재적 개념이 아니라 나의 제재를 받을 수 없는 절대적 존재요, 내게 하나의 절대타자로서 군림하는 존재입니다. 이 때 타자와 내 관계는 정복과 지배와 같은 관계가 아니라 호소하는 자와 책임을 느끼는 자와의 관계에 있습니다. 레비나스는 타자가 나보다 상위에 있고, 절대자로서 자기를 나에게 계시하고, 명령하고, 호소하는 존재로 봅니다. 다음 장에서는 이런 레비나스의 실존철학에 대해 공부하기로 하지요.

레비나스의 유신론적 실존철학

생 애

엠마누엘 레비나스(E. Levinas, 1906~1995)는 1906년 러시아 리투아니아의 카우나스에서 서점을 경영하는 유태인의 가정에서 태어났습니다. 어린 시절에 구약성서와 19세기 위대한 러시아 작가들의 책을 탐독하였습니다. 18세 때 프랑스로 이주해 스트라스부르흐대학을 다녔고, 독일 프라이부르크 대학에서 2년 간 하이데거의 강의를 경청하였습니다. 24세 때 「후설현상학에서의 직관이론」이라는 논문으로 박사학위를 받았고, 이 논문으로 프랑스 학술원에서 일등상을 수상하였습니다. 같은 해에 프랑스로 귀화하였습니다. 번역을 통해 후설과 하이데거 현상학을 처음으로 프랑스에 알리는 데 공헌하였습니다. 사르트르도 레비나스의 학위논문과 그의 후설 책 번역을 통해 현상학을 알게 된 것으로 알려져 있습니다. 처음에는 하이데거를 존경하였으나, 하이데거가 1933년 총장연설을 통해 나치즘을 옹호하자 충격을 받고, 이후 하이데거의 철학에 대해 비판적 태도를 취하게 됩니다. 제2차 세계대전 중 유태인이라는 이유로 포로수용소에 수용되었고, 강제노역에 동원되었습니다. 이 때 동유럽에 머물러 있었던 부모형제들은 나치운동원들에게 살해당했습니다. 1947년에 하이데거철학의 전도를 목적으로 한, 『존재로부터 존재자에로(*De l'existence à l'existant*)』와 『시간과 타자(*Le temps et l'autre*)』를 출판하였습니다. 55세 되던 1961년, 『전체성과 무한-외재성에 관한 고찰(*Totalité et infini-Essai sur l'extériorité*)』을 출판하여 세계적인 명성을 얻었습니다. 이 책으로 국가박사학위를 취득하고, 푸아티에대학의 철학교수로 임명되었습니다. 1972년에는 『타인의 인간주의(*Humanisme d'autre homme*)』를 출판하였습니다. 레비나스철학에 대한 연구가 활발하게 이루어졌던 벨기에 루벵대학과 네덜란드 레이든대학에서 명예박사학위를 받았고, 소르본대학(파리 4대학)에서 교수를 지냈습니다. 1995년 89세의 나이로 타계하였습니다.

존재론 대 윤리학으로서의 형이상학

레비나스는 베르크손의 시간관에 더 큰 영향을 받았다고 고백한 적이 있지만, 후설과 하이데거의 현상학을 통해 철학에 입문하였습니다. 레비나스는 개인적으로 제2차 세계대전 중에 자기의 가족과 동족이 죽어 나가는 참혹한 홀로코스트를 경험한 사람입니다. 존경했던 하이데거가 나치의 편을 들자, 하이데거의 그러한 수구적 태도가 그의 철학과 밀접한 관련이 있다고 보고, 하이데거에게까지 이어지는 서양존재론에 대한 근본적인 재검토 작업을 수행합니다. 그 과정에서 레비나스는 서양존재론 전체가 전체성의 이념에서 건립되었다는 것을 간파하였습니다. 그것은 타자의 존재를 짓밟고, 타자를 자아중심적 주체에 복속시키는 동일성 철학이었으며, 이 동일성 철학이 최종적으로 폭력과 전쟁의 파국으로 치닫게 한 근본원인이었다고 진단한 것입니다. 동일성 철학이란 "자기 자신으로부터 출발하여 자기 자신에게로 되돌아가는" 철학이며, 주관과 객관, 사유와 존재를 하나의 전체로 통일시키는 철학입니다. 존재와 사유의 통일을 지향했던 헤겔철학이 그러하였고, 니체, 마르크스 등 헤겔 이후의 철학도 물질, 힘에의 의지라는 원리로 세계의 존재를 하나로 통일·설명하고자 했던 동일성 철학이었다는 것입니다.

　　한 걸음 더 나아가 레비나스는 후설의 현상학과 하이데거의 존재론도 결코 전체성과 동일성의 사유에서 벗어나지 못했다고 비판하니다. 후설은 지향성 개념과 현상학적 환원을 통해 모든 것을 의식에로 통일시키는 전체주의적 사유의 틀을 확립했다는 것이지요. 하이데거는 존재자와 존재를 구별하면서 존재자에 대한 존재의 우위를 주장하였습니다. 그러나 레비나스가 보기에, 이 때 존재는 모든 존재자를 존재자이게 해 주는 포괄적인 지평으로서, 결국은 궁극적인 전체의 역할을 하는 것이나 다름없다는 것입니다. 게다가 하이데거의 존재론은 존재해명의 차원에만 머무르고 있으며, 현존재가 실천적으로 어떻게 행위해야 하는가라는 윤리적인 문제를 도외시하고 있습니다. 자아와 타자의 관계를 다루는 윤리적 문제는 하이데거식의 존재사건의 문제가 아닌 것입니다. 따라서 그 근저에 동일성과 전체성을 깔고 있는 그러한 전통적 존재론을 가지고는, 오늘날 도처에서 자행되고 있는 타자에 대한 무자비한 폭력과 참혹한 전쟁의 비극을 막을 길이 없다는 것입니다. 그런 점에서 레비나스의 근본적인 관심은 존재론이 아니라 윤리학에 있습니다. 윤리학은 존재하는 것이 아니라 마땅히 존재해야 할 것을 문제삼는 것이며, 존재보다 더 선한 것을 찾아 내는 것입니다. 레비나스는 자신이 수행해야 할 근원적인 작업, 즉 선이 구현되는 자아와 타자의 관계를 다루는 작업을 '형이상학'이라고 합니다. 이 때 형이상학이란 종래의 철학자들의 초경험적 대상에 관한 학문이라는 뜻이 아니라, 과학적 지식이 될 수 없는 초월적인 것에 대한 윤리적 태도를 의미합니다. 이런 의미에서 레비나스에게는 형이상학이 존재론에 선행합니다.

홀로서기

『존재로부터 존재자에로』라는 책의 제목이 말해 주듯이, 레비나스는 하이데거철학에서 표방된, 존재자에 대한 존재의 우위를 폐기합니다. 하이데거는 존재를 자명한 실재로 상정하고 존재자 뒤에 은폐된 존재에 대해 물었지만, 레비나스는 존재자의 배후에 있는 존재 따위는 없다고 단언합니다. 존재하는 것은 존재자일 뿐입니다. 존재는 이념일 뿐이요, 존재자를 가지지 않습니다. 따라서 '존재자 없는 존재'는 그 자체가 존재자가 아니기 때문에, 그것은 그저 비인칭적인 '있다(il y a)'라는 동사로 표현할 수 있을 뿐입니다. 그것은 주어도 명사도 아닌, 비인격적·익명적인 있음입니다. 레비나스는 아무 목적도 없이 깨어 잠을 이루지 못하고 있는 수동적인 불면의 상태가 그냥 '있다'의 전형적인 상태라고 보았습니다.

레비나스에 따르면, 고독은 이렇게 존재자들이 있다는 사실 자체에서 비롯됩니다. 고독이란 존재자가 존재에 대해 홀로 있음을 의미하는 것입니다. 여기서 존재자가 '존재함'을 자신의 것으로 떠맡는 사건을 레비나스는 '홀로서기(hypostase)'라고 합니다. 그리고 '있다'라는 이 '존재자 없는 존재'는 홀로서기가 발생하는 자리입니다. 홀로서기는 의식을 얻음으로써 가능합니다. 의식을 얻는다는 것은 독립적인 자아의 출현을 의미합니다. 재미있게도 레비나스는 의식의 고유한 의미를 잠잘 수 있는 가능성에서 찾았습니다. 의식은 잠잘 수 있는 능력에 의존하고 있습니다. 우리가 잠을 잘 수 없다면 우리의 의식은 영원히 깨어 있어야 하는데, 우리는 그런 상태에서는 생각을 중단할 수도 없고, 끝낼 수도 없고, 다시 시작할 수도 없습니다. 그렇게 되면 우리는 우리 자신의 의식에 대해 전혀 아무런 주도권도 행사할 수 없습니다. 잠을 자기 때문에, 잠을 통해 그리고 잠에서 깨어남으로써 우리가 자기 의식으로 다시 되돌아 올 수 있다는 것입니다.

의식의 출현이라는 홀로서기를 통해 존재자에게는 새로운 전기가 마련됩니다. 존재자는 이제 존재를 자신의 속성으로 가지고, 존재는 존재자의 소유가 됩니다. 존재자는 존재지배를 통해 홀로 서게 됩니다. 존재자는 존재의 주인이므로 그의 존재에 주체의 남성적 힘을 행사합니다. 이러한 존재자는 단자이자 고독의 상태에 머물러 있습니다. 그러나 이 고독은 비극적입니다. 타자의 결핍 때문이 아니라, 아직 주체적 자아라는 동일성의 감옥 안에 갇혀 있기 때문입니다.

향유와 노동

이제 의식으로서의 주체적 자아는 이 세계 속에 신체를 가지고 존재하게 됩니다. 레비나스도 하이데거처럼 인간이 세계 속에 들어와 거주하는 존재양식을 꼼꼼히 분석해 나갑니다. 하이데거에게 인간현존재는 이미 세계 속에 들어와 존재하는 세계의 일부로서, 세계에 대처하고, 세계와 왕래하는 '세계-내-존재'였습니다. 현존재가 세계 속에서 만나는 대상들은 그냥 사물이 아니라 도구였으며, 사물을 도구로 사용하는 인간현존재는 근본적으로 염려(Sorge)하는 존재였습니다. 그러나 레비나스는 삶에서 마주치는 사물들을 향유(jouissance)의 대상으로 바라봅니다. 인간 현존재는, 세계와의 인식론적 주객관계를 맺기 전에, 근원적으로 향유를 누리면서 세계 속에 거주하고 있다는 것입니다. 레비나스에 의하면, 사물은 우선 요소적인(elemental) 모습으로 존재합니다. 요소적인 것은 형상이 없는 익명적인 것으로, 누구의 수유도 아니고 누구의 소유도 될 수 없는 말없는 대지, 푸른 창공, 탁 트인 바다, 청명한 바람, 맑은 공기, 투명한 빛 등입니다. 쉽게 말해서 요소는 우리를 둘러싸고 있는 환경이자 자연입니다. 우리는 사랑하는 사람과 경포 호숫가를 거닐면서, 햇빛에 반짝이는 잔 물결과, 코 끝을 스치는 소나무 향과, 바람결에 일렁이는 대나무 숲의 정경을 마음껏 즐깁니다.

레비나스에게는 일상적인 도구도, 또 도구가 아닌 사물도 우리에게 향유의 대상이자 그 자체 궁극적인 것으로 나타납니다. 옷은 우리의 몸을 가려서 보호해 주는 도구이기도 하지만, 나의 개성을 마음껏 표현해서 타인의 시선을 끌게 할 때 나를 만족시킵니다. 실생활에 아무 쓸모가 없는, 유용성이 없는 커플링도 사랑을 확인하는 상징이기에 연인들에게 기쁨을 줍니다. 나아가 우리의 일상적 삶은 수단만이 아니라 그 자체가 목적이기도 합니다. 우리는 숨쉬기 위해 숨을 쉬고, 먹고 마시기 위해 먹고 마십니다. 호기심을 만족시키기 위해 공부하고,

산책하기 위해 산책을 합니다. 이 모든 것들은 살기 위한 것이 아닙니다. 이것들이 그대로 모두 사는 것입니다. 이렇게 레비나스에게는 삶 자체가 곧 향유의 대상입니다. 반대로, 우리 앞에 펼쳐진 세계는 주체에게 향유의 형식으로 존재에 참여하게 해 줍니다. 그렇지만 향유하는 자아는 어쩔 수 없는 이기심에 얽매어 있습니다. 향유는 기껏 자신만의 행복을 위해 영위되는 것입니다. 행복은 자신의 욕구를 있는 대로 충족시키는 데 있지, 억제하는 데 있지 않습니다. 향유 안에서 나는 절대적으로 나 자신입니다. 이렇게 레비나스는 세속적인 실존의 현상학적 방법을 통해 우리가 삶을 향유하고 사랑하는 것이 전혀 나쁜 것이 아니라, 자아의 실재성을 획득하는 필요 조건임을 보여 주고 있습니다.

그러나 레비나스에 따르면, 향유는 순간적인 것에 지나지 않습니다. 향유 자체는 아무 염려가 없는 상태이지만, 곧 시간을 통해 염려와 마주치게 됩니다. 향유 안에서 내일에 대한 염려가 불현듯 생겨나는 것입니다. 미래에 대한 염려는 자기를 보다 더 안전한 곳에 거주하도록 세계에 손을 뻗치게 만듭니다. 우리는 살기 위해 환경에 적응하고 환경을 지배해야 합니다. 집과 옷을 가져야 하고, 생활에 필요한 여러 가지 물건과 도구를 소유해야 합니다. 향유를 계속 유지하기 위해는 사물에 대한 착취가 불가피한 것입니다. 그래서 우리는 우리의 욕구를 충족시키기 위해 손으로 노동하지 않을 수 없습니다. 이러한 의미에서 레비나스에게 "일하지 않는 사람은 먹지도 말라."는 명제는 일종의 분석명제와 같습니다. 노동은 향유라는 나의 이기적인 목적을 위해 환경이라는 요소들에 가해지며, 그것을 통해 우리는 사물을 소유하게 됩니다. 내가 사물을 소유한다는 것은 내 마음대로 그것을 이용할 수 있다는 것입니다. 그러므로 소유의 본질은 힘이요, 권력이요, 지배요, 이용입니다. 레비나스에 의하면, 인간의 지식이라는 것도 같은 근거에서 추구되는 것입니다. 사물을 알려는 욕망의 밑바닥에는 한껏 사물을 지배하려는 욕망이 숨어 있습니다. 우리는 사물을 소유하고 지배하기 위해 그것들을 세밀하게 분류하고 분석합니다. 노동과 소유를 통해 우리는 저 밖에 있는 타자인 세계를 정복하고 지배하게 됩니다. 이렇게 인간은 노동하고 사물을 소유함으로써 경제적 실존의 차원에 들어섭니다. 이것은 사물의 지배자이자 주인으로서의 자아의 위치를 확립시키고, 타자로부터 자아를 분리시키는 계기가 됩니다. 소유는 타자를 확인하지만, 타자의 독립성을 부인하는 한에서만 소유입니다. 경제적 실존은 집으로 상징되는 거주공간에서 수집을 통해 영위됩니다. 사물을 사용·조작·제조함으로써 사물을 획득하고 그것을 집으로 가져갑니다. 이처럼 향유하는 자아는 타자에 의존하여, 즉 타자와의 분리를 통하여 욕구를 충족시키면서 자기를 유지합니다.

그러나 레비나스에 의하면, 우리는 집의 거주를 통해 따스함과 친밀성을 체험하기도 합니다. 따스함과 친밀성은 나를 환영하는 여성이라는 타자를 통해 얻습니다. "여성은 손님에게 우호적인 접대를 하는 타자"입니다. 그런 점에서 여성은 우리가 집에 거주하기 위한 조건입니다. 여기서 집 안에 있는 여성은 말 그대로 집 안에 머물러 있기 때문에 외부로부터 다가오는 절대적인 타자는 아닙니다. 그러나 어쨌든 타자는 인간존재의 분리를 가능하게 만드는 가정의 친밀성에서 처음으로 드러나는 것입니다. 자신의 집에 거주하면서 세계에 자리잡은 인간은 이제 세계에 외롭게 던져진 존재이기를 그치고, 따뜻하고 친숙한 집으로부터 밖의 세계를 향하며, 나와는 다른 또 다른 인간인 타자와 마주서게 됩니다. 그러면 이렇게 세계 밖으로 나와 마주치게 된 타자는 레비나스에게 어떤 모습으로 등장하는 것일까요? 앞 장에서 살펴본 사르트르의 철학에서 타자는 나의 주체성을 부정하는 적이자, 희소한 물질을 나로부터 약탈해 가는 지옥과 같은 존재로 보였습니다. 주체로서의 내가 늘 타자를 내 의식의 대상으로 삼았듯이, 타자도 나를 그의 의식의 대상으로 삼아 종속시켰기 때문입니다. 요컨대 사르트르에게 타자는 언제나 나의 내면성 속에서 파악되는 존재였습니다. 그러나 레비나스는 우선 이 타자의 존재가 절대적 외재성의 성격을 가지고 있는 것으로 파악합니다. 그리고 타자는 나에게 얼굴의 모습을 띠고 등장합니다.

여기서 잠깐 용어상의 개념정리를 하도록 하겠습니다. 레비나스에게 타자(l'autre)는 자아의 외부에 존재하는 일체의 것을 의미합니다. 거기에는 사물세계로서의 타자, 인간존재로서의 타자, 신으로서의 타자 등이 있는데, 레비나스는 이를 모두 타자라고 합니다. 그러나 이 타자들의 차이는 각 타자의 타자성(altérité)이라는 성질에서 드러납니다. 사물로서의 타자는 나의 존재유지를 위해 내가 욕구하고 소유할 수 있는 나의 향유대상입니다. 인간존재로서의 타자는 곧 밝혀지겠지만, 내 만족의 대상도 아니고, 소유할 수도 없는 절대적으로 다른 자, 초월적인 타자입니다.

타자의 절대적 외재성과 무한성

레비나스에 따르면, 인간존재로서의 타자는 개념적으로 인식할 수도 없고, 감정이입의 형태로 파악할 수도 없고, 지향적 대상으로도 구성해 낼 수도 없는 존재입니다. 우선 타자는 한낱 사물이 아닙니다. 피상적으로 보면, 타자는 신체를 가진 물질적 존재입니다. 그래서 표면적으로는 마치 우리가 소유할 수 있는 대상인 것처럼 나타납니다. 그러나 나는 내 책이나 연필을 마음대로 집어던질 수 있는 것처럼, 타자를 내 마음대로 내동댕이칠 수 없습니다. 나는 타자를 물건처럼 이용하거나 처분하거나 내맡길 수 없습니다. 타자는 내 인식과 지각과 소유욕으로 결코 완전히 가둘 수 없는 존재입니다. 어떤 경우에 나는 타자를 내 관심과 욕구, 필요에 따라 내가 좋아하는 아무개로 볼 수 있습니다. 그 때에 등장하는 타자는 그가 맡은 특정한 역할과 기능 때문에 내게 도움이 되는 사람입니다. 나와 같은 직장에 소속되어서 함께 즐거운 식사를 할 수 있기 때문에, 내 집필작업에 도움을 주기 때문에 그를 만날 수도 있습니다. 나는 내가 만나는 타자의 육체가 균형잡힌 남성적인 몸매를 자랑한다든지, 날씬한 몸매에 큰 눈망울의 예쁜 얼굴의 미인이어서 나에게 미적인 만족을 주는 사람이라고 생각할 수도 있습니다. 그러나 타자에 대한 이러한 생각들은 모두 나의 자기 중심적이고, 이해타산적인 시각에 의해 보인 것일 뿐이며, 타자를 내 의식에 종속시키는 현상학적 자아론에 지나지 않습니다.

레비나스가 생각하는 타자는 결코 나의 내면성으로 통합되고 귀환될 수 없는 절대적 타자성을 지닌 존재입니다. 타자는 나와 절대적으로 분리되어 있는 존재이며, 극단적인 외재성으로 나를 초월해 있는 존재입니다. 그렇다면 타자의 타자성은 결코 우리가 포착할 수 없는 불가사의한 개념으로서, 나는 타자와 영원히 단절되어 있는 것일까요? 레비나스에 따르면, 그렇지 않습니다. 레비나스는 타자가 내 앞에 현현(l'épiphanie)할 수 있는 근거를 무한한 것에 대한 이념과 무한한 것에 대한 우리의 형이상학적 갈망(désir)에서 찾았습니다. 인간은 누구에게나 외재적인 것을 지향하는 형이상학적 갈망이 있다는 것입니다. 플라톤의 이데아론도 선의 이데아와 같은 외재적인 것을 지향하는 인간의 형이상학적인 갈망을 보여 줍니다. 잘 알다시피, 플라톤은 이런 갈망을 에로스의 사랑을 통해 설명하였습니다. 플라톤의 이데아론은 이데아의 세계와 현실세계를 분리함으로써 타자를 동일자로 환원시키지 않았던 고대의 중요한 전통 중의 하나입니다. 데카르트도 무한한 것의 이념과 나의 사유와의 연관을 통해 신의 존재를 증명한 바 있습니다. 그 때 데카르트에게 무한자는 신으로서, 내게로 환원불가능한 외재적인 존재로 사유되었습니다. 그러나 레비나스는 데카르트의 이 논증을 적절하게 변형시킵니다. 레비나스에 의하면, 유한자로서 "내가 생각한다."는 것은 무한한 것을 포함하지도 않고 무한한 것에 대한 연관성도 없습니다. 무한한 것과 자아의 관계는 오히려 절대적인 분리를 전제로 합니다. 무한한 것의 이념은 내 속에 내재하는 개념이 아니라, 스스로 드러나게 될 뿐으로서, 나보다 더 크고 내가 오히려 그 앞에서 머리 숙여야 할 계시와 같은 것입니다. 그래서 무한한 것에 대한 우리의 이념은 그것이 포함할 수 없는 것을 지향합니다. 내 생각의 한계와 이해가능성을 넘어선 것, 즉 무한한 것을 생각하고 이해하려는 것은 이룰 수 없는 것을 지향하고 갈망하는 것입니다. 그런 점에서 갈망은 충족될 수 있는 욕구(besoin)와는 달리, 갈망하고 있는 것에 결코 도달할 수 없습니다. 갈망은 할수록 더욱 커질 뿐입니다. 이처럼 레비나스에게서 갈망은 유한한 사유와 무한한 것의 이념 사이의 관계를 설명해 주는 핵심적인 개념입니다. 인간은 이 형이상학적 갈망을 가지고 있기 때문에, 이제 절대적 외재성인 타자에게로 향하는 존재로 규정됩니다. 그것을 통해, 한낱 자폐성과 나르시시즘에 빠진 채, 향유의 주체로서 세계의 사물을 소유하려고만 했던 자아가, 자기에게로 환원될 수 없는 타자의 절대적 타자성 앞에 노출되는 것입니다.

타자의 얼굴

이제 레비나스는 타자가 우리에게 얼굴로서 자명하게 현현한다고 합니다. 자명하게 현현하기 때문에 우리는 타자의 얼굴(le visage de l'autre)을 외면할 수 없습니다. 이렇게 타자가 얼굴로 현현한다는 레비나스의 비유는 타자의 외형적인 몸 전체가 드러남이라는 차원을 넘어서, 타자가 지닌 형용할 수 없는 신비스러운 분위기를 전달해 줍니다. '얼굴'은 감각적인 사물이 현상하는 것과 같은 방식으로 나타나지 않습니다. 나는 내 눈 앞에 있는 사과에 어떤 의미를 부여할 수 있지만, 타자의 얼굴에는 마음대로 의미를 부여할 수 없습니다. 또 책상과 같은 감각적인 사물은 스스로를 표현하지도 않고, 나를 주시하지도 않고, 호소하지도 않습니다. 그러나 얼굴은 나를 바라보고, 스스로를 표현하며, 나에게 호소합니다. 타자의 얼굴이 내 앞에 나타날 때, 타자의 얼굴은 나를 사로잡고, 내 마음을 움직이며, 나와 대화를 요구합니다. 레비나스의 표현에 의하면, 타자의 얼굴은 '가릴 수 없는 노출'이요, 추상화되거나 논리화되지 않는, 개체적·구체적인 존재의 표현입니다.

그런데 타자의 얼굴은 그 자체가 발화되는 말보다 더 근원적인 말입니다. 타자의 얼굴은 그 벌거벗은 현현을 통하여 내게 말을 걸고 있습니다. 그리고 그 말은 "너는 나를 죽여서는 안 된다. 내 생명을 위험에 빠트려서도 안 된다."는 절박한 탄원입니다. 이것은 타자의 얼굴이, 모든 것을 박탈당한 궁핍한 자의 얼굴, 고통받는 얼굴로 내게 현현함을 의미합니다. 레비나스는 이런 타자의 얼굴의 전형적인 예로서 구약성서에 자주 인용되고 있는 나그네와 과부와 고아의 얼굴을 들었습니다. 예컨대 『이사야서』에서 선지자 이사야는 당시 사회의 부패상을 다음과 같이 소리 높여 규탄합니다. "아! 탈선한 민족, 불의로 가득 찬 백성, 사악한 종자, 부패한 자식들. 야훼를 떠나고 이스라엘의 거룩하신 분을 업신여기고, 그를 배반하여 돌아섰구나…… 악법을 제정하는 자들아, 양민을 괴롭히는 법령을 만드는 자들아! 너희가 영세민의 정당한 요구를 거절하고, 내가 아끼는 백성을 천대하여 그 권리를 짓밟으며, 과부들의 재산을 털고 고아들을 등쳐먹는구나."(『이사야』 1:4, 10:1-2.) 또 정의를 외치다 부당하게 잡혀와 고문당하는 타자의 얼굴, 전쟁터에서 총부리 앞에서 무력하게 죽음의 공포에 떨고 있는 타자의 얼굴, 비참한 굶주림의 상황에서 내게 도움을 간청하는 타자의 얼굴, 이 모든 타자의 얼굴들이 내게 "살인하지 말라."고 호소하고 이에 응답하라고 명령하고 있습니다. 이 무력하고, 상처받기 쉽고, 무저항을 표출하는 타자의 얼굴은, 내게 무한한 윤리적 책임을 갖도록 간절히 요구합니다. 또 내가 정의로울 것을 요구합니다. 이렇게 타자의 얼굴은 나의 선성을 일깨우고, 내 의무의 토대를 마련해 주는 존재로 나타나는 것입니다.

타자에 대한 책임과 윤리적 자아

이제 나는 고통받는 타자의 얼굴을 외면할 수 없습니다. 그리하여 타자에 대한 나의 선대(善待)는 타자 앞에서 이기적인 향유만을 누려 왔던 자신을 의문시하는 것에서부터 시작됩니다. 호소하는 자로서의 타자의 얼굴은 소유자로서의 이기적인 내 힘을 무력화시킵니다. 이제 나는 내가 이 세계에 안주하기 위해 지녀왔던 내 집, 내 음식, 내 노동이 이제 나만의 것이 아니었음을, 내가 타자와 나누어야 하는 것이었음을 자각하게 됩니다. 나는 내 집 문을 두드리는 낯선 사람을 맞이하기 위해 내 힘을 다해 집을 깨끗하게 정리하고, 내 음식을 차려 내와야 합니다. 나는 내 것을 소유하기를 포기하는 법을 배우게 됩니다. 이렇게 타자의 출현은 실상 내가 타자의 것을 부당하게 빼앗아 왔던 존재였음을 자각하게 합니다. 그리하여 타자는 나에게 그 앞에서 순종하게 하고, 나의 무제한적인 향유의 방종에 제약을 가하는 존재로, 나에게 책임을 갖도록 하는 존재로 등장합니다.

레비나스는 이처럼 내 자유보다도 타자에 대한 내 책임을 강조하는 책임의 윤리학을 갈파합니다. 내가 타자의 호소하는 얼굴에 대한 책임을 떠맡겠다는 것입니다. 책임을 떠맡는다는 것은 타자를 잘 영접하고, 내가 소유한 것을 나누어 주는 것입니다. 타자에 대한 책임은 무한책임입니다. "살인하지 말라."라는 계명도, 문자 그대로 아무렇게나 총질을 해서 남을 살해하지 말라는 말이 아닙니다. 우리가 살아가면서 자기도 모르게 여러 가지 방식으로 누군가를 죽이고 있을지도 모르는 상황을 은유적으로 표현한 것입니다. 예를 들어, 오늘 아침 내 식탁에 올라온 오렌지를 내가 먹을 때, 나는 오렌지가 없는 가난한 동포를, 또는 굶주린 세계시민을 죽이는 것입니다. 그런 점에서 책임은 레비나스에게는 선택의 차원에 머물러 있는 것이 아니라 우리에게 부과된 하나의 소명입니다. 심지어 레비나스는, 우리가 타자에 대해, 이웃에 대해 태곳적부터 책임이 있었다고 합니다. 우리는 타자 앞에서는 어떤 식으로도 무죄가 될 수 없을 만큼 책임이 있습니다. 이 책임을 다할 때 비로소 우리는 '대속(substitution)'의 차원에 들어섭니다. 대속이란 타자의 불행과 가난, 심지어 타자가 나에 대해 가질 수 있는 책임까지도 떠맡는 것을 의미합니다. 이는 자유로운 선택에 의한 것이 아니라, 떠맡을 수밖에 없는 것으로 부여됩니다.

이제 레비나스는 대속을 통해 나타나는 윤리적 자아의 모습을 그려 냅니다. 물론 이 때의 자아란 후설이나 사르트르가 말하는 자아론적 의식의 자아가 아닙니다. 윤리적 자아는 타자를 수용할 수 있는 감성적 존재입니다. 윤리적 자아는 타자에게 부름을 받고 응답해야 할 책임이 있는 존재입니다. 따라서 윤리적 자아에게 "내가 존재한다."는 것은 "타자에 대해, 모든 죄악에 대해 책임을 떠맡기 위해 내가 존재한다."는 것을 의미합니다. 윤리적 자아는 이기적인 나를 버리고, 타자의 얼굴 앞에서 나를 낮추고, 엎드리고, 나를 비울 때 비로소 등장합니다. 윤리적 자아는 내가 정의로울수록 더욱더 죄책감과 책임감을 느낍니다. 그런 점에서 윤리적 자아와 타자의 관계는 타자가 항상 상위인 불균등한 관계에 있습니다. 타자와 나의 관계는 호소하는 자와 책임을 느끼는 자의 관계입니다. 타자는 내 지배를 받을 수 없는 절대적인 존재이자, 나에게 계시되는 존재입니다.

결국 타자의 얼굴의 현현은 윤리의 근원적 현상이자, 형이상학적 사건입니다. 우리는 얼굴의 현현이라는 유일한 통로를 통해 진정한 의미의 형이상학적 초월과 무한성의 세계로 들어갈 수 있습니다. 레비나스가 유태인임을 미루어볼 때, 이런 타자의 얼굴은 구약성서에서 나타나는 여호와의 얼굴처럼 보입니다. 실제로 레비나스는 "타자에 대한 책임을 떠맡은 사람은 모두 무한의 영광을 찬양하는 것이다. 법에 우선하는 이런 책임은 신에 의해 계시된 것이다."라고 했습니다. 그럴 경우 타자와 맺는 관계 속에서 우리는 신과도 만나는 셈입니다. 레비나스가 보기에, 전통존재론은 존재에 대한 지식에만 골몰했기 때문에, 인간과 신의 관계도 근본적으로 인식적으로 파악할 수밖에 없었습니다. 신도 이론화되어 신학에서 한갓 지식의 대상으로 전락하였습니다. 레비나스는 그런 형이상학적 신학은 신의 본질적인 타자성과 신에 대한 우리의 책임을 부정했기 때문에, 무신론적이라고 주장합니다. 존재의 문제에만 열중했던 하이데거를 레비나스가 무신론자라고 부르는 이유도 여기에 있습니다. 반면에 레비나스는 타자 속에 형이상학적 진리가 있으며, 타자 없이는 신과의 관계도 형성될 수 없다고 말합니다. 이것은 사회관계, 인간관계 없이는 형이상학도, 신에 대한 지식도 결코 있을 수 없다는 것을 의미합니다.

시간과 타자

그런데 레비나스는 타인으로서의 타자 이외에, 타자의 또 다른 타자성을 문제삼습니다. 그것은 유한한 자아의 사유한계를 넘어 있는 절대적 외재성의 영역으로서, 죽음과 죽음 이후의 문제, 에로스의 관계에서 현시되는 연인의 타자성, 미래의 시간과 같은 무한한 타자성입니다. 이제 이것들을 살펴보도록 하겠습니다.

먼저 죽음과 미래의 관계에 대한 문제입니다. 하이데거에게 죽음은 현존재가 본래적으로 존재할 수 있는 가능성을 마련해 주는 유일무이한 사건이었습니다. 죽음은 곧 현존재의 진정한 자기발견과 세계의 근원적인 개시를 가능하게 해 주는 통로였습니다. 그래서 우리가 스스로 앞질러 죽음을 떠맡기로 결심함으로써 '죽음의 불안'은 오히려 '죽음에의 자유'로 변화됩니다. 그러나 레비나스에게 죽음은 주체의 수동성과 부자유를 드러내 보이는 경험입니다. 죽음은 내가 손으로 거머쥘 수 없고, 어느 특정한 순간부터는 "할 수 있음을 더 이상 할 수 없다."는 점에서 내 지배를 벗어나 있는 사건입니다. 죽음은 죽겠다는 '계획을 세울 수 없음'입니다. 죽음은 내게 수용되지 않고 그냥 오는 것입니다. 죽음은 본질적으로 나의 인식영역을 벗어나 있는 신비요,

절대적인 타자성으로서 나를 지배하는 미래이자 미래의 사건입니다. 그래서 죽음은 결코 현재일 수 없습니다. 마찬가지로 레비나스에 의하면, 미래도 내가 손으로 거머쥘 수 없는 외재성이며, 예기하지 않게 우리를 엄습하여 우리를 사로잡는 타자입니다. 미래는 절대적으로 다른 것이요, 절대적으로 새로운 것입니다. 그래서 우리와 미래의 관계는 타자와의 진정한 관계가 됩니다. 이 때 레비나스의 관심은, 전적인 타자성으로 있는 죽음과 미래를, 현재 속에 있는 우리가 어떻게 받아들일 것인가에 있습니다.

여기서 레비나스의 독특한 시간관이 등장합니다. 레비나스에 의하면, 시간은 본질적으로 새로운 탄생입니다. 시간은 영원에 대한 모상이 아닙니다. 전통적으로 시간은 영원의 타락이자, 극복되어야 할 유한성의 표징으로만 여겨져 왔습니다. 그러나 레비나스는 시간이 영원의 결여태가 아니라, 절대적으로 다른 것으로서 매순간 우리에게 다가오는 사건이라고 봅니다. 그런 점에서 레비나스에게는 현재의 시간이 있을 뿐입니다. 레비나스는 죽음을 통해 주어진 미래는 아직 시간이 아니라고 해석합니다. 미래가 시간의 한 요소가 되기 위해는 어쨌든 현재와 관계를 맺어야 한다는 것이지요. 미래는 영원 속에서 우리가 가져올 수 있는 어떤 것이 아니라, 현재가 아닌 한에서의 미래일 뿐입니다. 그런 점에서 레비나스는 타자(시간, 죽음)를 미래를 통해 정의하는 것이 아니라, 미래를 타자(시간, 죽음)를 통해 정의하고 있는 것입니다. 따라서 이제 레비나스에게 죽음을 극복한다는 것은 영생의 문제가 아니라, 죽음이라는 사건의 타자성과 더불어 여전히 인격적이어야 할 관계의 유지를 의미합니다. 여기서 인격적이어야 할 관계는 인간으로서의 타자와의 관계입니다.

보다 구체적으로 레비나스는 타자성이 순수하게 나타나는 상황, 그리고 죽음의 극복가능성과 관련하여 여성적인 것(le féminin)을 이야기합니다. 레비나스가 말하는 여성적인 것을, 한때 낭만주의자들이 남성을 구원하는 신비에 싸인 존재로 노래했던 여성성으로 오해해서는 안 됩니다. 또 남성과 여성의 이원성은 서로 보완해 준다는 상보성의 의미로 읽어서도 안 됩니다. 레비나스의 여성성은 완전히 상반되어 있으면서도, 그 상반성이 상관자의 관계를 통해 아무 영향도 받지 않는, 전적인 타자성을 의미합니다. 남녀 간의 육체적인 사랑이 그처럼 아름답고 감동스러운 것도 단 둘만이 있다는 사실 때문이며, 그 사이에 넘어설 수 없는 이원성이 존재하기 때문입니다. 이 이원성은 끝까지 지울 수 없는 관계로서 타자성을 마비시키는 것이 아니라, 오히려 타자성을 보존합니다. 이 이원성의 관계는 사르트르가 말했던 사랑과 대비해 보면 그 의미가 분명히 드러납니다. 사르트르에게 타자를 사랑한다는 것은 나를 타자의 대상으로 삼게 해서 타자의 사랑을 받으려는 것입니다. 연인을 애무한다는 것은 연인의 의식을 육체로 집중시키고, 그 육체의 지배를 통해 연인의 의식을 지배하려는 것입니다. 결국 타자를 사랑한다는 것은 타자로부터 사랑을 받으려는 욕구일 뿐입니다. 타자에 대한 진정한 사랑이 없는 한, 사랑은 허구일 뿐이며, 끝내 좌절할 수밖에 없습니다. 그래서 사르트르는 사랑을 자기 기만이라고 했습니다. 나아가 좌절된 사랑은 타자와 동화를 이루기 위해 극단적인 마조히즘과 사디즘으로 빠집니다. 마조히즘은 자신을 완전히 노예화하는 관계이고, 사디즘은 타자를 완전히 노예화하는 관계입니다. 어느 경우든 사르트르에게 타자와의 윤리적·인격적 관계는 불가능한 것입니다.

이와는 달리, 레비나스의 타자는 내 것이 되는 대상이 아닙니다. 나는 타자를 향유할 수 없습니다. 나는 타자를 나에게 동화시킬 수 없습니다. 타자성은 여성적인 것을 통해 자신을 실현합니다. 타자로서의 여성적인 것은 말할 수 없는 매력을 발산하며 오히려 저 깊은 신비 속으로 물러섭니다. 여성적인 것이 존재하는 방식은 스스로 자신을 감추는 것이고, 이렇게 자신을 감춘다는 것이 수줍음입니다. 타인의 타자성을 신비로, 그리고 그 신비를 수줍음으로 정의할 때, 레비나스는 내 자유와 동일한 자유를 가지고 있는 타인을 내세우지 않습니다. 타자성을 내세울 뿐입니다. 여기서도 그는 자유가 아니라 타자에 대한 책임을 말하는 것입니다.

한 걸음 더 나아가, 레비나스는 에로스적인 사랑이 보여 주는 특출한 관계를 제시합니다. 에로스적 관계는 타자성과의 관계이자, 신비의 관계입니다. 시간과 관련하여 부연하자면, 에로스적 관계는 미래와의 관계, 모든 것이 현존해 있는 세계 안에서는 결코 현존하지 않는 것과의 관계입니다. 이러한 관계를 레비나스는 구체적으로 남녀 간의 교합, 성애의 은유를 통하여 설명합니다. 성애는 먹고 마시는 것처럼 홀로 즐기는 쾌락이 아니기 때문에 다른 쾌락과는 다릅니다. 에로스적 사랑이 타자성과의 관계인 한, 사랑은 우리의 주도권에 의존하지 않습니다. 사랑은 아무 이유 없이 존재하며 우리를 엄습하고 우리에게 상처를 줍니다. 상처받는 자아를 보존한 채 말입니다. 에로스적 사랑은 애무(caresse)로 이루어집니다. 애무는 무엇을 찾고 있는지 모르면서도, 무엇인가 감추어진 것을 애타게 더듬고 있는 행위입니다. 그런 점에서 애무는 거머쥘 수 없는 것, 아무 내용이 없는 순수한 미래를 기다리는 행위입니다. 레비나스의 시적인 표현을 빌리면, 애무는 헤아릴 수 없는 배고픔을 먹고 삽니다.

레비나스에 의하면, 에로스적 사랑과 애무의 결실은 생산성(fécondité), 또는 출산입니다. 감추어졌던 아이가 나옴으로써 나는 아버지가 됩니다. 아이는 "타자가 된 나(moi étranger à soi)"입니다. 이렇게 생산성을 통해 우리는 자신의 유한성으로부터 벗어나며, 시간도 무한성의 차원을 얻을 수 있습니다. 나는 아버지가 됨으로써 내 이기주의에서 벗어납니다. 나라는 자아는 이제 아이라는 타자와 그의 미래 속에서 자신의 한계를 초월합니다.

레비나스는 내가 존경하는 철학자입니다. 그의 철학은 타자의 절대적 타자성을 강조하는 철학인 동시에 계시하는 얼굴의 현상학입니다. 그는 『시간과 타자』에서 타자성이 주체 간의 자유를 내세우고 보존하는 것이 아님을 강조하였습니다. 또 자아와 타자의 관계는 결코 하나로 수렴될 수도 없고, 화해할 수도 없는 관계였습니다. 그러면서도 결코 타자는 주체의 의식 안에 포섭될 수 없는 신비이자, 초월이자, 무한성의 원천이었습니다. 이런 형이상학을 우리 사회에 적용시켰을 때, 타자는 내 지배를 받을 수 없는 절대적인 존재이자, 내게 계시되는 존재로 나타났습니다. 이처럼 타자에 대한 책임을 강조하고, 자아의 겸손을 강조하고, 타자를 손윗분으로 모셔야 한다고 설파한 철학자는 그 이전에는 아무도 없었습니다. 매몰찬 이기주의와 고독한 개인주의에 파묻혀 고립되어 살아가면서 이웃사랑을 소홀히 하는 현대인들에게, 레비나스의 철학은 깊은 자기 반성과 각성의 계기를 마련해 줍니다. 오늘날 포스트모더니즘 철학의 특징은 동일성과 주체보다는 차이와 타자를 강조하는 데 있습니다. 그런 점에서 레비나스의 타자의 철학은 포스트모더니즘 철학의 원조역할을 했다고 보아도 좋을 것입니다. 실제로 적지 않은 포스트모더니즘 철학자가 그의 영향을 받았습니다.

메 를 로 - 퐁 티 의 실 존 현 상 학

생 애

모리스 메를로-퐁티(M. Merleau-Ponty, 1908∼1961)는 1908년 3월 14일, 프랑스의 로슈포르 쉬르 메르에서 유복한 카톨릭 가정에서 태어났습니다. 군인이었던 아버지가 일찍 세상을 떴기 때문에 홀어머니 밑에서 성장하였습니다. 1926년 파리고등사범학교에 진학하여 사르트르, 보부아르와 사귀었습니다. 이 때 귀르비치로부터 후설, 셸러, 하이데거 등의 강연을 들었으며, 소르본대학에서는 후설의 강의를 직접 청강하기도 하였습니다. 또한 가브리엘 마르셀의 철학에서 인간이 신체를 가진 존재, 즉 "나는 내 신체이다(Je suis mon corps.)."라는 중요한 생각을 배었습니다. 1930년에 철학교수자격시험에 통과한 후, 보베고등학교에서 교편을 잡았습니다. 1935년부터 파리고등사범학교에서 교수로 근무하였으며, 1939년 제2차 세계대전이 발발하자 중위의 계급장을 달고 참전하였습니다. 1939년 루뱅대학의 후설자료보관실을 찾아가 읽은 후설의 미출간 원고들은 메를로-퐁티의 철학적 영감의 원천이 됩니다. 1940년부터 1944년까지 카르노고등학교의 철학교사로 근무하였으며, 독일 점령기간에 사르트르 등과 함께 레지스탕스활동에 관여하기도 하였습니다. 1945년에는 문학박사 학위논문이자 대표적인 저서인『지각의 현상학』을 출판하였습니다. 사르트르와 함께 공동편집인으로 잡지『현대』를 창간하고, 정치부의 주임기자로 활약하였으며, 이 당시 썼던 정치평론과 예술평론에 관한 글을 모아 1948년에『의미와 무의미』를 출판하였습니다. 1949년에서 1952년까지는 소르본대학의 아동 심리학 및 교육학 과장직을 맡았습니다. 1950년 한국전쟁의 발발을 계기로 사르트르와의 오랜 정치적 반목이 불거져 1952년『현대』의 편집장직을 사임하게 되며, 이 때 사르트르와 소련의 스탈린주의와도 결별합니다. 같은 해인 1952년에는 베르크손의 뒤를 이어 콜레주 드 프랑스의 철학과장직을 승계하였습니다. 1961년 5월 3일, 심장병으로 53세의 나이에 갑작스럽게 세상을 떠났습니다. 사르트르는 이를 애도하여 매우 호의적인 사망기사를 써 주었습니다. 사후에 출판된 책으로는『보이는 것과 안 보이는 것』,『세계의 산문』이 있습니다.

현상학의 전개과정에서 볼 때 메를로-퐁티는 하이데거의 철학을 보완·발전시킨 철학자라 할 수 있습니다. 사르트르가 후설의 영향에서 하이데거의 존재론을 왜곡하여 '세계-내-존재'를 '의식-내-존재'로 변형시켰다면, 메를로-퐁티는 이런 사르트르의 철학을 다시 본래의 하이데거적인 관점에서 극복했다고 볼 수 있습니다. 동시에 메를로-퐁티는 우리가 이 세계에 존재하는 방식으로서 지각과 신체를 강조했다는 점에서 하이데거의 철학을 넘어서고 있습니다. 하이데거는 인간이 '세계-내 존재'로서 세계에 들어와 행동하고 대처하는 한 방시으로서의 지각이나 신체에 관해서는 별로 언급하지 않았기 때문입니다. 그런 점에서 메를로-퐁티는 하이데거의 현존재에 보다 뚜렷한 구체성을 부여한 철학자입니다.

지각의 개념사와 행태주의 심리학 비판

메를로-퐁티의 철학을 이해하는 방편으로, 지각의 개념적 변천사를 잠깐 살펴보는 것이 좋을 것 같습니다. 중세까지 서양인들은 대체로 외부 사물이 우리 지각에 나타나는 모습 그대로 우리 바깥에 존재한다고 믿었습니다. 따라서 '부드러움, 딱딱함, 차가움, 뜨거움' 등과 같이, 지각에 나타나는 사물의 질적 성질도 양적 성질 못지 않게 사물의 중요한 구성요소라고 생각하였습니다. 그러나 근대 자연과학의 발달로 말미암아 근대 서양인들은 사물의 질적·양적 성질을 뚜렷이 구별하였습니다. 그리고 질적인 감각적 성질은 인간의 신체가 만들어 낸 주관적인 요소일 뿐, 사물 속에는 존재하지 않는 요소로 격하시켰습니다. 이러한 변화는 철학에서 데카르트와 로크의 제1성질(양적 성질)과 제2성질(질적 성질)의 구분으로 반영됩니다. 이런 자연의 이분화는 수학적 방법을 자연에 적용시킨 필연적인 결과입니다. 자연해석의 도구인 수학적 언어는 양적 성질에 대해서는 무한히 정확한 해석을 허락해 주지만, 질적 성질에 대해서는 완전히 무능력하기 때문입니다. 심지어 자연에 대한 수학적 해석은 사물의 질적 성질은 물론 사물들 간의 위계질서까지도 와해시킵니다. 수학언어의 차원에서는 자연물과 인공물, 동물과 식물, 유기체와 무기체 등의 구별이 쓸데없는 것이기 때문입니다. 수학적 방법은 모든 사물을 그 기원과 상관없이 동일한 방식의 양적 규정과 방법적 추상의 대상으로 삼았기 때문입니다. 이는 결코 양적으로 환원될 수 없는 영역까지도 양적 대상으로 환원하려 하였던 것을 의미합니다. 그 결과 감각적 성질을 불가피하게 수용하는 인간의 지각은 사물의 진상을 제대로 파악하지 못하는 불완전하고 불순한 인식도구로 여겨지게 되었습니다. 수학과 과학적 방법을 통해 얻은 지식만이 진실이고, 지각을 통해 얻은 경험내용은 부정확한 것, 심지어 그릇된 것으로 여겨집니다. 우리 눈에는 밤하늘에 총총히 빛나는 별이, 세계의 진상을 보여 준다고 주장하는 과학자들에게는 핵융합을 하는 거대한 가스덩어리입니다. 또 "이 책상은 고체이다."라는 명제도 과학적인 시각에서는 거짓인 명제가 되어 버립니다. 미시물리학의 입장에서 책상은 텅 빈 공간에 가까운 것이니까요. 과학적인 실재론의 입장에서 우리가 바라보고 있는 일상적 대상은 모두 허구가 되고 맙니다.

그러나 메를로-퐁티는 이처럼 근대 자연과학적 세계관에서 천대받았던 지각을 근원적 세계경험을 가능하게 하는 틀로 다시 승격시키고자 합니다. 이는 메를로-퐁티철학의 방법론인 현상학이 근대 자연과학적 세계관에 대한 반발로 출현했다는 사실과 맥을 같이 합니다. 현상학적 방법의 목표는 종래의 모든 선입견을 벗어 버리고, 또 개념을 덧붙이지도, 빼지도 않으면서 즉각적인 경험을 있는 그대로 현시하고 기술하는 것입니다. 따라서 현상학이 과학의 이론적인 체계를 물리치고 우리가 실제로 경험하는 그대로의 세계를 파악하려 한다면, 세계와 직접 맞닿는 통로인 지각을 중시하지 않을 수 없을 것입니다. 우리는 지각을 통해 이론의 개입 없이 직접적으로 세계와 접촉하기 때문입니다. 특히 메를로-퐁티는 구체성과 생활세계를 강조하는 후설의 후기 현상학을 높이 평가합니다. 현상학은 우리가 경험한 있는 그대로의 세계를 기술하는 것이 목적인데, 전기 후설은 이를 설명하기 위해 치밀한 이론을 세우는데 열중했다는 것입니다. 후기 후설을 계승하는 메를로-퐁티에게 현상학은 과학이나 철학에서 유래한 모든 이론을 물리치고, 그러한 이론의 뿌리가 되는 일상적 경험으로 되돌아가려는 작업입니다. 따라서 그는 후설의 방법을 자신의 철학을 위해 재해석합니다.

이를테면, 후설의 현상학적 환원은 메를로-퐁티에게 우리가 이미 세계 내에 있음에서 출발하여 우리가 전적으로 세계로부터 떠나올 수 없다는 것을 도출하는 데 사용됩니다. 후설의 형상적 환원도 메를로-퐁티에게는 본질을 찾는 데 있는 것이 아니라, 우리 앞에 있는 세계인 생활세계에 도달하기 위한 것으로 바뀝니다. 의식의 지향성도 메를로-퐁티에게는 이미 거기에 있는 세계를 체험하고자 하는 신체의 지향성이 됩니다.

이를 바탕으로 메를로-퐁티는 당시 행태주의 심리학으로 대표되는 과학적 지각이론을 논박하는 작업에서부터 자신의 철학을 시작합니다. 행태주의 심리학은 경험론과 맞닿은 일종의 환원주의 이론으로서, 인간행동을 자극과 반응이라는 인과모델에 따라 설명합니다. 따라서 지각도 일정한 성질을 갖춘 대상이 우리의 육체에 가하는 인과론적 작용의 결과라고 주장합니다. 이 때 지각은 대상의 특정 성질과 상응하는 개별적인 감각으로 이루어진다고 보고 있습니다. 그러나 메를로-퐁티는 형태(Gestalt)심리학에 우호적인 입장을 취하면서 행태주의 심리학을 비판합니다. 행태주의 심리학에는 일반적인 난점이 여럿 있습니다. 첫째, 행태주의 심리학은 인간행동을 행위자의 의도나 의미, 가치 등을 통해 해석할 수 있는 여지를 아예 없애 버립니다. 행위자의 의도마저도 물리적·생리적 인과관계로 설명할 수 있다고 보기 때문이지요. 예를 들어 행태주의 심리학은 눈물을 생리적 현상으로 환원시켜 설명할 수 있지만 눈물의 의미를 밝혀 낼 수는 없습니다. 오히려 눈물을 생리적 현상으로 분석하고자 할 때조차도 눈물에 대한 인간의 의미연관성이 이를 가능하게 합니다. 눈물은 생리적 현상이상일 뿐만 아니라, 그 의미는 그때그때마다 눈물을 흘리는 사람의 의미지평 속에서 드러납니다. 둘째, 행태주의 심리학은 형태심리학에서 말하는 형태가 부분적인 요소들로 환원될 수 없는 전체성의 모습으로 인간에게 지각된다는 사실을 설명할 수 없습니다. 형태심리학에 따르면, 모든 지각은 자극-반응이라는 요소적인 대응관계에 의해 이루어지는 것이 아니라, 반드시 어떤 지평으로서의 장 속에 있는 다른 것들과의 관계 속에서 이루어집니다. 예를 들어 「뮐러-리어의 착각」이라는 다음과 같은 그림이 있습니다.

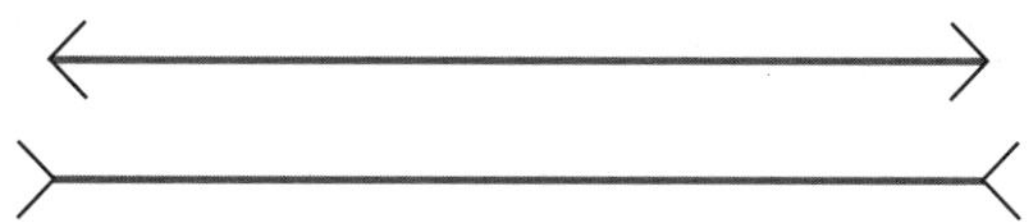

감각상으로 보면 위 그림의 두 선분은 길이가 다르게 보입니다. 그러나 분석적인 시각으로 보면 길이가 같습니다. 과학은 감각의 착각을 넘어 이처럼 사물을 분석적 시각에서 바라보도록 강요합니다. 그러나 보다 원초적으로 검토해 보면 두 선분은 우리에게 같거나 다른 길이로 보이는 것이 아니라, 우선은 각기 형태가 다른 것으로 나타나는 것입니다. 형태의 판별이 먼저인 것이지요. 또 하나의 예는 '형태변환(Gestalt switch)'입니다. 토끼-오리그림이라든지, 화병-얼굴의 옆모습

그림이 바로 그것입니다. 하나이자 같은 그림이 우리에게 토끼로도, 오리로도 보입니다. 또는 전혀 무의미한 낙서처럼 보일 수도 있습니다. 우리에게 무의미하거나 무관한 것은 지각되지 않고 잊혀질 수도 있습니다. 이것은 모든 사건과 현상이 지각의 차원에서도 우리와 해석적 의미연관을 맺는다는 사실을 적나라하게 보여 줍니다. 즉, 사람들의 지각경험은 과거에 그가 겪은 경험, 그의 지식, 그의 기대 등에 영향을 받고 있음을 보여 줍니다. 결국, 이는 순수한 감각과 같은 것은 없다는 것을 의미합니다. 아무리 단순한 요소의 감각이라도 그것은 이미 사실상 어떤 지평이나 장의 관계에서 드러나는 것이며, 그것들과의 변별성에 의하여 감각 대상이 됩니다. 따라서 행태주의 심리학은 부분을 전체와의 연관에서 보지 못하는 오류를 범하고 있습니다. 유기체의 행동은 자극-반응이라는 단순요소들의 모자이크식 집합으로 다루어야 할 것이 아니라, 유기체의 반응형태의 전체적 모습을 통해 탐구해야 합니다.

지각의 현상학과 신체-주관

메를로-퐁티는 형태심리학의 이러한 직관을 이제 인간의 신체에 적용시킴으로써 인간실존의 현상학을 전개시켜 나갑니다. 메를로-퐁티에게 지각은 무엇보다도 신체의 지각입니다. 지각은 신체와 뗄래야 뗄 수 없는 관계에 있습니다. 신체 없는 지각은 상상할 수 없기 때문입니다. 따라서 메를로-퐁티의 지각현상학은 온전히 신체의 현상학이라고도 할 수 있습니다. 물론 메를로-퐁티가 말하는 신체는 객관적인 삼인칭의 세계로서 생리학자가 관찰하는 사물로서의 유기체가 아닙니다. 메를로-퐁티에게 신체는 무엇보다도 내 신체입니다. 그래서 메를로-퐁티는 이런 신체를 신체-주관이라고 합니다. 그리고 이런 신체-주관의 삶을 실존이라고 합니다. 신체 주관이라는 표현에는 암암리에 인간이 정신만도 아니고 물질만도 아닌 육화된 주체라는 의미가 배어 있습니다. 우선 여기서도 신체가 느끼는 지각은 시각적·촉각적인 감각들을 수동적으로 받아들여 형성된 모자이크만이 아닙니다. 메를로-퐁티에 의하면, 지각대상을 받아들이는 신체는 수동적인 면모만을 지니는 것이 아니라, 스스로 어떤 행동을 수행하고 있습니다. 게다가 신체가 느끼는 지각은 그 개인의 과거 내력과 분리되어 있지 않습니다. 우리 속담에 "자라보고 놀란 가슴, 솥뚜껑보고 놀란다."라는 말이 있습니다. 이것은 지각이 지각대상을 있는 그대로 받아들이는 것이 아니라, 이미 경험했던 지각에 영향을 받고 있음을 말하고 있습니다. 앞에서도 말했듯이, 우리들의 현재 지각 경험은 과거에 그가 겪은 경험, 지식, 기대 등에 영향을 받고 있습니다. 따라서 여러 사람이 같은 사건이나 사물을 지각하더라도, 각자의 체험배경이나 전후 맥락이 다르기 때문에 서로 다른 형태의 의미를 부여하게 됩니다.

  지각하는 신체-주관의 특성을 설명하기 위해 메를로-퐁티가 사용했던 유명한 예들이 있습니다. 바로 허체현상과 지체무자각현상입니다. 허체현상이란 예를 들어 불의의 사고를 당해 한쪽 다리가 잘린 사람이, 마치 잘린 다리가 그 곳에 붙어 있는 것처럼 통증이나 자극을 느끼는 현상을 말합니다. 지체무자각현상이란 환자의 몸 중 일부분이 마비되어 있을 때 그 마비된 지체가 자신의 것이 아니라고 느끼는 현상을 말합니다. 이런 현상들은 분명히 생리학적인 관점만으로는 설명될 수 없습니다. 지체가 없는데도 통증을 느끼는 것이나, 지체가 있는데도 그것을 없다고 느끼는 것은 생리학적인 차원에서는 말이 안 되는 소리이기 때문입니다. 그러면 심리학적인 측면에서는 설명이 될까요? 물론 허체현상을 느끼는 환자는 사지가 절단된 후에도 자기의 육체가 여전히 정상이라고 믿고 싶어합니다. 또 지체무자각증환자도 신체의 일부가 마비되었다는 사실을 잊고서 모두가 정상적이라고 느끼고 싶어합니다. 심리적 의지의 현상인 셈이지요. 그러나 메를로-퐁티에 의하면, 그렇다고 해서 이런 현상들이 심리학적인 관점에서 완전히 설명되는 것도 아닙니다. 허체현상은 뇌로 향하는 신경이 절단되면 사라진다고 합니다. 이것은 생리학적인 차원에서의 치유입니다. 그런가 하면, 지체무자각증 환자는 자기 신체의 마비를 잊어버리거나 못 보게 된 것도 아닌데도 마비를 부정합니다. 심리적으로 의식하고 있으면서도 그것을 억지로 무시하고 있는 것입니다. 말하자면 이런 현상들은 모두 헛된 심리적 의식상태의 표상작용만도 아닙니다. 메를로-퐁티에 따르면, 유물론에 토대를 둔 생리학이나 데카르트적 이원론에 토대를 둔 심리학과 같은 객관적 이론으로 이런 현상들이 제대로 설명되지 않는 이유는, 바로 이런 현상들이 환자 개인의 이력과 정서, 감정, 습관과 연관되어 있기 때문입니다. 개인의 이력이나 정서 등은 단지 뇌와 연결된 신경이나 또는 단지 심리적 표상만으로는 설명될 수 없다는 것입니다.

이제 메를로-퐁티는 허체현상과 지체무자각현상을 세계로 향하고 있는 신체의 운동이라는 관점에서 설명합니다. 원래 그 환자들은 건강한 몸으로 세계 속에서 그리고 세계를 향하여 움직여 왔습니다. 그 과정에서 습관적인 체내 감각을 익혔으며, 현재의 환자의 몸에 숨어 있는 그 체내 감각이 여전히 지난 날의 익숙한 세계를 고집하고 있기 때문에 그러한 현상이 나타난다는 것입니다. 이 정황을 표현하는 메를로-퐁티의 말을 직접 들어 봅시다. "나는 살아 있는 신체의 기능을 나 자신이 수행하는 한에서만 그리고 내가 세계를 향하여 일어서는 신체인 한에서만 이해할 수 있을 뿐이다." 결국 이것은 신체-주관으로서의 인간 자체가 마음과 몸 어느 하나만으로는 정의되지 않는 양의적·이중적이고 애매한 성격을 띠고 있다는 것을 뜻합니다. 몸과 마음은 하나로 환원되지도 않으면서, 동시에 서로 완전히 독립적이지도 않은 관계에 있습니다. 그래서 이런 인간의 존재 성격을 메를로-퐁티는 '신체-주관'이라고 표현하고 있는 것입니다.

그런데 이러한 신체-주관이 지닌 특징 중 가장 각별한 것은 이미 사유, 반성의 기능이 그 속에 녹아 들어가 있다는 점일 것입니다. 이것은 우리가 앞에서 언급했던 하이데거의 '원초적 이해'를 떠올리게 합니다. 하이데거의 현존재는 아무 탈없이 일상생활을 영위하다가 어떤 문제가 생기면 비로소 사유와 반성의 작업을 시작합니다. 메를로-퐁티도 우리들이 일상행위를 할 때에는 매순간 반성하면서 행동하고 있지 않다는 점을 지적합니다. 이미 몸이 알아서 잘 움직여 주는 것입니다. 예컨대 지금 우리는 공부하기 위해 이 강의실에 들어와 책상에 앉아 있습니다. 그러기 위해는 강의실 문의 손잡이를 돌리고 문에 힘을 가해 연 다음, 책상으로 다가와 알맞은 자세를 취하기 위해 걸상을 끌어당겨 앉아야 합니다. 그런데 우리는 이런 과정 자체를 의식하지 않은 채 무의식적으로 그런 행위를 훌륭하게 해내고 있습니다. 어느 누구도 "손잡이를 돌려야지, 문에 힘을 가해야지."라고 생각하지 않습니다. 그러다가 어떤 때인가 갑자기 손잡이가 돌려지지 않을 때, 그제서야 비로소 우리는 "아, 왜 손잡이가 안 돌려지지?"라고 생각하고 해결책을 모색합니다. 요컨대 사유나 반성은 몸이 하는 기능에 비하면 이차적인 것입니다. 메를로-퐁티는 이처럼 사유와 반성이 이루어지기 전에 몸이 알아서 하는 기능을 몸의 원초적 기능이라고 불렀습니다.

결국 이것은 메를로-퐁티가 전통경험론과 합리론, 칸트의 선험적 관념론의 철학을 그 근저에서부터 비판하고 있음을 의미합니다. 경험론자들의 순수감각은 허구이며, 합리론자들의 이성, 칸트가 말하는 감성과 오성 등은 몸에 비해 이차적인 기능에 지나지 않는 것이고, 따라서 그것들을 통해 구축된 세계도 원초적인 세계가 아니기 때문입니다. 그러면 메를로-퐁티가 주장하고 있는 세계는 어떤 것일까요?

무진장한 세계와 세계-에로의-존재

우리는 신체-주관으로서, 세계와 마주하며 존재하고 있습니다. 그리고 후기 후설의 현상학을 변용한 메를로-퐁티에게, 이 세계는 양도할 수 없는 현존으로서 반성 이전에 이미 거기에 항상 존재해 있는 것입니다. 따라서 이 세계는 지성적인 반성작업에 의해 이론적으로 둘로 쪼개지는 감각세계와 개념세계가 분리되기 이전의 세계입니다. 즉, 세계는 의식의 분석작업이 낳은 결과로 우리에게 주어진 것이 아니라, 우리 사고와 지각의 자연스러운 배경이자, 우리가 삶을 영위하는 친숙한 환경이라는 것입니다. 메를로-퐁티에게 세계는 인간실존의 현상적 장이며 모든 의미의 근원입니다. 이러한 세계를 그는 '우리가 살아내는 세계(le monde vécu)'라고 했습니다.

그런데 메를로-퐁티에 의하면, 이 세계는 우리가 아무리 퍼내어도 그 의미를 다 해독할 수 없는 무진장한 세계입니다. 이 세계는 우리가 지각하기 전에 먼저 거기에 있으면서, 언제나 우리의 사유를 넘어서고 우리가 발견하는 의미를 무한히 초월하는 세계입니다. 실제로 우리가 세계 속의 사물을 경험하는 방식을 들여다 보십시오. 내가 눈 앞에 있는 붉은 사과를 정면에서 볼 때 나는 사과의 한쪽 표면만을 봅니다. 그러나 그 한쪽 면이 사과의 전부는 아닙니다. 사과의 한 면을 보기 위해는 사과의 다른 많은 요소들이 전제되어야만 합니다. 또 그 사과는 겉만 아니라 속도 있으며, 무한히 많은 각도에서 지각될 수 있습니다. 우리는 같은 사과 속에서 미처 발견하지 못했던 것들을 언제나 더 많이 발견할 수 있습니다. 또 원칙적으로 우리가 사과를 지각했던 것과는 전혀 다른 방식으로 새롭게 지각할 수 있는 가능성이 얼마든지 열려 있습니다. 아마 시인의 눈이라면 그런 무진장한 새로운 면모들을 틀림없이 포착해 낼 것입니다. 이것을 일반화시키면, 우리가 지각하는 세계는 무한히 다양한 모습으로 나타나고 있으며, 아무리 열거하더라도 그 특징을 다 드러낼 수 없습니다. 그래서 메를로-퐁티는 이러한 성격을 가진 세계를 "모든 의미의 발상지이고 모든 사고의 근거"이며, "모든 우리 경험의 원초적 통일성"이라고 규정합니다.

그런데 메를로-퐁티는 이 세계 속에 들어와 행동하고 있는 인간의 존재양식을 '세계-에로의-존재(être-au-monde)'라고 명명합니다. 이런 표현은 하이데거의 '세계-내-존재'를 염두에 두고 변형시킨 것입니다. 하이데거는 메를로-퐁티가 강조한 신체의 운동과 지각의 문제, 그리고 세계와의 상호작용을 소홀히 하였습니다. 이를 비판하고 자기의 입장을 변별하기 위해 만든 신조어가 '세계-에로의-존재'입니다. 따라서 '세계-에로의-존재'라는 말에는 우리가 세계에 속해 있으면서, 동시에 세계에로 작용을 가하고 세계로부터 영향을 받기도 한다는 양의적인 의미가 담겨 있습니다. 메를로-퐁티에게 내 신체는 세계를 향한 운동이고, 세계는 내 신체를 받쳐 주는 기반입니다. 우리의 신체는 사물처럼 세계에 소유되는 차원에만 머무는 것이 아닙니다. 반대로 우리는 자신의 신체를 통해 세계를 소유하기도 한다는 것입니다. 과연 나는 신체를 통해 세계와 관계를 맺습니다. 나라는 의식이 신체화되어, 즉 신체-주관이 되어 세계와 관계한다는 것은 세계를 감각적으로 지각하고 대상에 작용을 가한다는 것을 의미합니다. 동시에 신체-주관은 세계라는 공동체 내의 존재이므로 이미 세계 안에 들어와 있기도 합니다. 내가 세계에 존재하기 위해는 신체를 통해 대상에 작용을 가하고 지각하는 등 세계에 참여해야 합니다. 신체는 다양한 감각을 통해 세계를 지각하고 세계를 드러내며, 마침내 신체 자신이 사물과 세계 속으로 들어서게 됩니다. 이처럼 우리는 '세계-에로의-존재'로서 세계와 공명하며, 반성 이전에 이미 세계와 친근한 관계를 맺는 존재입니다.

한 걸음 더 나아가 메를로-퐁티는 세계와 내 신체가 합일되어 있는 차원을 이야기합니다. 이 경우 세계는 내게 하나의 통일된 세계로 나타납니다. 그 이유는 이미 신체가 세계를 하나로 통일시켜 지각하도록 구조화되어 있기 때문이라는 것입니다. 그리고 메를로-퐁티는 신체가 그렇게 세계를 하나되게 구조화하는 능력을 '신체도식'이라고 했습니다. 이 점을 해명하기 위해 메를로-퐁티는 스트래튼(Stratton)의 안경 실험을 원용합니다. 세상을 반대로 보이게 만든 특수안경을 쓰면 처음에는 모든 것이 반대로 보입니다. 둘쨋날에는 다른 것들은 정상화되어 가지만 자기 몸만 물구나무 서 있는 것처럼 보입니다. 이후 시간이 지날수록 몸도 바르게 보이게 되는데, 안경을 벗고 나면, 역시 그 역작용을 거쳐 정상적인 지각을 되찾게 됩니다. 그리고 이런 재수정의 지각은 그 사람이 활동적일수록 빨리 나타납니다. 그러나 이 과정에서 촉각의 세계는 전혀 바뀌지 않아 시각과 촉각의 두 감각이 일치하지도 않고 상호협력하지도 않습니다. 피실험자가 한 몸으로 상이한 두 개의 감각을 겪게 되는 혼란이 일어나는 것입니다. 이 실험은 몸이 외부환경세계와 친숙하지 않을 경우, 그 환경세계를 자기에게 친숙한 방식으로 바꾸어 지각한다는 사실을 보여 줍니다. 이 세계에 들어와 있는 우리의 신체는 이미 근본적으로 세계를 지금 우리가 지각하는 세계로 만들어 제공하고 있는 것입니다. 다시 말해 우리는 세계를 이미 조직적이고 통일성 있는 것으로 지각하고 있는 것입니다. 이런 점에서 보면 축구선수는 축구를 잘 할 수 있는 역량을 자기 신체 속에 구조화하고 있습니다. 바이올린 연주자는 바이올린을 잘 켤 수 있는 방식으로 신체가 구조화되어 있습니다. 우리의 신체는 세계에 개방되어 있고, 세계와 상관관계를 이루는 하나의 구조입니다. 이렇게 볼 때 결국 '세계-에로의-존재'는 세계 속에 있으면서 세계와 합일하기 위해 세계를 향해 가는 방식으로 존재하고 있는 것입니다.

현상학과 예술

메를로-퐁티는 『지각의 현상학』의 기본적인 철학적 통찰을 여러 분야에 적용시킵니다. '세계-에로의-존재'인 우리는 세계 속에서 실존하면서 다양한 사회적 행위에 참여하는 존재로 나타납니다. 그리고 메를로-

퐁티는 문학, 예술, 정치, 철학은 따로 떨어져 있는 영역이 아니라, 세계에 대한 특정한 태도를 서로 다르게 표현한 것이라고 봅니다. 이런 분야의 문제를 다루는 데서도 메를로-퐁티철학의 특징인 양의성, 애매성 등이 여지없이 드러나고 있습니다. 위에서 정리한 내용도 빠진 부분이 많지만, 메를로-퐁티철학의 전 면모를 다 정리하기란 너무 버거운 일이기 때문에 불가피하게 그 중에서 예술만을 따로 떼어 살펴보겠습니다.

예술과 관련하여, 메를로-퐁티는 후기 인상파화가인 세잔의 그림을 자신의 『지각의 현상학』을 밑받침해 주는 모범적인 사례로 받아들였습니다. 세잔은 르네상스시대 이래 미술계에서 금과옥조로 여겨온 기하학적 원근법을 해체하고 현대미술의 지평을 열어놓은 화가입니다. 우리의 세계체험을 지각과 관련시키는 메를로-퐁티에게 회화에서의 기하학적 원근법은 세계를 지각하는 것이 아니라 수학적 이성을 통해 세계를 사유해 내는 것에 상당합니다. 그런데 세잔은 우리가 체험하는 지각이 결코 기하학적 원근법이나 사진술의 원근법과 일치하지 않는다는 사실을 발견하였던 것입니다. 메를로-퐁티는 세잔의 자연관을 주목합니다. 세잔에게 자연은 완벽한 예술작품이었습니다. 그래서 세잔은 "예술가는 이 완벽한 예술작품을 좇아야만 한다. 모든 것은 자연에서부터 나온다. 즉, 우리는 자연을 통해 존재하며, 기억할 만한 가치가 있는 것은 오직 이 자연뿐이다."라고 고백합니다. 이 때의 자연은 현상학에서 말하는 생활세계에 해당합니다. 메를로-퐁티는 세잔이 그림을 통해 찾은 의미를 이렇게 묘사하였습니다. "세잔이 자신의 그림 속 대상이나 얼굴에 부여한 의미는 실제 세상에서 그가 경험하면서 느꼈던 의미이기도 했다. 그는 이 의미를 단지 그림 속에 담아 내기만 하면 되었다. 그가 보았던 대상과 얼굴 자체가 자신들을 그려달라고 요구하였고, 세잔은 이것들이 말하고자 했던 것을 화폭에 옮겨놓기만 하면 되었다." 이 말은 세잔이 현상학의 이념인 "사태 자체에로!(Zur Sache selbst!)"의 구호에 충실했음을 의미합니다. 앞에서도 말했듯이, 현상학은 종래의 모든 선입견을 벗어 버리고, 즉각적인 경험을 있는 그대로 현시하고 기술하는 것입니다. 세잔은 이성이나 감각에 의존하지 않고, 자기의 지각에 나타난 자연, 즉 원초적 생활세계를 있는 그대로 표현하였던 것입니다.

이것은 우리가 예술을 통해 있는 그대로의 세계를 지각하고, 그 속에서 보이지 않는 존재의 의미를 발견해 낼 수 있다는 것을 의미합니다. 바로 그처럼 메를로-퐁티는 우리가 예술을 통해 감각과 이성(사고, 지성, 개념)에 의해 왜곡되지 않은 원초적 세계에 접할 수 있다고 보았던 것입니다. 우선 메를로-퐁티는 예술을, 존재하는 것을 표현하는 작업, 그것도 끝이 없는 작업이라고 봅니다. 예술은 단순한 모방이 아니며, 본능적 욕구나 취미에 의해 만들어진 것이 아닙니다. 따라서 쾌락만을 위한 예술은 있을 수 없습니다. 메를로-퐁티에게 예술은 어떤 메시지(의미)를 끊임없이 전달하는 표현과정일 뿐입니다. 그리고 예술작품의 의미는 작품 그 자체가 아니고서는 설명될 수 없습니다. 예술가가 말하려는 것의 의미는 어디에도 존재하지 않습니다. 예술작품을 창조한 사고도, 예술작품을 수용하는 사고도 결코 그 의미의 무진장성을 다 밝혀 낼 수 없기 때문입니다. 이것은 현상학이 예술작품에 접근할 때 취하는 오랜 전통입니다. 그런데 예술에 의한 표현과 전달은 불확실합니다. 예술의 세계는 지적인 세계가 아니기 때문입니다. 표현이란 마치 어디로 나아가고 있는지를 그 누구도 알 수 없는 안개 속으로 내딛는 걸음걸이와 같습니다. 따라서 개념이 작품제작에 선행될 수 없습니다. 사유를 통해 표현을 추구하는 화가는 대상이 자연 속에 느러날 때 우리가 바라보는 순간순간마다 새로워지는 수수께끼를 놓치게 됩니다. 예술은 이성의 개입을 통한 추상화작업으로 성립하는 것이 아닙니다. 그것은 오히려 현실의 빈곤화를 초래할 뿐입니다. 개념에 의한 진리만을 찾으려고 한다면, 우리는 사물을 볼 수도 없고, 사물을 꿰뚫을 수도 없게 됩니다. 반대로 예술은 현실의 강렬화로서, 사물의 헤아릴 수 없는 무궁한 양상을 밝혀 보여 주는 것이 예술가의 가장 큰 특권입니다. 또 예술가의 창조란 이전까지는 존재하지 않았던 하나의 형상적 의미를 작품에 부여하는 일입니다. 결국 메를로-퐁티에게 예술은, 어떻게 인간이 실존 자체를 느끼고 상상하는가를 보여 주는 매개이며, 또한 우리 삶의 환희, 절망, 의미 가능성과 무의미성에 대한 명징한 통찰을 주는 것입니다. 한 마디로 메를로-퐁티는 예술가의 눈으로 세계를 바라볼 것을 우리 모두에게 권하고 있다고나 할까요?

보이는 것과 안 보이는 것

후기에 가서 메를로-퐁티는 존재의 은폐성과 비은폐성을 이야기하는 후기 하이데거의 영향을 상당히 크게 받습니다. 그리하여 지각의 차원에서 이른바 비전(vision)의 반성으로 넘어갑니다. 여기에 와서는 철학이 지각과 지각의 열림을 반성하는 작업으로 나타나며, 존재의 이중성이 검토되기도 합니다. 그 중 일부만 간략하게 언급하겠습니다. 메를로-퐁티는 사르트르의 존재와 무로서의 즉자와 대자를 비판하면서 오직 존재가 있을 뿐이라고 주장합니다. 즉, 아무 것도 아닌 '무'는 실존하지 않지만, 그것이 존재의 긍정에 기여하고 있다는 것입니다. 예를 들어 소리는 존재하지만 침묵은 소리의 부재입니다. 그러나 소리만 가득 차 있고 중간에 침묵이 없으면, 우리는 소리의 존재를 존재로 생각하지 못합니다. 따라서 소리라는 긍정은 침묵이라는 부정과 별개로 존재하지 않고 함께 묶여 있습니다. 또 사람들은 산에 오르면서 산꼭대기만 바라보고 산이 높다고 합니다. 그러나 그 산이 높기 위해는 산 아래 깊은 계곡도 있어야 한다는 것을 망각하고 있습니다. 노자가 말했던 것처럼, 유용성도 '무용의 용(無用之用)'을 전제합니다. 사람들은 눈에 보이는 그릇의 형태만을 볼 뿐, 그릇의 쓸모 있음이 그 속이 비어 있는 데 있음을 모릅니다. 그러나 사실은 보이는 것과 안 보이는 것이 동시에 들어서 있는 것이지요. 이것을 일반화시켜 보겠습니다. 나는 세계 속에 있는 사물을 볼 때 그 사물의 모든 면을 다 보는 것이 아닙니다. 나는 사물을 볼 때, 빈 곳, 무의 틈, 어둠의 그늘에 가려진 안 보이는 것과 함께 그것을 보게 됩니다. 보이는 것은 언제나 안 보이는 것을 동반하고 있습니다. 이것은 존재와 무가 함께 있음을 의미합니다. 메를로-퐁티는 우리가 보이는 것과 안 보이는 것 사이의 이중성에 처해 있다고 보고, 이것을 '사이세계'라고 했습니다.

또 메를로-퐁티는 존재의 이러한 이중성이 만나 존재의 보이는 부분을 '살'이라고 합니다. 따라서 우리가 살고 있는 세계는 살의 세계입니다. 내 신체는 보기도 하고 보이기도 합니다. 세계와 나는 서로를 감싸고 있으며, 지각하면서 지각됩니다. 나와 세계는 완전히 일치하지도, 완전히 분리되지도 않습니다. 그러므로 나와 세계는 모두 존재의 살이고, 그 곳에서는 이중성과 열림이 부분적으로 일치하고 있습니다. 따라서 내 몸은 존재가 그 자체를 밝히는 곳이며, 존재의 장이고, 존재의 축이며 거주지가 되기도 합니다. 메를로-퐁티는 이러한 존재를 '자연 그대로의 존재', '순수하지 않은 존재', '야생적 존재'라고도 했습니다.

메를로-퐁티의 철학은 유연할 뿐만 아니라 언제나 새로운 가능성에 문을 열어 놓아 어떠한 경직된 유형에도 빠져들지 않았습니다. 그래서 메를로-퐁티의 철학을 애매성의 철학이라고도 합니다. 그의 철학은 이원론도 아니고 그렇다고 일원론이라고 할 수도 없습니다. 그는 철저한 결정론도, 사르트르류의 절대적인 자유론도 받아들이지 않았습니다.

그는 살아가면서 무신론자라는 명칭도, 기독교인이라는 명칭도 받아들일 수 없었습니다. 또 그는 절대적으로 투명한 사랑이라는 것도 용납하지 않았지만, 사랑을 마치 심심풀이 땅콩인 양, 삶의 양념처럼 생각하는 사람도 불성실하다고 간단히 말할 수 없다고 주장했습니다. 한마디로 메를로-퐁티에게 인간과 세계는 어느 한 측면만으로 단정지을 수 없는 애매한 존재였습니다.

메를로-퐁티의 철학은 유일진리만을 고집해 왔던 전통철학의 독단과 전횡을 폭로하는 데 적합한 사유라고 나는 생각합니다. 또한 동일자보다 타자와 차이의 영향을 고려하는 철학임을 실감합니다. 레비스트로스는 공연한 우월감에 사로잡혀 다른 문화를 공공연히 파괴하는 짓을 서슴지 않았던 서구인의 지적 오만을 질타했던 철학자입니다. 타자의 문화를 존중할 것을 강조한 레비스트로스가 메를로-퐁티의 철학에 영향을 받았던 것은 너무도 자연스러운 일인 것처럼 보입니다. 나는 이러한 메를로-퐁티의 철학이 오늘날 자크 데리다의 철학으로 이어져 만개하고 있다고 말하고 싶습니다.

분석철학

프 레 게 의 분 석 철 학

생 애

고틀로프 프레게(G. Frege, 1848~1925)는 1848년 11월 8일 독일의 비스마르크에서 태어났습니다. 1869년부터 1871년까지 예나대학과 괴팅겐대학에서 수학, 물리학, 화학 그리고 철학을 공부하였습니다. 1873년 괴팅겐대학에서 박사학위를 받았습니다. 그 후 예나대학으로 다시 돌아와 수학과 교수로서 퇴임할 때까지 45년간 재직하였습니다. 1879년에 현대 기호논리학의 효시라 할 수 있는 『개념어 표기법』을 출판하였습니다. 1884년에 출간된 『산수의 기초들』과 1893년에 출간된 『산수의 근본법칙들 I』, 1903년에 출간된 『산수의 근본법칙들 II』에서는 수학을 논리학으로 환원시키려는 이른바 논리주의 프로그램을 수행하였습니다. 논리주의 프로그램을 종결짓겠다는 프레게 필생의 작업은 『산수의 근본법칙들 Ⅱ』를 완성할 단계에 있을 때, 러셀이 발견한 역설로 말미암아 그만 수포로 돌아가고 말았습니다. 프레게는 역설을 해결하기 위한 여러 가지 방안을 만들어 내었지만, 1923년에 폴란드의 논리학자 레즈니프스키가 그것도 효과가 없다는 것을 입증하였습니다. 그후 프레게는 수학의 기초를 기하학을 통해 세우려고 하였지만, 그것도 여의치 못했습니다. 결국 논리주의 프로그램은 직관주의 수학과 형식주의 수학의 도전으로 말미암아 종말을 고하고 맙니다. 생전에 프레게는 반유태주의자이자, 지독한 보수주의자로 알려졌습니다. 프레게는 1925년 7월 26일 77세의 나이로 세상을 떠났습니다.

수학사적 배경

프레게의 철학에 접근하기 위해는 먼저 당시의 수학사적 배경을 검토하지 않으면 안 됩니다. 좀 장황하기는 하겠지만 수리철학에서 논의되는 문제들을 정리해 보도록 하겠습니다. 수리철학은 "수란 무엇인가?"라는 물음에 답을 얻으려는 철학의 분과로서 수학의 토대를 탐구하는 분야입니다. 옛날부터 수학은 확실성과 엄밀성의 전범이 되는 학문으로 여겨져 왔습니다. 그러나 불행하게도 18세기에 수학이 더욱 발전되면서 수학의 확실성과 엄밀성은 바로 수학자 자신들의 업적에 의하여 크게 손상을 받고 말았습니다. 항상 자명한 진리의 패러다임으로 간주되어 왔던 유클리드기하학은 비유클리드기하학의 출현으로 말미암아 선택가능한 기하학 중의 하나일 뿐인 신세로 전락하였습니다. 어느 기하학이 진리인지, 또는 어느 하나의 기하학이 참인지 거짓인지를 더 이상 확신할 수 없게 된 것입니다. 해밀턴의 사원수(quaternion) 발견도 수학계에 큰 충격을 불러일으켰습니다. 실수, 복소수의 기본성질 $ab = ba$를 만족시키지 않으면서도 물리적으로 유용한 대수가 발견됨으로써, 자명한 것으로 알았던 산수와 대수법칙의 진리 또한 의심을 받게 되었던 것입니다. 그 결과 일부 수학자들은 수개념이 경험 자체로부터 얻어지며, 수학은 물리세계의 어떤 현상을 표현하는 데 필요할 뿐이라고 주장하기도 하였습니다. 사실 과거수학사를 보면 수의 경험적 적용가능성이 암암리에 새로운 수를 도입하기 위한 기준으로 작용했던 것도 부정할 수 없습니다.

수학조차도 그 원리를 경험으로부터 얻으며, 수학법칙이 진리라는 것을 더 이상 주장할 수 없다는 난관에 봉착해서, 수학자들은 보다 엄밀한 토대 위에 수학을 건설하지 않으면 안 된다고 생각하기 시작했습니다. 모든 학문 중에서 가장 확실한 학문이라고 여겨졌던 수학의 토대가 불확실하다는 것은 참으로 당혹스러운 일이었으니까요. 그리하여 19세기 초부터 이른바 해석학의 산수화작업이 착착 진행되었는데, 방법상으로는 유클리드기하학의 공리화방법이 사용되었습니다. 바이터스트라우스는 유리수를 토대로 무리수를 정의하였고, 데데킨트와 칸토르도 유리수를 가지고 실수를 정의함으로써 해석학의 엄밀화를 꾀하였습니다. 그럼으로써 수학자들은 이제 $2 \times 3 = 6$임을 증명할 수 있었습니다. 페아노는 자연수의 공리로부터 유리수를 얻는 데 성공하였으며, 이로써 수학자들은 1890년대에 이르러 마침내 $2 + 2 = 4$임을 증명할 수 있게 되었습니다.

그러나 수학의 굳건한 기초를 마련하려는 야심찬 작업은 이에 그치지 않았습니다. 예를 들어 프레게와 러셀은 수학에서 사용되는 개념이 논리학으로부터 연역되거나 논리학에로 환원된다고 보았습니다. 이러한 입장을 오늘날 논리주의라고 하는데, 그 대표적인 사람들이 프레게, 러셀, 칸토르 등입니다.

논리주의

논리주의란 수학이 논리학으로 환원될 수 있으며, 따라서 수학은 논리학의 일부에 불과하다는 입장입니다. 논리주의자들의 주장에 따르면, 수학의 개념들은 명확한 정의에 의하여 논리적 개념들로부터 도출될 수 있으며, 수학의 정리들도 순수한 논리적 연역을 통해 논리적 공리들로부터 도출될 수 있습니다. 또 수는 관념이나 심적인 존재물이 아니라 비감각적·객관적인 추상적 대상입니다. 즉, 수학은 인간의 창조물이 아니라 독립적으로 존재하는 추상적 대상들인 수의 성질과 존재를 발견하는 과학입니다.

그런 점에서 논리주의자들은 수학에 관한 플라톤주의자 또는 실재론자들이라고 할 수 있습니다. 플라톤이 이데아와 같은 추상적 대상이 인간의 정신과 독립적으로 존재한다고 주장했듯이, 수 또한 인간의 정신과 독립적으로 자존하는 객관적 대상으로서, 무시간적·비공간적·비심적인 성질을 띠고 있다는 것입니다. 말하자면 수학자는 수를 창조해 내든가 발명하는 것이 아니라 원래부터 존재하고 있는 것을 발견하여 기술해 줄 따름입니다. 따라서 실재론자인 논리주의자에게 정의란 창조적 정의가 아닙니다. 정의는 창조가 아니라 이미 존재해 왔던 어떤 것에 이름을 붙이는 작업에 불과합니다. 그런 점에서 논리주의자들은 피타고라스의 정리, 소수, 초한수 등을 히파소스, 뷜기, 칸토르가 발견하였다고 합니다. 또한 지금까지 증명도 반증도 안 된 골드바하의 추측, 무한구조에 관한 진술 등도 참이거나 거짓인 진리값을 가진다고 봅니다. 따라서 이들은 배중률을 아무 의심 없이 받아들입니다. 논리주의자들에게 수학은 내용(subject matter)을 가진 학문이 아닌 분석적인 학문입니다.

수학에서의 논리주의를 표방한 프레게철학의 근본입장은 객관주의로 나타납니다. 객관주의란 진리, 타당성, 심지어 지식과 같은 개념들이, 우리가 그것들을 인식하기 위해 접근하는 수단들과는 독립적으로 있는 것으로 보아야 한다는 입장입니다. 프레게는 산술의 엄격한 논리적 근거를 마련하기 위하여, 먼저 당시에 유행하던 수학에 대한 비판으로부터 출발하였습니다. 그에 따르면, 수학적 형식주의는 경험적 상황에 대한 수의 적용능력을 경시하며, 심리학주의는 수학의 독립성과 객관성을 부정합니다. 밀의 경험론은 수의 확실성과 일반성을 무시합니다. 이 중에서도 특히 프레게의 커다란 적수는 수에 대한 주관적이고 심리적인 설명이 가능하다고 주장하는 심리학주의였습니다. 그러나 프레게의 입장에서 볼 때, 수는 물질적이지도 않고 관념과 같이 주관적이지도 않습니다. 수는 비감각적·객관적인 것입니다. 프레게에게 수나 개념은 관념이나 심적인 대상이 아니라, 추상적·객관적 대상입니다. 프레게는 수학적 진리와 관련하여 플라톤주의의 형상을 옹호합니다. 프레게는 수, 개념 등을 객관적 존재라고 믿었던 실재론자였습니다.

이제 프레게는 논리주의 프로그램에 따라 수학의 근본개념들을 어떻게 순수한 논리적 개념들로부터 도출하는 것이 가능한가를 보여 주려고 합니다. 당면한 문제는 수학을 위한 단일한 기호체계를 고안하는 것이며, 그것들 사이의 논리적 관계에 대한 정확한 성질을 보여 주는 기호표현의 방법을 고안하는 것이었습니다. 이를 위해 쓴 책이 바로 현대기호논리학의 창안을 알리는 『개념어 표기법(*Begriffsschrift*)』입니다.

주장, 함수, 개념

새로운 논리학을 창시하는 데 필수적이라고 프레게가 생각한 중요한 구분이 있습니다. 이른바 문장내용과 문장효력 간의 구분입니다. 예를 들어 "소크라테스는 죽는다."라는 문장은 문법적으로 올바른 문장입니다. 프레게는 이 전체 문장이 뜻(Sinn, sense)을 가지고 있다고 합니다. 그리고 이 전체 문장의 뜻을 사고(Gedanke, thought)라고 했습니다. 프레게가 사고라고 한 것은 오늘날 논리학에서 명제에 해당합니다. 우리는 이 문장이 표현하는 사고를 주장하지 않고서도 이해할 수 있습니다. 말하자면 명제는 주장되는 내용이지 주장 자체가 아닙니다. 반면 위 문장을 주장하는 것은 그 문장을 실제로 참된 주장으로 만들어 사용하는 것입니다. 부연하자면, 주장의 효력을 가진 문장을 사용하는 것입니다. 마찬가지로 "소크라테스는 죽었는가?"라는 의문문은 "소크라테스는 죽었다."라는 명제에 의문의 효력을 붙여 사용한 것입니다. 이러한 구분은 부정을 다루는 프레게의 논의에서 보다 뚜렷하게 나타납니다. 한 서술문을 구성해서 사용한다는 것은 동시에 어떤 것을 주장(assertion)하는 것과 같습니다. "소크라테스는 죽지 않는다."와 같은 부정문은, 부정하는 데 사용됩니다. 전통논리학에서 부정은 주장과 대립하는 행위였습니다. 그래서 긍정문과 부정문은 전혀 다른 판단행위를 일으키는 것으로 생각해 왔습니다. 그러나 프레게는 주장과 부정에 오직 하나의 행위만이 있다고 잘라 말합니다. 주장만이 있을 뿐이라는 것입니다. 첫 번째 경우에 우리는 긍정문을 주장하고, 두 번째 경우에 우리는 부정문을 주장합니다. 두 문장은 주장내용에서는 다르나, 주장한다는 행위는 같다는 것입니다. 따라서 긍정판단과 부정판단 사이의 전통적인 구분은 자의적인 구분일 뿐이며, 부정의 존재 여부는 판단의 종류를 구분하는 아무 근거도 되지 않는다는 것입니다. 오늘날의 논리학 용어로 말하면, 긍정명제나 부정명제는 모두 정언명제로서 정언적 주장을 하는 데 사용되는 것입니다.

한편, 프레게는 전통삼단논법보다 적용범위가 더 넓은, 좀더 엄밀하고 일반적인 기호체계를 고안해 내었습니다. 프레게의 기호체계가 전통논리학과 다른 가장 중요한 특징은 주어, 계사, 술어로 나뉘는 문법적 구별이 거부되고 있다는 점입니다. 예컨대, "Socrates is mortal." 라는 영어 문장은 서양의 전통논리학에서 주어, 계사, 술어라는 세 요소로 구성되어 있다고 생각하였습니다. 이 때 계사 'is'는 주어와 술어를 연결시켜 주는 역할을 하고 있습니다. 우리 말로 번역하면 "소크라테스는 죽는다."이며, 문법적으로 문장 속에 주어와 술어만 있지만, 서양인들이 자기들의 언어구조에 따라 논리학을 만들어 냈기 때문에, 이렇게 세 요소로 이루어져 있다는 것을 인정하기로 합시다. 어쨌든 프레게는 계사가 전혀 판단을 형성하는 역할을 하지 못하고, 술어에 포함된다고 생각하였습니다. 그러므로 "Socrates is mortal."에서 술어는 'mortal'이 아니라, 'is mortal'입니다.

이처럼 프레게의 논리학에서 주어와 술어라는 이원적 구분의 발상은, 수학에서 함수와 독립변수(argument) 간의 구별에서 얻은 것입니다. 함수가 수학에서 중심적인 자리를 차지하게 된 것은 17세기에 와서 역학에 적용되었을 때부터였습니다. 그러나 18세기의 수학자들은 함수의 예들은 잘 알고 있었지만, 함수가 무엇인지에 대해서는 제대로 설명해 주지 못했습니다. 19세기 중반에야 함수는 현대적 의미로 생각되기 시작합니다. 오늘날 함수란, 각 독립변수가 적어도 하나의 값과 연결되는 수들의 두 집합 사이의 상호관계라고 정의됩니다. 함수들의 독립변수와 값들은 보통 특정한 종류의 수를 갖는 것으로 생각되었습니다. 그러나 프레게는 함수의 개념이 미진하다고 보고, 수학적 대상이 아닌 독립변수의 값들을 도입함으로써 함수의 개념을 더 확장하려고 합니다.

보통함수들은 전형적으로 '$2 \cdot x^3 + x$'처럼, 이른바 x라는 '변수'들을 포함하는 표현으로 나타낼 수 있습니다. 그러나 프레게는 '변수'의 개념을 사용하지 않고서도 함수들이 지닌 공통적인 형식을 보여 주려고 하였습니다. 예를 들어, 전통적으로 수학에서

$$2 \cdot 1^3 + 1, \quad 2 \cdot 4^3 + 4, \quad 2 \cdot 5^3 + 5$$

는 $2 \cdot x^3 + x$라는 함수에 1, 4, 5가 대입된 것입니다. 그런데 여기에서 $2 \cdot x^3 + x$에서 문자 'x'는 독립변수를 표현하는 자리처럼 쓰이기도 하고, 일반성(x, y, z와 같은 일반적인 기호)을 표현하는 데 쓰이기도 합

니다. 이것은 수학에서 나타나는 일반적인 기호체계의 결점입니다. 따라서 이 함수를 정확하게 $2 \cdot (\quad)^3 + (\quad)$로 표현하는 것이 더 바람직합니다. 이 공통적인 패턴이 바로 프레게가 생각한 함수입니다. 이 함수에 각각 특수한 수가 들어가면, 특수한 수치를 얻습니다. 수치는 ( )라는 독립변수와 함수가 결합한 결과입니다. 프레게는 이와 같이 함수, 독립변수, 수치를 나누면서, 함수를 불포화적(unsaturated), 또는 불완전적(incomplete)이라고 합니다. 따라서 프레게는 함수를 다음과 같이 설명합니다.

"이러한 관점에서 함수는 근본적으로 수와는 다르다. 이러한 것이 함수의 본질이기 때문에, 우리는 왜 우리가 $2 \cdot 1^3 + 1$과 $2 \cdot 2^3 + 2$에서 같은 함수를 찾아낼 수 있는가를 설명할 수 있으며, 또 왜 우리가 $2 \cdot 1^3 + 1$과 $4-1$의 값이 같은 수치임에도 불구하고 같은 함수를 발견해 내지 못하는가를 설명할 수 있다."

프레게는 $2(\quad)^3 + (\quad)$를 그리스 문자를 써서 $2 \cdot \xi^3 + \xi$로 표현하기도 하였습니다. 'ξ'는 두 가지 이유에서 좀더 유용합니다. 첫째, ( )의 사용보다 시각적으로 분명합니다. 둘째, 두 함수 $2 \cdot \xi^3 + \xi$와 $2 \cdot \xi^3 + \zeta$ 사이의 차이를 분명하게 보여 줄 수 있습니다. 전자는 하나의 독립변수가 포함된 함수이고, 후자는 두 개의 독립변수가 포함된 함수입니다. 예컨대 $2+2$는 $\xi + \xi$의 함수표현일 때는 한 번의 대입이 필요하지만, $\xi + \zeta$

의 함수 표현일 때에는 두 번의 대입이 필요한 것입니다.

프레게는 함수의 개념을 +, −, = 등과 같은 다른 수학기호에도 적용시킵니다. 예컨대 $x^2=1$이라는 함수를 보십시오. 여기에서 x는 독립변수입니다. x에 연속적으로 −1, 0, 1, 2를 대입시키면, 다음의 값을 얻습니다.

$$\text{“}(-1)^2=1, \quad 0^2=1, \quad 1^2=1, \quad 2^2=1\text{”}$$

여기서 첫 번째와 세 번째는 참이고, 나머지는 거짓입니다. 프레게는 이렇게 얻은 함수값을 진리값이라고 합니다. 그런 다음 참인 진리값과 거짓인 진리값을 구별하고, 전자를 'the True', 후자를 'the False'라고 불렀습니다. 그래서 $2^2=4$는 the True를, $2^2=1$은 the False를 나타냅니다. 그러므로 '$2^2=4$', '$2>1$', '$2^4=4^2$'은 같은 것, 즉 the True를 나타냅니다. 이렇게 하여 프레게는 $(2^2=4)=(2>1)$이 올바른 등식이라고 주장하였습니다. 여기에서 뜻과 지시체의 구별이 생겨납니다. 즉, '2^4'과 '4^2'은 지시체가 같지만, 뜻은 같지 않다는 것이지요. 마찬가지로 '$2^4=4^2$'과 '$4 \cdot 4=4^2$'은 같은 지시체를 지시하지만, 같은 뜻은 아닙니다. 그러므로 '$(2^4=4^2)=(4 \cdot 4=4^2)$', '$(2^2=4)=(2>1)$'이라는 등식이 정당하게 성립할 수 있다는 것입니다.

이제 프레게는 이 함수의 용례를 논리학과 일상언어에로 확장시킵니다. 예컨대 'x의 수도'라는 표현을 생각해 보지요. 이 표현은, x에 영국을 대입시키면 그 값이 런던이 되는 함수로서 사용될 수 있습니다. 또 "소크라테스는 철학자이다."라는 문장은 "x는 철학자이다."라는 함수의 값이 됩니다. 프레게는 "x는 철학자이다.", 보다 정확히 표현하면, "……는 철학자이다."와 같은 류의 함수를 개념이라고 합니다. x에 우리는 플라톤, 아리스토텔레스, 4, 시계 등을 대입시킬 수 있습니다. 여기에서 플라톤, 아리스토텔레스가 들어가면 이 문장은 참이 되고, 4, 시계가 들어가면 거짓이 됩니다. 표현 "……는 철학자이다."는 불완전하거나 채워지지 않은 문장의 부분입니다. 이 불완전한 부분을 프레게는 개념어(Begriffswort, concept-word)라고 했습니다. 프레게에 따르면, 전체 문장이 참 또는 거짓으로 결정되기 위해는, 그 문장이 포함하고 있는 개념어가 분명하고도 명료한 의미를 띠고 있어야 합니다. 이 개념어는 하나의 개념을 의미하고, 술어의 역할을 담당합니다. 이 때 개념은 어떤 사람의 심리적인 관념이 아니라, 객관적으로 존재하는 것입니다.

이제 프레게에게 "소크라테스는 철학자이다."라는 것은 소크라테스가 철학자라는 속성을 가진다, 또는 소크라테스가 '철학자'라는 개념 밑에 들어온다는 것을 뜻합니다. 개념 밑에 들어옴(falling under the concept)이라는 말은 전통적으로 대상이 어떤 속성을 가진다거나, 보편자는 개별자 속에서 예화된다고 하는 뜻에 대한 프레게식의 표현입니다. 개념어는 불완전하기 때문에 완전한 문장을 구성하지 못합니다. 따라서 완전한 문장이 되기 위해는 개별적 대상들의 이름과 결합하여

야 합니다. 즉, 개념어는 개별적 대상을 나타내는 고유명칭과 구별되어야 합니다. 사실, 프레게는 '개념'이라는 말을 넓게는 1항술어, 다항술어를 가리킬 때 사용하고, 좁게는 1항술어를 가리킬 때 사용합니다. 좁은 의미에서 사용될 때 다항술어에 대해서는 '관계'라는 표현을 사용합니다. 그래서 개념어는 전통논리학에서 술어라고 하지만 반드시 같은 것은 아닙니다. 프레게는 주어-술어라는 전통적인 문법적 구분을 무시하기 때문입니다. 예컨대 "부르투스는 시저를 암살하였다."라는 문장을 보십시오. 이 때 '……는 시저를 암살하였다, 부르투스는 ……을 살해하였다'는 1항술어로서, 이 표현들은 모두 개념을 나타냅니다. 반면, '……는 ……을 살해하였다'는 2항술어가 되며, 이것 또한 개념 또는 다른 말로 관계를 나타내고 있습니다. 부르투스가 반드시 문법적으로 주어가 아니라는 것입니다.

양화기호의 탄생과 존재개념

한편 프레게에 따르면, 어떤 함수들은 그것의 독립변수로 함수들을 취할 수 있습니다. 프레게는 그런 함수들을 2계(second-levelled)함수라 했고, 독립변수로 대상을 취하는 함수를 1계함수라고 했습니다. 2계함수의 예는 '$F(F(x))$'입니다. 예컨대 For all x, $F(x)$라는 문장을 생각해 보십시오. 여기에서 '$F(\ \ )$'는 개념어, 또는 술어입니다. 이것을 독립변수로 취하면 우리는, '모든 x에 대해, ( )x'를 얻습니다. 따라서 이 함수의 독립변수는 개념입니다. 이 때 함수, 즉 보편 양화기호는 만일 모든 대상이 F 밑에 들어온다면 참인 개념 F를 취하고, 그렇지 않으면 거짓인 개념 F를 취합니다. 그러므로 F는 독립변수로 대상들을 취하는 1계함수이고, 보편 양화기호는 그것의 독립변수로 1계함수를 취하는 2계함수입니다.

1계함수와 2계함수의 구분을 그대로 논리학에 적용시키면, 1계개념과 2계개념의 구분으로 나타납니다. 예컨대 "모든 인간은 죽는다."라는 전칭명제에서, '모든 인간'은 문법적으로 주어의 자리에 있기 때문에, 마치 어떤 대상을 가리키는 것처럼 보입니다. 그러나 프레게에 따르면, 사실상 그것은 2계개념을 표현하고 있는 것입니다. 위 문장은 성격상 "인간인 것은 무엇이든지 간에, 그것은 죽는다(Whatever is a man, is mortal.).", 또는 "모든 x에 대해서, 만일 x가 인간이라면, x는 죽는다(For all x, if x is a man, then x is mortal.)."라고 고쳐 쓸 수 있습니다. 그럴 경우 '인간'은 '죽는다'와 같은 논리적 위상을 가지고 있는 것으로 나타납니다. 이렇게 고쳐 쓴 영어 문장에서 '인간'과 '죽는다'가 똑같이 술어의 자리에 와 있다는 것에 주목하십시오. 마찬가지로 "현명한 사람이 있다(There are in fact people who are wise.)."라는 존재명제도, 개념 '현명한'이 사례를 가진다고 주장하는 것입니다. 이 경우에 '사례를 가진다'는 1계개념을 그 독립변수로 취하는 2계개념입니다.

프레게의 표현을 따르자면, 1계개념은 '개념 밑에 들어옴(falling under)'의 관계를 표현하고, 2계개념은 '개념 내에 들어옴(falling within)'의 관계를 표현합니다. 이 구별에 실패하면 우리는 '수', '존재'와 같은 개념을 취급할 수 없습니다. 왜냐하면 '수'나 '존재'의 개념은 2계개념이기 때문입니다. 예컨대 프레게에게 존재는 2계개념의 사용을 요구합니다. '존재'의 개념은 본질적으로 1계개념이 예(instance)들을 가진다는 것을 표현합니다. 호랑이가 존재한다, 호랑이가 존재하지 않는다고 말하는 것은 1계개념 '호랑이'가 발견되는 예가 있거나 없다고 하는 것입니다. 따라서 개별적 대상이 존재한다고 하는 것은 의미가 없습니다. 왜냐하면 '존재한다'는 1계개념에만 적용될 수 있는 2계개념이기 때문입니다. 실제로 "호랑이가 존재한다."라는 문장과 "호랑이는 사납다."라는 문장을 비교해 보십시오. 후자의 문장은 호랑이에 관한 어떤 사실을 전달하고 있는 반면, 전자의 문장은 호랑이에 관한 어떤 정보를 전달하거나, 새로운 기술을 하고 있는 것이 아닙니다. 논리적으로 볼 때 전자는 무의미한 문장이고, 후자는 의미 있는 문장입니다. 그러므로 프레게는 신의 존재론적 증명에 대한 칸트의 전통적인 비판에 동의합니다. 즉, "존재는 술어가 아니다."라는 입장을 지지합니다. 칸트가 '존재한다'를 술어라고 보지 않는 이유는 문법적으로는 '존재한다'가 술어이기는 하지만, 논리적으로는 전혀 술어로서 기능하지 않기 때문입니다. '존재'는 어떤 대상의 속성이 될 수 없습니다. '존재'는 1계개념들의 2계적 속성이므로, 존재는 1계개념 밑에 들어오는 어떤 개별적 대상들의 속성으로 생각될 수 없습니다. 오늘날 기호 논리학에서 2계개념 '모든 x에 대해서'는 보편 양화기호 $\forall x$로, '예들을 가진다'는 존재 양화기호 $\exists x$로 표기되고 있습니다. 양화기호는 이렇게 해서 탄생된 것입니다.

　이렇게 해서 프레게는 함수와 대상 간의 수학적 구분이 논리적 차원에서 개념과 대상 간의 구분에 적용될 수 있다는 것을 보여 주었습니다. 이상의 이야기는 상당히 전문적이어서 이해하기 어려운 측면이 좀 있습니다. 이제는 프레게의 이런 철학적 작업이 함축하고 있는 의의에 관해 이야기하겠습니다. 프레게는 수학을 보다 큰 학문적 엄밀성 위에서 터잡게 하기 위해, 수학언어의 명료성을 보장할 수 있는 조건들을 연구하는 데 관심을 쏟았습니다. 그 결과 언어를 논리적으로 분석할 수 있는 기호논리학의 체계를 만들어 내었던 것입니다. 기호논리학의 언어는 일상언어를 순화시킨 일종의 이상언어라고 할 수 있습니다. 자연언어와 이상언어의 구분이 저도 모르게 이루어진 것입니다. 이상언어의 관점에서 볼 때, 자연언어의 일상적인 사용은 여러 가지 결점들을 내보입니다. 이상언어에 비해 논리적 엄밀성과 명료성을 결여하고 있는 것입니다. 위에서도 말했지만, "모든 인간은 죽는다."와 같은 전칭명제는 일상언어적 관점에서 보면 '인간'이 주어이고 '죽는다'가 술어이지만, 기호논리학의 언어에서 바라보면 '인간'과 '죽는다'는 모두 술어로서 기능하고 있는 것으로 밝혀집니다. 그런 점에서 논리학의 언어는 이 세계의 참된 모습을 기술해 주고, 진리를 찾고자 하는 인식적 목적에 큰 도움을 줄 수 있습니다. 언어의 논리적 분석을 강조하는 분석철학의 목적이 바로 프레게에서부터 구현되고 있었던 것입니다. 그래서 오늘날 프레게는 분석철학의 선구자로 대접받고 있습니다. 나중에 살펴보겠지만, 이러한 분석철학의 정신은 비트겐슈타인에 이르러 "철학의 목적은 사고의 논리적 명료화에 있다."라는 선언으로 요약되는 것입니다.

뜻과 지시체

프레게의 「뜻과 지시체에 관하여」라는 논문은 분석철학의 고전으로 꼽힙니다. 이 논문에서 프레게는, '어떻게 하면 동일성 명제를 올바로 분석할 수 있는가'라는 철학적 문제를 해결하기 위하여, 뜻(Sinn, sense)과 지시체(Bedeutung, reference)를 구별하였습니다. 옛날 우리 조상들은 금성이 새벽녘에 떴을 때 그것을 샛별, 저녁에 떴을 때에는 개밥바라기라고 했습니다. 그런데 처음에는 샛별과 개밥바라기가 같은 금성이었다는 것을 몰랐다고 가정해 봅시다. 나중에 샛별과 개밥바라기가 같은 별이라는 것을 알기 위해는, 저녁부터 개밥바라기를 줄곧 관찰하고 있다가 새벽에 그것이 샛별의 자리에 있는 별과 동일한 위치에 있게 된다는 사실을 확인해야 합니다. 즉, 샛별이 개밥바라기와 같은 별임을 확인한다는 것은 관찰을 통한 천문학적 발견입니다. 이제 다음과 같은 문장을 살펴봅시다.

① 샛별은 개밥바라기와 동일하다($a=b$).
② 샛별은 샛별과 동일하다($a=a$).

프레게는 먼저 "$a=b$"와 같은 동일성 문장이 있을 때, 그것은 대상들 사이의 관계로 볼 수 없다고 주장합니다. 왜냐하면 a와 b를 대상으로 간주해서 이 동일성 문장이 참이 될 경우에, 그 관계는 '$a=a$'와 마찬가지일 것이기 때문입니다. 따라서 a와 b는 동일 대상으로서 결국 대상 자체에 대한 관계로 해석되고 맙니다. 그러나 ①과 ②는 동일한 것처럼 보이지 않습니다. 왜냐하면 ②는 같은 말을 되풀이하는 공허한 동어반복이지만, ①은 중요한 천문학적 발견에 관하여 말하고 있기 때문입니다. 즉, ①과 ②는 다른 인식적 가치를 지니는 것으로서, 왜 그 인식적 가치가 다른지를 설명해 주지 못합니다. ①은, 명제 '$a=a$'의 경우와는 달리, 경험을 통해 알려지는 것입니다. 그렇다면 동일성 진술을 대상들 사이의 관계가 아니라, 대상들의 이름이나 기호들 사이의 관계로 볼 경우에는 어떻게 될까요? 이 경우에 'a'는 어떤 대상의 이름이고, 'b'도 또한 어떤 대상의 이름이므로, '$a=b$'는 사실의 문제가 아니고, 표현양식(mode of presentation)만 나타낼 뿐입니다. 다시 말해 'a'와 'b'가 기호로서의 형태가 다르고, 'a'와 'b'가 동일한 대상을 가리킨다는 것만을 가지고는, 'a'와 'b'가 가리키는 대상에 대한 정보를 제공하지 못합니다. 이는 임의적인 동의에 기인한 것이기 때문에, 어떤 참된 지식을 우리에게 주지 않습니다.

프레게는 바로 이 난제를 풀기 위하여 두 종류의 의미, '뜻'과 '지시체'를 구별하였습니다. 프레게는 ①과 ②의 인식적 가치가 다르다는 점을 보이기 위해는, 'a'와 'b' 사이의 차이가 대상을 표현하는 양식의 차이와 상응해야 한다고 생각합니다. 그래서 프레게는 표현양식을 포함하는 표현의 뜻과 그 표현에 의해 지시되는 대상인 지시체를 구별합니다. 이름이나 기호의 뜻은 대상을 표현하는 양식을 포함하는 것으로서, 이는 이름의 지시체를 알아내기 위한 특정한 기준을 제시해 주는 것입니다. 위의 예에서 ①이 우리에게 정보를 제공해 주는 이유는, '샛별'과 '개밥바라기'가 각기 대상을 표현하는 양식, 즉 뜻에서 차이가 나기 때문입니다. 다시 말해 '샛별'과 '개밥바라기'는 같은 사물, 즉 금성을 지시한다는 점에서는 같습니다. 그러나 이 두 표현은 다른 뜻을 가진다는 점에서는 다릅니다. '$a=b$'는 만일 a와 b의 뜻이 같으면, 동어반복이 될 것입니다. 그러나 만일 이 두 표현의 지시체가 같으면, 필연적으로 동어반복이 되는 것은 아닙니다. 즉, 두 표현이 같은 대상을 지시한다 할지라도, 그 두 표현의 뜻은 다를 수 있습니다. 뜻과 지시체를 구별하지 않는다면, 우리는 어떻게 같은 대상에 여러 가지 표현을 사용할 수 있는지 이해할 수 없습니다.

프레게는 하나의 고유명이 뜻과 지시체를 가지는 것처럼, 잘 짜여진 언어 속에 들어 있는 모든 표현은 뜻과 지시체를 갖는다고 생각하였습니다. 우선 우리는 표현의 의미를 기반으로 해서, 문장 전체의 참, 거짓에 대한 조건을 설명할 수 있습니다. 또한 잘 표현된 문장의 모든 구성요소는 뜻이 명확합니다. 따라서 문장 전체는, 우리가 그것의 진, 위를 주장할 수 있다면, 반드시 뜻을 표현하고 있지 않으면 안 됩니다. 프레게는 그 뜻을 '사고'라고 했습니다. 후기 저술에서 프레게는 모든 참된 문장의 지시체를 '진리(the True)'로, 모든 거짓된 문장의 지시체를 '허위(the False)'라는 말로 표현하였습니다. 이처럼 프레게는 '샛별'과 같은 고유명칭이 뜻과 지시체로 이루어진 것처럼, 문장 전체도 뜻, 즉 사고를 표현하고, 또 지시체도 가진다고 생각하였습니다. 그러나 이것은 언어에서 문장의 역할과 이름의 역할을 혼동하는 결과를 일으켰으며, 나중에 러셀과 비트겐슈타인의 비판을 받게 됩니다. 비트겐슈타인은 문장(명제)의 지시체를 사실이라는 개념으로 바꾸게 됩니다.

한편, 프레게는 뜻과 지시체의 구별을 통해 여러 가지 형태의 간접화법이 가진 논리적 구조를 분석할 수 있었습니다. 간접화법 문장이란 그 문장 속에 '믿는다', '욕구한다', '희망한다' 등과 같은 인식적 동사가 들어간 문장을 말합니다. 직접화법의 문장은 일반적으로 서술문입니다. 직접화법 문장의 경우에, 그 문장의 진, 위는 그 문장의 요소적 표현의 뜻과 지시체를 고려함으로써 결정됩니다. 그러나 "A는 p임을 믿는다(A believes that p)"와 같은 간접화법의 경우, 이 문장 전체의 참, 거짓은 'p'의 참, 거짓만으로 결정되지 않습니다. '믿는다' 이하의 문장의 진위를 결정하기 위해 우리는 A라는 사람이 있음을 고려해야 합니다. 이런 유형의 명제의 참, 거짓을 문제삼으며 프레게가 의도하는 바는, 이런 명제의 진리값을 결정하기 위해는, 진리함수의 규칙과는 완전히 다른 규칙을 필요로 한다는 것입니다. 진리함수규칙이란 한 명제의 진위가 그것의 요소명제의 진리값에 의해 결정된다는 규칙을 말합니다. 프레게는 간접화법을 포함하는 명제 안에도 여전히 지시체가 있다고 주장합니다. 그러나 몇몇 지시체들은 오직 뜻만을 갖는다고 합니다. 예컨대 "A는 A가 서울에서 남산을 보고 있다고 믿는다."라는 명제에서 우리는 "A가 서울에서 남산을 보고 있다."라는 명제를 같은 진리값을 가진 다른 명제로 대치할 수 없습니다. 또한 본래의 명제의 진리값이 보존된다고도 생각할 수 없습니다. 왜냐하면 비록 명제 p와 q가 같은 진리값을 가진다 할지라도, p를 믿으면서 다른 명제 q를 믿지 않을지도 모르기 때문입니다. 예컨대 A가 서울에서 남산을 보고 있다고 믿지만, 서울이 한국의 수도라는 것을 알지 못할 때, 비록 A가 서울에서 남산을 본다는 것을 믿는다 할지라도, A가 한국의 수도에서 남산을 본다는 것을 믿는다는 것이 반드시 따라나오지 않습니다. 프레게에 따르면, 직접화법과 간접화법의 차이는 다음과 같습니다. 비록 각 화법의 명제들이 그것들 나름대로 뜻과 지시체를 포함한다 할지라도, 그것들은 중요한 차이를 드러냅니다. 직접화법에서 표현의 뜻은 그것의 일상적인 직접적 지시체를 결정해 줍니다. 그러나 간접화법의 경우, 한 표현의 뜻은 그것의 간접적인 지시체를 결정해 줍니다. 그리고 이 간접적인 지시체는 그것의 일상적인 뜻입니다.

　오늘날의 관점에서 볼 때 최초의 분석철학이라고 할 수 있는 프레게의 철학은 곧 러셀과 비트겐슈타인에게 직접적인 영향을 미쳤습니다. 러셀과 화이트헤드의 공저인 『수학의 원리(*The Principles of Mathematics*)』 서문에서, 두 사람은 이렇게 고백하였습니다. "논리적 분석에 관한 모든 문제에서 우리는 주로 프레게의 은혜를 입었다." 비트겐슈타인도 그의 『논리철학논고』 서문에 프레게의 위대한 연구업적이 자신의 사상형성기에 많은 자극을 주었다고 적었습니다. 논리실증주의자의 한 사람인 카르납도 분석철학 일반에 미친 프레게의 작업을 크게 평가하였습니다. 그 동안 영미 철학계를 주름잡았던 스트로슨, 기치, 콰인, 데이빗슨, 크립키, 더밋의 연구작업들도 프레게가 다루었던 여러 가지 주제들을 심화·확장시키고 있는 것으로 보아야 합니다.

　이 장을 읽고 나서 느꼈을 터이지만, 분석철학은 대단히 딱딱하고 무미건조한 철학입니다. 논리적 엄밀성과 확실성을 강조하다보면, 인간의 따뜻한 감정과 애틋한 정서가 개입될 여지가 별로 없기 때문입니다. 그 대신 분석철학자들의 글은 논리적으로 대단히 명쾌하고, 요점을 분명히 집어내 표현하는 장점이 깃들어 있습니다. 길게 책을 쓰지 않고 단 한편의 논문에서 할 말을 다합니다. 이런 특징은 영미 철학자들의 글쓰기와 프랑스 철학자들의 글쓰기를 비교해 보면 확연히 드러납니다. 영미 철학자들은 프랑스 철학을 논리적 엄밀성을 결여한 아마추어 철학에 지나지 않는 것으로 여겼을 것입니다. 프랑스 철학자들은 쓸데없이 너무 장황한 말을 길게 늘어놓고 책의 부피만 늘리는 사람들로 보이기 십상입니다. 반대로 프랑스 철학자들은 분석철학을, 살아 있는 인간의 생생한 삶과 현실을 도외시하는, 인간미라고는 눈곱만큼도 찾아볼 수 없는 보수주의 철학으로 생각했을 것입니다. 이렇게 서로 경원시하는 경향이 1970~1980년대에 우리 나라에서도 있었습니다. 그러나 오늘날 영미의 분석철학과 대륙철학은 서로의 단점은 보완하고 장점은 흡수하여 상당히 가까워졌습니다. 리오타르라든지, 퍼트남, 로티 등과 같은, 최근의 여러 서양철학자들에게서 그런 종합적 경향이 두드러집니다.

러셀의 분석철학

생 애

버틀런드 러셀(B. Russell, 1872~1970)은 1872년 5월 18일 영국 웨일스의 트렐렉에서 귀족집안의 아들로 태어났습니다. 할아버지 존 러셀 백작은 영국 총리를 두 번 역임한 사람이었고, 아버지 앰벌리 러셀도 자작이었습니다. 러셀의 대부는 존 스튜어트 밀이었습니다. 나중에 러셀도 할아버지와 형의 뒤를 이어 백작이 됩니다. 부모가 일찍 세상을 떠나자 러셀은 장로교파의 신실한 신앙을 가졌던 할머니 밑에서 성장하게 됩니다. 러셀은 어려서부터 수학적인 재능을 보였습니다. 이미 8살 때, 옛날 갈릴레오가 의문을 품었던 무한의 문제를 똑같이 생각해 냄으로써 주위 사람들을 놀라게 한 일화가 있습니다. 11살 때 형에게서 배운 유클리드기하학은 커다란 지적 각성을 불러일으켰습니다. 러셀은 이 경험을 "첫사랑처럼 숨이 막히는 듯한, 내 인생의 가장 커다란 사건 중의 하나였다."라고 고백하였습니다. 1890년 화이트헤드가 있었던 케임브리지대학의 트리니티칼리지 수학과에 장학생으로 입학한 후 맥타가트, 무어(G. E. Moore) 등과 교우합니다. 1894년 대학을 졸업하고 잠시 파리 주재 영국 대사로 근무하며, 그 해 12월에 결혼을 합니다. 1899년에 모교인 케임브리지대학으로 돌아와 철학을 가르칩니다. 1900년 7월 파리에서 개최된 국제철학회에 참석하여 이탈리아의 논리학자 페아노를 만나 수리논리학에 눈을 뜨게 되었고, 수리철학에 몰두하여 1903년 획기적인 저서『수학의 원리』를 출판합니다. 다시 화이트헤드와 함께 불후의 명저『프린키피아 매스매티카』의 저술에 착수하여 1907~1910년에 매년 8개월 간을 하루 10~12시간씩 작업한 끝에 완성합니다. 당시 케임브리지대학 출판부에서는 이 책을 출판할 경우 600파운드의 결손이 날 것으로 보고 300파운드만 부담하려 했습니다. 러셀과 화이트헤드가 회원으로 있었던 왕립협회에서 200파운드를 기부해 주었지만, 나머지 부족한 금액은 지원을 받을 수가 없었습니다. 10년간에 걸친 각고의 노력 끝에 출판된 책이었음에도 불구하고, 결국 러셀과 화이트헤드는 50파운드씩의 재정적 부담을 떠안아야 했습니다. 이후 러셀은 수리논리학보다는 철학쪽에 더 관심을 기울입니다. 1921년에는『정신분석』을 발표했고, 1945년에는『서양철학사』를, 1948년에는 그의 최후의 철학저서인 『인간의 지식: 그 영역과 한계』를 출판했습니다.

러셀은 학문적 활동 못지않게 참으로 정력적인 사회·정치적 활동을 벌인 사람입니다. 여성들의 참정권보장을 요구했던 여성해방론자였으며, 종교적으로는 불가지론자를 자처하며 기독교계와 불화를 겪기도 했습니다. 또한 사회주의자이면서 반전평화론자이기도 했습니다. 히틀러의 폭정, 스탈린 정권의 독재, 핵전쟁, 베트남전쟁에 반대하여 싸웠습니다. 1951년에는 노벨문학상을 수상하였습니다. 1964년에는 '러셀평화재단'을 설립하였고, 1966년에는 사르트르도 기꺼이 참여했던 국제전범재판소를 설립하였습니다. 교제의 폭도 넓어서 철학자들 이외에 아인슈타인, 러더포드, 닐스 보어와 같은 과학자뿐만 아니라 아이젠하워, 케네디, 흐루시초프, 네루와 저우언라이 등과도 사귀었습니다.

우리에게 잘 알려진 『행복의 정복』(1930)을 썼음에도 불구하고 러셀 자신의 사생활은 그리 행복한 것이 못되었습니다. 자신의 정치적 신념 때문에 두 번에 걸친 교도소생활을 하였으며, 성의 자유를 부르짖은 자신의 신념에 걸맞게 네 번이나 결혼을 했습니다. 이혼의 대가로 전처의 생활비를 부담하느라 경제적인 곤란을 겪기도 했습니다. 러셀은 1970년 2월 2일 98세의 나이로 영면하였습니다. 죽기 3일 전에도 러셀은 아랍을 침공한 이스라엘의 행위를 비난하는 메시지를 작성했다고 합니다. 러셀은 일생에 걸쳐 60여 권에 달하는 방대한 저서를 남겼습니다. 위에서 소개한 책 이외에도 대표적인 저서로는 『철학의 제문제』(1912), 『결혼과 도덕』(1929), 『의미와 진리의 탐구』(1940), 『논리와 지식』(1956), 『인류에게 장래가 있는가?』(1961) 등이 있습니다.

러셀의 역설과 논리주의 프로그램의 와해

러셀의 철학에 다가가기 위해서는, 프레게의 경우에서와 마찬가지로 무미건조한 수리철학을 다시 살펴보지 않을 수 없습니다. 러셀은 프레게처럼 수학의 기초에 대한 이론에서 논리주의를 지지하였습니다. 이에 따라 러셀은 수의 근본적인 개념들이 집합, 집합성원, 유사성(similarity)이라는 순수한 논리적 개념들에 의해 정의될 수 있다는 것을 보여 주려 하였습니다. 처음에 러셀은 수를, 같은 수의 구성원을 가진 집합들의 집합으로 정의하였습니다. 예를 들어 2라는 수는 모든 둘로 된 짝들의 집합이며, 3은 모든 세짝들의 집합입니다. 그러나 이러한 정의는, 둘로 된 짝이 있다는 사실이 논리학의 어느 부분에도 없는 우연적 사실이기 때문에, 수학을 논리학으로 환원하려는 목적에 분명히 쓸모 없는 것이었습니다. 따라서 러셀은 사실의 세계와는 무관한 수인 0이라는 숫자를 정의하는 일부터 시작했습니다. 0은 그 자체와 같지 않은 대상들의 집합을 구성원으로 하는 모든 집합들의 집합입니다. 자신과 같지 않은 어떠한 대상도 없기 때문에, 그 집합은 어떠한 수도 없습니다. 즉, 0은 그 구성원이, 어떠한 구성원도 없는 집합들의 집합, 공집합입니다. 오직 하나의 공집합이 있다는 사실은 1이라는 수를 정의하는 데 사용됩니다. 그래서 1은 공집합만큼의 구성원을 가진 집합들의 집합으로 정의되고, 2는 0과 1만큼의 구성원을 가진 집합들의 집합으로, 3은 0과 1과 2만큼의 구성원을 가진 집합들의 집합으로 정의됩니다. 이를 일반화시키면, 한 집합의 수는 그 집합과 유사한 모든 집합들의 집합입니다.

이것은 집합, 집합성원, 유사성으로 자연수를 정의하는 독창적인 방법이었지만, 불행하게도 치명적인 결함을 내포하고 있었습니다. 만일 우리가 이런 방식으로 계속해 나간다면, 우리는 아무 제한 없이 집합들의 집합들을 만들 수 있어야 합니다. 즉, 집합들을 집합화할 수 있는 것으로 취급해야 하며, 그것들은 또 다른 집합들의 구성원이 될 수 있어야 합니다. 그러면 이제 집합은 그 자체의 구성원이 될 수 있을까요? 대부분의 집합들은 그렇지 않지만 몇몇은 그렇게 될 수 있습니다. 그러므로 집합들은 두 가지 종류로 나뉠 수 있는 것처럼 보입니다. 하나는 그 자체의 구성원인 집합들의 집합입니다. 예를 들어 셀 수 있는 사물들의 집합은 그 자체 셀 수 있는 집합입니다. 다른 하나는 그 자체의 구성원이 아닌 집합들의 집합입니다. 예를 들어, 인간의 집합은 그 집합 자체가 인간은 아닙니다. 그러면 이 후자의 집합은 그 자체의 구성원일까요 아닐까요? 만일 그것이 그 자체의 구성원이라면, 그것은 분명히 그 자체의 구성원들이 아닌 집합들의 집합이므로 그것은 그 자체의 구성원이 되지 말아야 합니다. 그러나 만일 그것이 그 자체의 구성원이 아니라면, 그 때에는 그 자체의 구성원이 아닌 집합들의 집합의 구성원이 되고 맙니다. 그것은 그 자체의 구성원이기도 하고, 아니기도 한 것처럼 보입니다. 이것이 오늘날 '러셀의 역설'이라는 집합의 역설이었습니다. 사실 러셀과 화이트헤드의 『수학원리』는 수학을 초급논리학으로 환원했던 것이 아니라, 초급논리학＋집합론에로 환원하려 했던 만큼, 집합론에서 발견된 역설은 논리주의자의 프로그램에 치명타를 가한 셈이었습니다. 그리하여 러셀을 위시한 논리주의자들은 제반 역설에 대처하기 위한 방안으로 집합과 원소의 개념을 수정·보완하는 새로운 처방을 준비하기에 이릅니다. 그 대표적인 처방이 바로 러셀의 유형론(theory of type)입니다.

유형론

러셀에 의하면, 그 유명한 거짓말쟁이의 역설과 같은 모든 역설은 일종의 악순환 때문에 일어납니다. 악순환은 대상들의 집합이 오직 전체의 집합으로만 정의될 수 있는 구성원을 포함한다고 가정할 때에는 항상 일어난다는 것입니다. 즉, 이런 역설들은 어떤 비합법적인 전체들(illegitimate totalities)을 언급하기 때문에 일어난 오류입니다. 이런 악순환을 피하기 위해 러셀은 이른바 악순환의 원리를 제창합니다. 악순환의 원리란 "어떤 집합의 전체를 포함하고 있는 것은 그 집합의 하나가 되어서는 안 된다. 또는 어떤 집합이 전체라는 조건에서, 만일 그 집합이 그 전체라는 말로 정의될 수 있는 것을 원소로 가진다면, 그 집합은 어떠한 전체도 가지고 있지 않다."라는 원리입니다. 역설의 근본적인 오류는 집합을 닥치는 대로 집합화할 수 있는 대상으로 취급하는 데 있었습니다. 집합과 개별자들은 다른 유형이었으며, 어느 한 유형에 대해 참되거나 거짓될 수 있음이 다른 한 유형에서도 동일하게 의미 있게 주장될 수는 없다는 것입니다. 예컨대 "나는 거짓말을 한다."라고 말하는 사람은 "내가 주장하는 명제가 있고 또 그 명제는 거짓이다."라고 주장하는 것입니다. 즉, "나는 P를 주장하는데, 그 P는 거짓말이다."라고 해석할 수 있습니다. 그런데 "나는 거짓말을 한다."라는 명제에서 '거짓말'이라는 표현이 모호하기 때문에, 그것을 밝히기 위해 거짓말의 유형을 구별해야 합니다. "나는 거짓말을 한다."라고 할 때의 거짓말과 나중에 실제로 하는 거짓말과는 거짓말의 유형이 다릅니다. 이렇게 거짓말의 유형을 구분하면 거기에는 아무런 모순도 생기지 않습니다.

그래서 유형론은 논의영역을 유형으로 나눕니다. 유형들은 개별자들과 집합들, 집합들의 집합, 집합들의 집합들의 집합 등으로 무한히 나뉠 수 있습니다. 이를 일반화하면 $n+1$유형에는 n번째 유형의 대상들을 원소로 하는 집합들이 속합니다. 유형론에서는 자기 자신보다 단지 한 단계만 낮은 유형에 속하는 원소들로 이루어진 집합에 관해서만 언급할 수 있고, 그렇지 않은 집합에 관해서는 일체 언급을 할 수 없습니다. 결국 유형론에 따르면, 옳게 체계화된 언어의 모든 문장은 그 언어의 차원 바로 밑의 문장을 지칭하거나, 그것이 제1유형에 속한 것이라면, 그것은 사실 세계에 관한 무엇인가를 말하고 있는 것입니다.

그러나 러셀은 다른 난관에 부딪치게 되었습니다. 일단 집합들의 집합을 구성하는 것이 금지되었기 때문에, 러셀은 자연수의 수열을 다르게 정의하지 않으면 안 되었습니다. 따라서 러셀은 그 유일한 구성원이 공집합인 집합으로서 0의 정의를 보류하였습니다. 대신 러셀은, 그 구성원이 공집합의 구성원인 집합과 같은 모든 집합들의 집합이자 그 구성원이 아닌 대상을 1이라고 정의하였습니다. 또 그 구성원이 1을 정의하기 위해 사용된 집합의 구성원들인 집합과 같은 모든 집합들의 집합이자, 그 정의하는 집합의 구성원이 아닌 어떤 대상을 2라고 정의하였습니다. 이런 식으로 수들은 하나씩 정의될 수 있었으며, 각 숫자는 개별자들의 집합의 집합이 되었습니다. 그런데 자연수의 수열은 만일 우주 안에 무한한 수의 대상이 있다면, 무한하게 계속될 수 있습니다. 그러나 만일 우주 안에 단지 n개의 개별자만 있다면, $n+1$개의 구성원을 가진 집합들은 없게 될 것이며, 따라서 $n+1$이라는 수도 없게 될 것입니다. 이러한 이유 때문에 러셀은 우주 안에 있는 대상들의 수는 무한하다는 가정인 무한공리를 덧붙이지 않을 수 없었습니다.

한편 세부유형론(ramified theory of type)의 도입으로 인해 발생한 실수론에서의 난점을 해결하기 위해 러셀은 이른바 환원가능성공리도 요청하였습니다. 환원가능성공리(axiom of reducibility)란, 보다 높은 유형에서 성립하는 법칙들이 그보다 낮은 유형에서 성립하는 유사한 법칙과 병행해야 한다는 것을 말합니다. 게다가 『수학원리』체계에서는 정리의 도출을 위해 선택공리(axiom of choice)도 요구하고 있습니다. 위에서 보았듯이, 무한 공리란 가장 낮은 유형의 대상이 무한히 많이 존재한다는 것을 요구하는 공리입니다. 선택공리는 0이 아닌 선언적 집합들을 원소로 갖는 임의의 집합에 대해, 그 집합이 속하는 각각의 집합과 오직 하나씩의 원소를 공유하는 집합이 적어도 하나 존재한다는 것을 요구하는 공리입니다. 양자는 모두 무엇이 존재한다고 주장하는 존재 문장들인데, 그런 점에서 러셀은 그것들을 논리적 공준으로 삼는 데 주저하였습니다. 그도 그럴 것이 논리학은 가능한 대상들만을 취급하지, 어떤 것이 존재하는지의 여부에 관한 주장을 할 수 없기 때문입니다. 그래서 러셀은 수학이 순수형식과학이 되지 못하기 때문에, 수학은 존재에 관한 정언적 진술이 아니라 가언적 진술만을 한다고 생각하였습니다. 그리하여 증명을 하는 데 무한공리 I, 또는 선택공리 C를 요구하는 수학 문장 S를 가언문으로 변형시켰습니다. 따라서 S는 S가 아니다. I⊃S, 또는 C⊃S를 주장한다는 것입니다. 이것을 이른바 러셀의 가언주의(If-thenism)라고 합니다. 러셀의 가언주의란, 수학의 모든 적합논리식(well-formed formula)이 주결합어로 가언

기호 ⊃를 가진다는 것이 아니라, 정리를 증명하는 데 요구될 때에는 언제든지, 가설로서 무한공리와 선택공리가 요청된다는 것을 의미합니다. 그렇다면 수학은 결국 물리적 존재와 관계하는 것이 아니라, 존재의 가능성과 관계하는 셈이 됩니다. 프레게는 이러한 존재주장이 논리학의 일부가 될 수 없다고 보고 논리주의를 포기하였습니다. 그 대신 무한히 많은 점들이 있기 때문에 무한공리가 참이 되는 기하학으로부터 수학을 끌어내자고 제안하였습니다. 나중에 선택공리도 비구성적이라는 것이 밝혀집니다. 이처럼 러셀의 여러 가지 처방은 역설에서 벗어나는 장점을 지니고 있기는 하지만, 논리주의를 재건하기에는 역부족인 한낱 미봉책임이었음이 밝혀진 것입니다. 비트겐슈타인은 유형론과 무한공리를 매우 불만족스럽게 생각하였습니다. 그 해결책으로 비트겐슈타인이 쓴 책이 『논리철학논고』입니다.

직접지와 기술지

러셀의 한정기술론은 의미이론과 관련된 까다로운 철학적 문제를 해결하기 위하여 고안된 것입니다. 러셀이 한정기술론을 만들어낸 이면에는 철학의 주요 관심이 언어분석이라는 분석철학의 기본입장이 깃들여 있습니다. 러셀의 입장에서 언어분석은 일상언어가 존재론적으로 우리를 잘못 인도하고 있기 때문에, 필수불가결하게 수행하지 않으면 안 되는 것이었습니다. 이는 언어의 문법적 형식과 논리적 형식이 일치하지 않는 경우가 많기 때문입니다. 존재하는 것을 드러내는 것은 언어의 문법적 구조가 아니라 그 논리적 구조입니다. 논리와 문법이 갈라지는 지점이 어디인지를 조심스럽게 살펴보지 않으면, 문법적인 범주와 논리적인(따라서 존재론적인) 범주를 동일시할 위험에 빠집니다. 그래서 러셀은 철학적 문제도 분석하고 나면 사실은 논리학의 문제로 환원된다고 생각하고, "모든 철학적 문제는, 불가피한 분석과 순회과정을 기치고 나면, 실제로는 전혀 철학적인 문제가 아니거나 논리적인 문제임이 판명된다."라고 합니다.

우선 러셀은 그의 지식론과 관련하여, 우리의 지식을 크게 '직접인식에 의한 지식(knowledge by acquaintance)'과 '기술에 의한 지식(knowledge by description)'으로 구분합니다. 직접지는 파악하는 주관과 직접인식의 대상 간의 2가관계입니다. 이 때 '직접 인식한다'는 것은 '어떤 추리절차나 다른 진리의 지식을 매개로 하지 않는다'는 것을 의미합니다. 러셀에 의하면, 우리가 직접 인식할 수 있는 대상에는 크게 두 가지가 있습니다. 하나는 감각자료, 기억, 그리고 대상에 관한 우리 자신의 의식과 같은 특수자들(particulars)입니다. 다른 하나는 붉음, 둥긂 등과 같은 보편자들(universals)입니다. 이런 특수자와 보편자가 모두 우리의 인식론적 직접 인식의 영역에 들어옵니다. 반면에 물리적 대상과 타자의 정신은 직접 인식의 대상에 속하지 않습니다. 그것들은 기술에 의하여 우리에게 알려지는 기술적 지식의 영역에 속합니다. 우리가 아는 대부분의 것은 직접 인식에 의한 지식이 아니라 기술에 의한 지식입니다. 러셀의 '기술'은 '(불특정한)이러이러한 것(a so-and-so)' 또는 '(특정한)이러이러한 것(the so-and-so)'과 같은 형태의 구, 심지어는 보통명사, 고유명까지도 포함합니다. 러셀은 부정관사가 붙은 전자의 '이러이러한 것'을 모호한 기술이라고 했습니다. 정관사가 붙은 후자의 '이러이러한 것'은 한정기술로서, 러셀은 이것에 특히 주의를 기울입니다. 왜냐하면 정관사 'the'는, 그 기술을 존재론적으로 무엇엔가 관여하도록 지시 장치화해 주는 것으로 보이기 때문입니다. 러셀에게 올바른 추론형식을 연구하는 학문인 논리학은 곧 어떻게 우리가 그러한 기술적 지식을 얻는가를 증명할 수 있게 해 주는 학문입니다. 왜냐하면 직접적인 감각을 넘어 세계에 관한 무슨 지식이 알려질 수 있는가를 보여 주기 위해서는 분자명제의 구조를 이해할 수 있어야 하기 때문입니다. 이 분자명제들은 모두 '아니다(not), 만일 …… 라면 ……이다(if-then), 또는(or)' 등과 같은 논리결합어들에 의해 원자명제 또는 단순명제들로부터 진리함수적으로 구성된 것들입니다. 사실 추론은 분자명제들에 의존합니다. 우리가 단순한 직접지의 한계를 넘어서려면, 명제들을 서로 연결시킬 수 있어야 합니다. 명제들을 연결하는 학문이 논리학입니다.

러셀은 마이농, 프레게와 함께 지시적 의미이론을 신봉하였습니다. 지시적 의미이론은 낱말들이 세계 속의 대상들을 지시함으로써 의미를 얻는다고 봅니다. 그러나 지시적 의미이론을 따를 경우, "현재의 프랑스왕은 현명하다.”라는 명제는 그 주어가 아무 것도 지시하지 않음에도 불구하고, 의미 있는 명제가 되고 마는 심각한 문제가 발생합니다. 마이농은 이 문제를 해결하기 위하여 존재(exestence)와 상재(subsistence)개념을 구별하였습니다. 마이농에 따르면, 존재하는 것들 전체는 인식의 대상 전체와 비교해 볼 때 무한히 작습니다. 이 인식의 대상은, 존재하지 않을 때라도, 최소한 우리가 생각할 수 있고 말할 수 있는 것들이 된다는 의미에서 상재합니다. 따라서 마이농의 대상들은 일반저인 사고의 대상으로 해서될 수 있습니다. 심지어는 둥근 사각형과 같은 불가능한 대상까지도 상재합니다. 마찬가지로 “아리스토텔레스는 30명의 형제를 가지지 않았다, 아리스토텔레스는 31명의 형제를 가지지 않았다, 아리스토텔레스는 32명의 형제를 가지지 않았다…….” 등과 같은 무한히 많은 부정적 사실들까지도 상재합니다.

러셀은 이러한 마이농의 형이상학이, 분별없이 오캄의 면돗날 원리(the Principle of Ockham's Razor)를 위배하는 이론으로 보였습니다. 오캄의 면돗날이란 적절한 철학적 설명을 위해 필수불가결한 것 이외에는 쓸데없이 존재자의 수를 늘리지 말라는 원리입니다. 러셀의 입장에서 볼 때, 세계가 상재하는 대상들로 넘쳐흐른다는 마이농의 가정은 현실감에 위배되었던 것입니다. 한 때 마이농의 견해를 받아들였던 러셀은 곧 그것을 거부할 수밖에 없다는 것을 알게 되었습니다. 한정기술론은, 러셀에게는 옳은 것으로 보였던 지시적 의미이론을 그대로 유지하면서도, 동시에 마이농이론의 불행한 결과에서 벗어나기 위하여 고안된 것이었습니다. 그러면 이제 구체적으로 러셀의 한정기술론으로 들어가 보겠습니다.

한정기술론

한정기술론이 해결하고자 하는 세 가지 문제가 있습니다. 첫 번째 것은 고유명과 한정기술구의 차이를 밝히는 문제입니다. 두 번째 것과 세 번째 것은 존재하지 않는 대상을 어떻게 이해할 것인가 하는 문제입니다. 먼저 손쉬운 설명을 위해 러셀이 제시한 세 문제를 약간 변형시켜 옮겨보지요.

① 첫 번째 문제—동일성 진술 : a와 b가 동일하다면, 어느 하나에 대해서 참인 것은 무엇이든지 다른 것에 대해서도 참이 됩니다. 따라서 a와 b는 어떤 명제에서 그 명제의 참, 거짓을 바꾸지 않으면서도, 서로 교환될 수 있습니다. 이제 철수가 칸트는 『순수이성비판』의 저자였는지를 알고 싶어한다고 말해 봅시다. 그리고 사실상 칸트는 『순수이성비판』의 저자였습니다. 그러므로 우리는 '『순수이성비판』의 저자'를 '칸트'로 교환할 수 있을 것입니다. 따라서 우리는 철수가 칸트는 칸트였는지를 알고 싶어한다고 말하는 셈이 됩니다. 여기서 문제는 이름과 기술구를 동일시할 경우, "칸트는 『순수이성비판』의 저자이다."라는 명제가 사실상 "칸트는 칸트이다."와 같은 동어반복이 된다는 점

입니다. 따라서 기술구는 이름으로 취급될 수 없다는 것입니다.

② 두번째 문제-배중률의 문제 : 배중률에 의해 "'A는 B이다'이 거나 'A는 B가 아니다'이다"는 참이 되지 않으면 안 됩니다. 그러므로 "'현재의 프랑스 왕은 대머리이다'이거나 '현재의 프랑스 왕은 대머리 가 아니다'이다."도 참이 되어야 합니다. 그러나 대머리인 사람과 대머 리가 아닌 사람을 다 헤아려 본다 하더라도, 그 어느 편에서도 현재의 프랑스 왕을 찾을 수 없습니다. 여기서 문제는 현재 프랑스 왕이 없는 데도 '현재의 프랑스 왕'이라는 기술구를 사용한다는 데 있습니다. '현 재의 프랑스 왕'이라는 표현은 유의미한 표현입니다. 사람들이 이 주 어의 술어('……대머리이다' 또는 '……대머리가 아니다')를 긍정하거 나 부정하는 명제에서 사용했을 때, 사실상 '현재의 프랑스 왕'이 지 시하는 대상이 없으므로, 각 명제는 거짓이 됩니다. 그러나 두 모순된 진술에 대해 어느 하나는 참이어야 한다는 배중률에 따라, 이 두 명제 가 다 거짓이 될 수는 없습니다. 논리학의 법칙에 위배되는 이 수수께 끼를 어떻게 해결할 것인가가 두 번째 문제입니다.

③ 세번째 문제-부정적 존재 진술 : "황금산은 존재하지 않는다." 라는 참인 명제를 생각해 보십시오. 무엇이 존재하지 않을까요? 분명 히 '황금산'이 존재하지 않습니다. 그것은 존재하지 않기 때문에, 분명 히 그에 해당하는 대상은 이 세계에 없습니다. 그러나 그것이 전혀 아 무 것도 아닌 것은 아닙니다. 우리는 분명히 무엇인가가 존재하지 않 는다고 말하고 있습니다. 즉, 우리가 이 명제를 이해하고 참이라고 생

각하는 한, '황금산'은 그에 상당하는 대상을 가져야 합니다. 위에서도 말했듯이, 마이농은 그런 대상을 관념적 대상 또는 상재하는 대상(subsistent object)이라고 했습니다.

이제 러셀이 제시한 해결책을 하나씩 살펴보도록 하겠습니다. 먼저 동일성 진술에 관한 해결책입니다. 사실 프레게는 이름과 한정기술구의 차이를 구별하지 못했습니다. 프레게의 철학에서 '플라톤의 스승'이라는 한정기술구는 '소크라테스'와 같은 이름처럼, 뜻과 지시체를 갖는 하나의 이름으로 취급되었습니다. 러셀도 특수한 대상을 지시하는 고유명과 일반적 술어표현을 구별합니다. 그러나 러셀은 단칭명사의 '의미(meaning)'를 다룰 때 프레게의 뜻과 지시체구분을 받아들이지 않습니다. 대신 러셀은 한 이름의 '의미'라는 단일한 개념을 사용합니다. 또한 그는 한 이름의 '의미'라는 것을 그것의 지시체와 동일시합니다. 프레게와는 달리 러셀은 한정기술구와 고유명을 구별하는 것이 필요하다고 생각했습니다. 러셀에 의하면, 고유명은 의미를 갖기 위해서는 대상을 지시해야 합니다. 반면에, 어떠한 외연도 없는 한정기술구가 있습니다. 한정기술구는 고유명과는 달리 완전하지 않습니다. 그것은 '고립되어서는' 아무런 의미도 없습니다. 즉, 한정기술은 문장 내에서 그것들이 맡은 역할과 떨어져서는 어떠한 대상도 나타내지 못하는 '불완전기호(incomplete symbol)'들입니다. 이 불완전 기호는 분석해 보면, 본래의 기술구가 기술하려 한 대상들의 존재와 단독성에 관한 비기술적 주장을 하는 것으로 보일 수 있습니다. 한정기술구가 등장하는 다음의 명제를 보십시오.

『순수이성비판』의 저자가 존재한다.

이 명제를 재진술하기 위해는 두 가지가 요구됩니다. 첫째, 한정기술구 '『순수이성비판』의 저자'는 『순수이성비판』을 썼던 사람으로서, 명제 함수로는 "x는 『순수이성비판』을 쓴다(x writes a *Kritik der reinen Vernunft*)"로 표현됩니다. 여기서 명제함수란 프레게가 불완전함수 또는 개념어라고 했던 것에 대한 러셀식의 표현입니다. 『순수이성비판』을 쓴 사람이 존재하기 위해서는 이 명제함수가 아래와 같은 두 속성을 포함하고 있어야 합니다.

1. 그것은 적어도(at least) 하나의 x에 대해 참이어야 한다.
2. 그것은 기껏해야(at most) 하나의 x에 대해 참이어야 한다.

만일 어느 누구도 『순수이성비판』을 쓰지 않았다면, 그 저자는 존재하지 않을 것입니다. 또 두 사람 이상이 그것을 썼다면, 그 저자는 존재할 수 없었을 것입니다. 그렇기 때문에 위와 같은 두 속성이 필요한 것입니다. 따라서 우리가 "『순수이성비판』의 저자는 존재한다."라고 할 때, 그것은 "'x가 『순수이성비판』을 썼다.'는 x가 c일 때 참이고, x가 c가 아닐 때 거짓인 대상 c가 있다(There is an entity c such that 'x

wrote 『*Kritik der reinen Vernunft*』' is true when *x* is *c*, and is false when *x* is not *c*)."를 의미합니다. 여기서 주목해야 할 것은 문법적으로 주어의 자리에 있었던 기술구 '『순수이성비판』의 저자'가 술어의 위치로 와서 하나의 속성을 표현하고 있다는 점입니다. 이를 통해 러셀은 '존재'가 개별자를 의미 있게 긍정하고 부정할 수 있는 술어가 아니라는 견해를 받아들입니다. 그것은 프레게의 경우와 마찬가지로 존재 양화 기호를 사용해서 표현해야 하는 것입니다.

이를 바탕으로 "칸트는 『순수이성비판』의 저자이다."라는 명제는 한정기술구가 사라지는 다음과 같은 세 명제의 합으로 분석됩니다.

1. *x*가 『순수이성비판』을 쓴 *x*가 있다(There is an *x* such that *x* wrote 『*Kritik der reinen Vernunft*』).

2. 모든 *y*에 대하여, 만일 *y*가 『순수이성비판』을 썼다면, *y*는 *x*와 동일하다 (For all *y*, if *y* wrote 『*Kritik der reinen Vernunft*』, *y* is identical with *x*).

3. *x*가 『순수이성비판』을 썼고, *x*가 칸트와 동일하지 않은 *x*는 없다(There is not an *x* such that *x* wrote 『*Kritik der reinen Vernunft*』 and *x* is not identical with Kant.).

두 번째 문제도 다음과 같이 해결됩니다. "현재의 프랑스 왕은 대머리이다."도 논리적으로 분석하면 한정기술구가 사라지는 다음과 같은 세 명제의 동치집합으로 환원됩니다.

(1) 프랑스 왕이 있다(There is a King of France.).

(2) 많아야 하나의 프랑스 왕이 있다(there is not more than one King of France.).

(3) 프랑스 왕인 어떤 것은 대머리이다(anything which is King of France is bald.).

이를 하나로 묶어서 표현하면,

(4) "There is an individual object, say c, such that ① an object is a present king of France, ② only and only one object is identical with c, and ③ c is bold."가 됩니다.

현대 기호 논리학의 표기법으로는,

$$(\exists x)(Fx \cdot [(y)(Fy \rightarrow y = x)] \cdot Gx)$$

로 표현됩니다. 명제 (1)은 존재일반화에 의하여 획득됩니다. (2)는 정관사 'the'로 축약된 유일성 조건입니다. (3)은 유일하게 존재하는 x가 대머리라는 속성을 가진다는 것을 주장합니다. 이렇게 재진술될 때, 주어역할을 했던 본래의 한정기술구 '현재의 프랑스왕(The present king of France)'은 더 이상 나타나지 않습니다. 그 자리에는 대신 존재의 양화기호(there is), 새로운 술어표현(a present king of France), 본래의 술어(is bald), 특수한 개인을 지시하는 정항(*c*), 그리고 동일성에 대한 표현이 등장합니다. 이 때 새로 나타난 술어나 본래의 술어는 모두 러셀에 의하면 불완전기호들입니다. 그것들은 불완전기호로서 러셀의 '명제함수'를 구성합니다. (4)는 술어 'is present king of France'와 'is bald'가 적용되는 하나이자 오직 하나인 대상이 있다는 주장을 전달합니다. 이 때 (1)은 거짓입니다. 현재 프랑스는 공화국이므로 왕이 없기 때문입니다. 즉, 술어 'is present king of France'라는 속성을 가지는 어떠한 개별자도 지금은 존재하지 않습니다. 따라서 원명제 "현재의 프랑스 왕은 대머리이다."도 거짓입니다.

끝으로 부정적 존재진술 "황금산은 존재하지 않는다."라는 명제도 이제 다음과 같이 풀어 쓸 수 있습니다.

> 명제함수 'x는 황금이고 산이다'는 x의 모든 값에 대해 거짓이다.(The propositional function "x is golden and a mountain" is false for all values of x')

여기에서도 한정기술구는 본래 문장의 논리적 주어로 나타나지 않고 있습니다. 존재의 양화기호가 본래의 문법적 술어를 대신하고, '황금산'은 술어로 취급되고 있습니다.

러셀에 의하면, 일상적 고유명은 하나 또는 그 이상의 한정기술구로 대치될 수 있습니다. 반면 한정기술구로 환원될 수 없는 고유명이 있습니다. 러셀은 그것을 논리적 고유명이라고 합니다. 논리적 고유명은 올바르고 철저한 인식론적·논리적 분석이 수행될 때 나타나는 것으로서, 단순히 어떤 것을 지칭합니다. 그래서 논리적 고유명이 지칭하는 것은 한정기술에 의해 전달될 수 없습니다. 당시 러셀은 논리적 고유명의 지시대상이 감각자료라고 생각하였습니다. 우리들은 감각자료를 '이것', '저것'이라는 지시사를 통해 가리킬 수 있습니다. 이 때 '이것(this)', '저것(that)'은 논리적 고유명으로서 지시적인 역할만 수행할 따름입니다.

이렇게 하여 러셀은 한정기술구가 무엇인가를 지시하는 표현이 아니라는 것을 보여 주었습니다. 여기서 일상언어의 표면형식이 우리를 속인다는 러셀의 말이 무슨 이야기인지가 분명히 드러납니다. 기술이론을 통해 이제 주어의 자리에 한정기술구를 가진 문장은 논리적인 주어-술어 문장이 아니라는 것이 보입니다. 또한 기술구는 형식언어에서의 단칭명사와 같은 역할을 하기는커녕, 사실상 가장된 존재이며, 가장된 단일성 주장이었다는 것도 밝혀집니다. 이것은 아무 것도 대응하는 대상이 없는 공허한 기술이 문장에 들어 있을 때 생겨났던 난점을 제거해 줍니다. 그러한 공허한 기술은 결코, 지시기능을 가진, 따라서 논리적 주어가 될 수 있는 논리적 고유명이 아닙니다.

러셀이 보기에 논리적 분석의 사용은 철학자들이 주로 언어의 표면구조에 미혹되었기 때문에 빠지지 않을 수 없었던 혼동의 원천을 일소해 주는 듯이 보였습니다. 주어-술어형태의 명제만이 있을 수 있다고 보는 것은 '그릇된 형이상학'에 빠져들 수밖에 없다고 러셀은 생각하였습니다. 그러한 명제만이 있다고 생각할 경우 철학자들은, 예컨대 실체와 그 속성들만이 있다는 스콜라철학류의 존재론을 구성하거나, 모든 명제들, 심지어는 관계명제들조차도 '전체로서 생각되는 실재'에 대한 가장된 술어들로 해석하는 절대적 관념론자들의 존재론을 구성하도록 이끌리기 때문입니다.

나는 지금 여기서 존재론이라는 말을 사용하였습니다. 흔히 분석철학자들은 형이상학에 거부감을 보이는 철학자들이라고 오해받고 있습니다. 실제로 논리실증주의자인 루돌프 카르납은 언어의 논리적 분석을 통하여 형이상학을 제거하고자 하는 작업을 하기도 하였습니다. 그러나 이런 극단적인 주장은 이미 사라진 지 오래입니다. 논리적 분석은 언어의 오용에서 비롯된 사이비 철학적 문제들을 제거하는 치유의 차원에만 머무르지 않았습니다. 그것은 논리적 분석의 소극적 측면에 지나지 않습니다. 오늘날 많은 분석철학자들은 반대로 언어의 논리적 분석을 통하여, 전통존재론이나 형이상학적 문제에 접근하고 있습니다. 앨빈 플랜틴거의 플라톤적 실재론, 콰인의 존재론적 상대성 등의 작업이 이를 입증합니다. 애당초 초기 분석철학자라고 할 수 있는 프레게나 러셀도 반형이상학자가 아닙니다. 오히려 초기의 러셀은 자신의 논리적 원자론을 통하여 이 세계를 구성하고 있는 기본적인 존재가 무엇인가를 밝혀 주려고 하였습니다. 후기에도 일종의 형이상학적 주장인 중성적 일원론을 펼쳤습니다. 방금 우리가 살펴보았던 러셀의 한정기술론도 전통적인 존재문제를 언어분석이라는 새로운 방법론을 통하여 접근하고 있는 것이라고 할 수 있습니다. 존재론의 문제와 관련하여 볼 때 러셀은 존재론적 환원주의자였습니다. 전기 비트겐슈타인의 그림이론은 언어의 구조가 논리학에 의해 밝혀지며, 언어의 본래기능이 세계를 그림과 같이 묘사하거나 서술하는 데 있다고 보고 있습니다. 우리가 다음 장에서 살펴볼 전기 비트겐슈타인의 철학도 사실상 일종의 형이상학입니다. 그러면 러셀의 철학이 봉착했던 여러 가지 난점들이 비트겐슈타인의 철학에서 어떻게 극복되는지를 알아보도록 하지요.

전 기 비 트 겐 슈 타 인 의 **분 석 철 학**

생 애

루트비히 비트겐슈타인(L. Wittgenstein, 1889~1951)은 1889년 오스트리아의 빈에서 굴지의 철강회사를 경영하고 있던 유대인 아버지의 5남 3녀 중 막내로 태어났습니다. 비트겐슈타인의 집안은 교양 있는 가문으로서 그의 집은 특히 빈 음악계의 사교장소였습니다. 클라라 슈만, 구스타프 말러, 요하네스 브람스, 파블로 카잘스 등이 문객으로 드나들었습니다. 비트겐슈타인의 형 중 폴은 천재 피아니스트였는데, 제1차 세계대전에 참전하여 오른 팔을 잃게 되자 라벨이 그를 위해 '왼손을 위한 피아노 협주곡'을 작곡해 준 일도 있었습니다. 비트겐슈타인도

음악적 재능을 보여 클라리넷도 잘 불었고, 친구들에게 휘파람으로 교향곡이나 협주곡의 전 악장을 들려 줄 정도였습니다. 불행히도 비트겐슈타인의 형들 중 3명은 자살하였습니다. 그래서 비트겐슈타인도 한때 자살충동에 시달리며 지낸 적이 있었습니다. 베를린공과대학에서 공학을 공부한 후 다시 1908년 영국의 맨체스터대학에서 항공공학을 전공하였습니다. 이 때 비행기의 분사반동엔진을 설계했으며, 그 과정에서 차츰 수학의 기초에 관심을 갖게 됩니다. 1911년 예나대학의 프레게에게서 수학을 공부하려 했으나 프레게의 권유로 케임브리지대학의 러셀 밑에서 공부하게 됩니다. 나중에 러셀은 비트겐슈타인을 '천재의 완벽한 전형'이라고 평가했으며, "비트겐슈타인을 알게 된 것은 내 인생의 가장 충격적인 정신적 체험의 하나였다."고 술회하였습니다. 제1차 세계대전이 발발하자 장교로 오스트리아의 포병부대에 지원했고, 전쟁중인 1918년 8월에 유명한 『논리철학논고』를 탈고합니다. 이탈리아군에게 포로로 잡혀 석방된 후 러셀과 『논고』의 원고를 검토하고 출간합니다. 『논고』는 그의 생전에 출간한 유일한 책으로서 출판되자마자 일약 유명한 철학자로 주목받았습니다. 당시에 비트겐슈타인은 자기에게 상속된 재산을 주위사람들에게 나누어 주는데, 시인 릴케도 이 때 많은 기부금을 희사받은 것으로 알려져 있습니다. 그러나 비트겐슈타인 자신은 빈에서 사범대학을 이수한 후, 1920년부터 6년 동안 남부 오스트리아 산골에 들어가 그 곳 주민의 존경을 받으면서 초등학교 교사생활을 합니다. 이 때 비트겐슈타인의 생활은 참으로 검소하고 청빈한 것으로, 몹시 남루한 차림새에 가장 간소한 거처만을 골라서 옮겨 살았습니다. 그의 이러한 청빈한 삶은 일생을 두고 계속됩니다. 교사직을 그만 둔 후에는 수도원의 보조정원사 일을 하기도 하고, 누나의 집에 거처하면서 누나를 위해 당시로는 초현대식 건축방식을 도입한 집을 설계해 주기도 했습니다. 이 시기에 빈대학의 철학교수인 슐리크와 카르납, 파이글, 바이스만 등과 교우하면서 다시 철학적 논의를 한 끝에 자신의 『논고』에서 문제점을 발견하고, 1929년에 케임브리지대학으로 돌아갑니다. 러셀과 무어의 특별한 배려로 『논고』를 가지고 박사학위를 받은 후 교수생활을 시작하였습니다. 이 시절에 비트겐슈타인은 그의 두 번째 철학책 『철학적 탐구』의 집필에 매달립니다. 제2차 세계대전이 발발하자 다시 자발적으로 지원해서 환자수송요원으로 일하기도 하고 의학연구소의 실험실 조수일을 하기도 합니다. 전쟁이 끝난 후 다시 케임브리지대학의 정교수로 돌아왔으나 2년 후에 사직을 합니다. 그에게는 "철학교수라는 허무맹랑한 자리가 일종의 생매장된 존재"처럼 느껴졌기 때문이었습니다. 아일랜드의 한적한 농장에서 오두막을 짓고 지내면서 13년만에 역작 『철학적 탐구』를 완성합니다. 비트겐슈타인은 암으로 고생하다가 1951년 4월 29일, 62세의 나이로 세상을 떠났습니다. 임종시에 "아주 멋진 삶을 살았다고 말해 주시오."라고 했다고 합니다. 저작으로는 생전에 출판된 『논리철학논고』와 사후에 제자들이 유고를 정리하여 출판한 『철학적 탐구』, 『철학적 문법』, 『확실성에 관하여』 등이 있습니다.

『논리철학논고』

비트겐슈타인의 『논리철학논고(*Tractatus-Logico-Philosophicus*)』는 원 제목이 라틴어로 표기되어 있습니다. 이 책의 제목은 무어(G. E. Moore)가 스피노자의 『*Tractatus Theologico-Politicus*』에서 시사받아, 영역본을 위하여 제안하였다고 전합니다. 그 뜻은 '논리학을 기초로 사용하는 철학에 관한 논고□입니다 『논고』는 그 형식과 내용에서 자못 주목할 만한 책입니다. 소수점까지도 사용하는 일련번호는 러셀과 화이트헤드가 쓴 『수학원리』의 체계를 모방한 것 같습니다. 이는 비트겐슈타인이 항상 철학적 사고는 직선적인 연역적 순서로 쓰는 것이 좋지 않다고 생각하였던 점과 잘 들어맞기도 합니다. 약 이만 자밖에 안 되는 짧은 책이지만, 비트겐슈타인은 대단히 광범위한 철학문제들을 깊이 있게 다루고 있습니다. 『논고』의 내용은 세계의 본성, 언어의 본질, 수학과 논리학의 기초에 대한 문제, 가치 등의 문제를 포함하고 있습니다.

비트겐슈타인이 『논고』를 쓰게 된 동기는 논리학과 수학의 근본 문제에 답하기 위해였습니다. 비트겐슈타인의 사상의 싹은 프레게와 러셀의 논리주의에 대한 깊은 불만족에서 시작되었습니다. 이후 비트겐슈타인이 도달한 결론은 □말할 수 있는 것 Was sich sagen l□sen, What can be said)과 보일 수 있는 것(Was gezeigt werden kann, What can be shown)□ 사이의 구별이었는데 이런 생각은 『논고』 4.0312에서 잘 나타납니다. "내 근본적인 사상은 논리정항들이 나타나지 않는다는 것이다(Mein Grundgedanke ist, daß die logischen Konstanten nicht vertreten).” ‘내 근본적인 사상’이라는 표현은 이 책에 단 한 번 나타나지만, 우리는 이러한 생각의 근거를 『논고』 도처에서 밝혀 낼 수 있습니다. 그런 점에서 『논고』는 당시 비트겐슈타인이 생각한 논리학의 입장에서 접근해 들어갈 때 가장 명쾌하게 이해될 수 있다고 봅니다.

러셀의 논리학에 대한 비트겐슈타인의 비판

비트겐슈타인은 러셀의 유형론을 비판합니다. 그는 “모든 유형론은 상이한 종류의 사물이 서로 대입이 불가능한 기호이자 상이한 종류인 기호로 기호화됨을 보여 주는 기호론에 의하여 폐지되어야 한다.”라고 하였습니다. 말할 수 없는 어떤 것을 말하고자 했다는 점에서 유형론은 잘못되었다고 비트겐슈타인은 주장합니다. 이러한 난점을 벗어나려는 그의 방법은 논리학의 규칙을 기호조작에 대한 규칙인 통사론적 규칙으로 만드는 것이었습니다. 우리는 기호의 의미에 대한 규칙인 의미론적 규칙을 정식화할 수 없으며, 기호의 의미에 기초해서 통사론적 규칙을 정당화할 수도 없다는 것입니다. 비트겐슈타인이 내린 결론은 “논리가 스스로를 돌보아야 한다.”(5.473)는 것이었습니다. 『논고』 4.12-4.1212에서 비트겐슈타인은 다음과 같이 말합니다.

"명제들은 실재 전체를 나타낼 수 있다. 그러나 명제들은 실재를 나타낼 수 있기 위해 명제들이 공통적으로 가져야 하는 것, 즉 논리적 형식을 나타낼 수 없다……. 명제들은 논리적 형식을 나타낼 수 없다. 논리적 형식은 명제들 속에서 반영된다. 명제들은 실재의 논리적 형식을 보여 준다. 보일 수 있는 것은 말할 수 없다."

논리학의 명제들은 경험적인 명제와 같지 않습니다. 경험적인 명제는 세계에 관한 어떤 사실을 말하고 있으며, 그것의 진위를 결정하기 위해서는 세계에 존재하는 그 무엇과 대조해 보아야 합니다. 반면에 논리학의 명제는 세계와 대조될 필요가 없습니다. 따라서 논리학의 명제는 세계에 관한 어떤 것을 말할 수 없으며, 세계에 관한 어떤 것을 보여 줄 뿐입니다. 이것이 바로 비트겐슈타인이 '말할 수 있는 것'과 '말할 수 없는 것(또는 보일 수 있는 것)' 사이의 구분이 나오게 되는 이유입니다. 이 구분이 보다 세련되게 다듬어져 언어와 세계의 본질을 설명하는 데까지 확대되는 것입니다.

『논고』는 "말할 수 없는 것에 대해서는 침묵해야 한다."라는 명제로 끝납니다. 서문에서 비트겐슈타인이 스스로 밝히고 있듯이, "이 책의 전반적인 의미는, 바로 말할 수 있는 것만이 분명히 말할 수 있으며, 말할 수 없는 것에 대해서는 침묵해야 한다."는 것이었습니다. 이런 점에서 볼 때 『논고』의 내용은 둘로 분류될 수 있습니다. 즉, '말할 수 있는 것'과 '말할 수 없는 것'입니다. 이 분류에 따라 『논고』의 내용을 살펴보겠습니다.

말할 수 있는 것

세계의 구조

말할 수 있는 것 속에는 언어그림이론과 진리함수이론이 들어 있습니다. 언어그림이론은 언어가 이 세계의 모습을 그림과 같이 반영하고 있으며, 따라서 언어와 세계 사이에는 구조적 동형성이 있다는 주장입니다. 진리함수이론은 복합명제(분자명제)의 진리값은 요소명제(원자명제)의 진리값에 의하여 결정된다는 이론입니다. 이 중에서 먼저 언어그림이론에 대해 설명하도록 하겠습니다. 다음의 도식을 보시기 바랍니다.

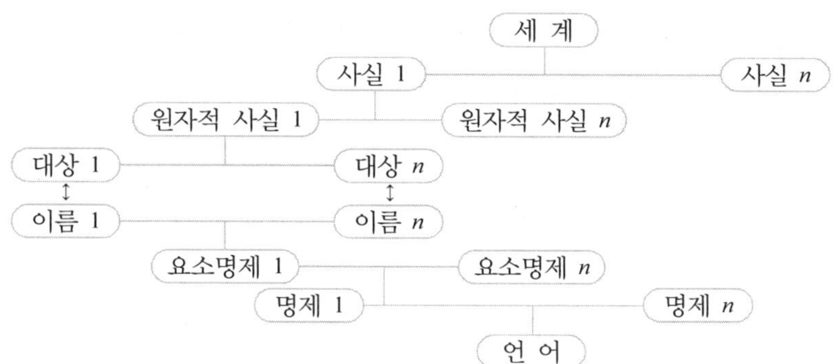

이 도식은 『논고』 전체의 체계를 한 눈에 볼 수 있도록 팬(Fann)

이 정리한 것입니다. 이 도식은 방금 말한 언어와 세계 사이에 구조적

동형성이 성립하고 있다는 점을 일목요연하게 보여 주고 있습니다.『

논고』의 첫 부분은 먼저 세계의 구조를 해명하는 다음과 같은 명제와

함께 시작됩니다.

1.   세계는 성립되어 있는 것 전체이다.

1.1. 세계는 사실들의 총체이지 사물들의 총체가 아니다.

1.2. 세계는 사실들로 나뉜다.

비트겐슈타인은 1.1.에서 세계는 사물들의 총체가 아니라 사실들의 총

체라고 말함으로써 사실과 사물을 구별하고 있습니다. 사실은 사물과

분명히 다릅니다. 사실은 그 요소로 사물을 갖고 있지만, 사물들만으

로 된 것이 아니라 사물에 배열(Konfiguration)이 덧붙여진 것입니다.

따라서 세계는 사물들의 목록만으로 규정될 수 없습니다. 사실과 사물

의 구별을 통해 비트겐슈타인은 프레게철학을 비판하고 있습니다. 프

레게는 하나의 문장도 고유 명사처럼 뜻과 지시체를 가진다고 생각하

였습니다. 프레게에게 문장의 지시체는 그 문장의 참, 거짓이었습니다.

이것은 엄연히 다른 역할을 하는 문장과 이름을, 하나이자 같은 기능

을 하는 것으로 혼동한 것입니다. 프레게 철학의 이 단점을 해결하기

위해 비트겐슈타인은 문장의 지시체적인 상관물로 '사실'이라는 말을

도입했던 것입니다. 이어서 비트겐슈타인은 사실이 원자적 사실의 총체이며, 원자적 사실은 대상들의 결합이라고 말합니다.

2.   성립된 것, 즉 사실은 원자적 사실의 총체이다.

2.01. 원자적 사실은 대상들의 결합이다.

2.012. 논리학에서는 어떠한 것도 우연적이지 않다. 만일 한 사물이 원자적 사실에서 발생할 수 있다면, 그 원자적 사실의 가능성은 이미 결정되어 있어야 한다.

2.012를 해명해 보겠습니다. "소크라테스는 뚱뚱하다."라든지 "플라톤은 말랐다."라는 명제들은 원자적 사실을 표현하고 있습니다. 그러나 이 명제들은 내용상 그 정반대로 표현될 수도 있었습니다. 즉, 소크라테스가 말랐고, 플라톤이 뚱뚱할 수도 있습니다. 이러한 원자적 사실 중에서 어느 쪽이 사실인가는 논리학이 답해 줄 문제가 아닙니다. 즉, 소크라테스가 뚱뚱한지, 말랐는지는 역사적 기록을 통해 확인해야 할 사실의 문제이지만, 원자적 사실이 가능하다는 것은 논리학의 문제로서, 이미 논리학에 의하여 결정되어 있습니다. 그런 점에서 사실들은 이미 논리적 공간 내에서의 사실입니다.

한편 비트겐슈타인에 의하면, '대상'은 단순합니다(2.02). 또한 대상들은 세계의 실체를 형성하고 있습니다(2.021). 대상은 세계의 궁극적인 구성요소를 형성하는 것으로, 더 이상 분석되거나 다른 용어로 정의될 수 없는 단순자입니다. 통상 우리는 '소크라테스'를 마치 대상의 이름인 것처럼 다루고 있습니다. 그러나 비트겐슈타인에게는, 어떠한 사람도, 또 일상경험의 어떠한 물리적 대상도 대상이 아닙니다. 그가 말하는 대상은 단순하지만, 우리가 일상적으로 경험하는 대상은 복합적인 것으로 나타나기 때문입니다. 불행히도 비트겐슈타인은 단순한 대상의 예를 제시할 수 없었습니다. 다만 세계의 본질구조를 논리적으로 해명하기 위해 요청한 것입니다.

이제 대상이 단순하다면, 대상에는 어떠한 변화도 있을 수 없습니다. 따라서 "대상은 고정된 것이며 존재하는 것"입니다(2.0271). 단순한 대상에서 가능한 유일한 변화는 외적 변화이지 내적 변화가 아닙니다. 이러한 외적 변화는 다른 단순한 대상과 더불어 다양하게 실현되는 배열(Konfiguration)과 관련됩니다. 현실세계는 가능한 세계들 중의 하나이며, 그것이 포함하는 대상들은 우연적으로 배열되어 있습니다. 따라서 '대상들의 배열은 원자적 사실을 형성'(2.0272)하며, '원자적 사실에서 대상들은 고리처럼 서로 의존하고'(2.03) 있습니다. 대상의 다른 대상들과의 결합가능성을 비트겐슈타인은 '대상의 형식'(2.0141)이라고 했습니다. 이러한 형식은 바로 원자적 사실의 구조의 가능성입니다. 이런 형식의 예는 '공간', '시간', '색깔' 등입니다(2.0251). 사실의 구조는 또한 원자적 사실의 구조로 되어 있습니다(2.034). 이렇게 이루어진, 존재하는 원자적 사실들의 총체가 바로 세계입니다(2.04).

그림이론

이제 비트겐슈타인은 이 세계의 구조를 그림과 비교해 봅니다.

> 2.1 우리는 사실의 그림을 만든다.

> 2.11 그림은 논리적 공간에서 사실을, 즉 원자적 사실의 존립, 비존립을 나타낸다.

> 2.12 그림은 실재의 모형이다.

> 2.13 그림에서 그림의 요소에는 대상이 상응한다.

> 2.141 그림은 사실이다.

> 2.15 그림의 요소가 특정한 방식으로 서로 결합된다는 것은 사물들이 서로 그렇게 결합된다는 것을 나타낸다. 그림요소들의 이런 연결이 그림의 구조이며, 이러한 구조의 가능성은 그림의 표현(Abbildung)형식이다.

비트겐슈타인은 법정에서 자동차사건이 모형들에 의하여 재구성되는 것을 보고 그림이론을 고안해 냈다고 합니다. 화물자동차와 손수레의 충돌은 모형화물자동차와 모형손수레에 의하여 재현됩니다. 이는 자동차사고를 3차원적 그림으로 표현하는 것입니다. 각 모형의 특별한 위치는 사고가 일어난 시간에 화물자동차와 손수레의 관계적 위치를 표현합니다. 즉, 모형의 요소들은 표현되는 상황의 요소에 대한 대역을 하고 있습니다. 이것이 그림을 그림으로 만드는 사상적(pictural) 관계입니다. 그러나 이것만으로는 충분하지 않습니다. 모형의 요소들은 서로 특별한 방식으로 관계맺고 있어야 합니다. 그것의 관계는 실제의 화물자동차와 손수레와의 공간적 관계를 표현하는 각 모형들 사이의 관계입니다. 만일 모형들이 상점의 진열장에 있었다면, 그것들은 물론 공간적 관계에 있었겠지만, 그것들이 법정 안에서 충돌한 자동차를 표현하기 위한 대용물로 있을 때와 같은 어떤 것을 표현하지는 않습니다. 그림요소들 사이의 관계가 바로 사실이며, 그림에서 요소들의 연결은 바로 그림의 구조입니다(2.15). 비트겐슈타인은 그림구조의 가능성을 '그림형식'(2.17)이라 했고, 이러한 그림요소의 관계가능성을 그것의 '표현형식'(Form der Abbildung)이라고 했습니다. 한 사실의 그림이 되기 위해 그림은 그림이 그리는 사실과 동일한 어떤 것, 즉 '그림형식'을 가져야 합니다. 그러므로 그림은 실재의 세계에서 가능성을 표현합니다(2.201). 예를 들어 건축가의 설계도가 건물의 가능한 배열을 보여 주는 바와 같이, 그림은 그림이 가지는 형식을 표현할 수 있습니다.

이제 비트겐슈타인은 이러한 그림 이론을 사고에 적용합니다. '사고'는 『논고』에서 세계와 언어, 사실과 명제 사이를 연결하는 데 사용됩니다. 사실의 논리적 그림은 사고(Gedanke)입니다(3). 또한 참된 사고의 총체는 세계의 그림입니다(3.01). 비트겐슈타인은 사고를 표현하는 기호를 명제기호라고 합니다(3.12). 명제기호는 가능한 사태의 투사입니다(3.11). 비트겐슈타인에 따르면, 명제는 세계에 대하여 투사적 관계에 있는 명제기호이지(3.12), 낱말들의 혼합이 아닙니다(3.341). 예를 들어 우리가 명제를 *aRb*라고 표시할 때, *R*는 관계로 대상을 지칭할 수 없으며, 오직 *a*와 *b*만이 대상을 지칭한다는 것입니다(3.1432). 명제 속에서 사고가 표현되기 때문에 사고의 대상에 대해서는 명제기호의 요소들이 대응합니다(3.201). 단순기호는 명제 속에서 이름이라고 합니다(3.202). 이 때 이름은 대상을 지시하며 대상은 그 이름의 의미입니다(3.209). 그러므로 명제 안에서 이름은 대상을 나타냅니다(3.22). 명제기호 속에서 단순기호들의 배열에 대해서는, 사태 안에서 대상들의 배열이 대응합니다(3.21). 명제는 사물이 어떻게 있는가를 말할 수 있을 뿐이지, 사물이 무엇인가를 말할 수 없습니다(3.221).

비트겐슈타인에 따르면, 오직 명제만이 의미(sense, Sinn)를 갖습니다. 이름은 오직 명제의 맥락에서만 의미(meaning, Bedeutung)를 가집니다(3.3). 3.3은 프레게에 대한 비트겐슈타인의 비판입니다. 비트겐슈타인은 뜻과 지시체에 대한 프레게의 구별을 받아들였습니다. 프레게에 의하면, 이름과 명제는 모두 뜻과 지시체를 가지고 있습니다. 프레게에게 명제의 의미는 그것의 요소의미의 함수였습니다. 명제의 지시체는 그 명제의 진위였습니다. 그러나 비트겐슈타인은 프레게와는 달리 명제들만이 의미를 가진다고 보는 것입니다.

이제 비트겐슈타인에게 언어의 연구는 명제의 연구를 의미합니다. 언어는 명제들의 총체이기 때문입니다(4.001). 명제는 실재의 그림이자 사실의 그림입니다(4.01, 4.023). 명제는, 그 명제가 참이라면, 어떻게 사물들이 서 있는가를 보여 줍니다. 하나의 명제를 이해한다는 것은, 그 명제가 참이라면 성립되어 있는 것을 안다는 것을 의미합니다 (4.024). 명제는 논리적으로 명확히 표현되었을 때, 명제가 나타내는 사태의 그림이 됩니다(4.05). 따라서 실재는 명제와 비교될 수 있으며 (4.05), 명제들은 실재의 그림이 될 때에만 참이 되거나 거짓이 될 수 있습니다(4.06).

진리함수 이론

명제는 원자명제들로 나뉩니다. 그러므로 하나의 요소명제는 원자적 사실들의 존립 및 비존립을 나타냅니다. 요소명제의 의미는 원자적 사실의 존립 및 비존립의 가능성과 일치하는지 불일치하는지에 달려있습니다. 요소명제는 이름들로 구성되며(4.22), 이름은 요소명제의 맥락에서만 발생합니다(4.23). 비트겐슈타인은 이제 명제와 요소명제의 관계를 설명하기 위해 진리함수이론을 제시합니다. 진리함수이론이란 한 명제의 진리값은 그 요소명제의 진리값에 의하여 결정된다는 것을 말합니다(5). 비트겐슈타인에 따르면, 명제는 요소명제들의 진리가능성들과 일치하느냐 않느냐에 대한 표현입니다(4.4). 요소명제들의 진리가능성과의 일치, 불일치의 표현은 그 명제의 진리조건을 표현합니다. 비트겐슈타인은 진리가능성과의 일치를 'T'로, 불일치를 'F'로 표현하였습니다. 이 표현은 프레게가 표기한 'Truth', 'Falsity'와는 다른 것입니다. 프레게는 그것들이 명제의 지시체로서 실제의 대상이라고 생각하였지만, 비트겐슈타인의 기호에는 어떠한 대상도 대응하지 않습니다(4.431, 4,441).

그런데 비트겐슈타인에 의하면, 진리조건들의 가능한 집단에는 두 가지 극한적인 경우가 있습니다. 하나는 그 명제가 요소명제들의 모든 진리가능성에 대해 참인 경우이고, 다른 하나는 요소명제들의 모든 진리가능성에 대해 거짓인 경우입니다. 비트겐슈타인은 전자를 항진명제(Tautologie)라 하고, 후자를 항위명제(모순명제, Kontradiktion)라고 합니다(4.46). 항진명제는 무조건적으로 참이기 때문에 어떠한 진리조건도 갖지 않습니다. 항위명제는 어떠한 조거에서도 참되지 않습니다. 항진명제와 항위명제는 의미를 결여(sinnlos)하고 있습니다(4.461). 그러나 항진명제와 항위명제가 무의미(unsinnig)한 것은 아닙니다. 그것들은 기호 체계의 일부로서, 마치 '0'이 수학의 기호체계의 일부인 것과 같습니다(4.4611). 따라서 항진명제와 항위명제는 실재의 그림이 아니며, 어떠한 가능한 사태도 나타내지 않습니다. 비트겐슈타인은 모든 논리학의 명제가 항진명제라고 생각하였습니다.

한편, 비트겐슈타인은 논리적 기호체계가 임의성을 띠지 말아야 한다고 생각하였습니다. 기호논리학을 공부한 사람이라면, 프레게의 『개념어 표기법』의 체계나 러셀의 『수학원리』 체계가 두 개의 논리정항이 들어가 있는 임의의 항진명제를 공리로 삼아 출발하고 있다는 사실을 잘 알 것입니다. 그러나 비트겐슈타인의 논리학은 프레게와 러셀식의 외연논리학이기는 하지만, 공리적 방법을 사용하지 않은 채, 진리표의 방법(4.442)을 통해 재구성되었습니다. 명제계산의 논리적 진리를 취급하는 진리표방법이 여러 모로 우수하다고 보았기 때문입니다. 진리표의 방법에는 논리 정항이 나타나지 않고 있습니다. 또 비트겐슈타인은 추론이 공리에 의존하는 것이 아니라, 명제들 사이의 내적 관계에 의존하고 있다고 보았습니다(5.2). 논리학의 명제는 그것이 모든 상황에 대해서 참이라는 것, 즉 항진명제라는 것을 스스로 보여 줍니다(6.1). 이것이 바로 비트겐슈타인이 "논리학은 스스로를 돌보아야만 한다."(5.473)라고 했던 이유입니다. 비트겐슈타인은 모든 명제가 내적 관계에 의해 요소명제들로부터 산출된다는 것을 보여 주기 위해 하나의 논리정항만 나타나는 연산법을 사용했는데, 그것이 이른바 '셰퍼의 화살표(Sheffer's stroke)'인 '↓'입니다. 그 연산법은 논리학에서 다루는 기술적인 문제이기 때문에, 더 이상 설명드리지 않겠습니다.

지금까지 '말할 수 있는 것'에 관해 설명하였습니다. 위에서 제시한 도식을 다시 보면, 이제 우리는 세계와 언어 사이에 구조적 동형성이 있다는 말이 무엇인지를 분명히 이해할 수 있을 것입니다. 요약해 보면, 언어는 명제로 되어 있습니다. 모든 명제는 요소명제로 분석될 수 있으며, 요소명제의 진리 함수입니다. 요소명제들은 직접 대상을 지시하는 이름들의 직접적인 결합체입니다. 요소명제들은 대상들의 직접적인 결합인 원자적 사실들의 논리적 그림입니다. 원자적 사실들은 결합되어 다양한 사실들을 구성하며, 이 사실들이 모여 세계를 구성합니다. 그러므로 언어는 진리함수적으로 구성되어 있으며, 언어의 본질적인 기능은 세계를 서술하는 것입니다.

말할 수 없는 것

'말할 수 있는 것'은 언어가 세계를 그릴 수 있는 사실의 세계에 국한됩니다. 따라서 사실의 영역에 속하지 않는 사고나 명제들은 무의미한 것입니다. 그래서 비트겐슈타인은 "참된 명제의 총체는 전체 자연과학이다."(4.11)라고 선언합니다. 이는 비트겐슈타인의 그림이론의 적용영역이 경험적 사실의 세계에 국한된다는 것을 의미하며, 가치의 영역, 즉 윤리나 종교는 '말할 수 있는 것'의 영역에서 배제된다는 것을 뜻합니다. 이 때 '말할 수 없는 것'으로는, 논리적 형식과 논리학 자체에 관한 명제들, 명제의 일반형식에 따르지 않는 명제들(일반명제, 심리학과 유아론에 관한 명제, 수학명제, 자연 법칙에 관한 명제), 윤리학, 미학, 형이상학과 같은 가치에 관한 명제들, 철학의 본성에 관한 명제들이 있습니다. 이 가운데서 알기 쉬운 내용만 발췌하여 설명하겠습니다.

먼저 논리적 형식과 논리학 자체에 관한 명제들은 세계의 사실에 관해 말하는 명제가 아닙니다. 명제들은 논리적 형식을 나타낼 수 없고, 명제 속에 그 자체가 반영되고 있습니다. 명제들은 실재의 논리적 형식을 그냥 드러내 보여 줄 뿐입니다(4.121). 그리고 보일 수 있는 것은 말할 수 없습니다(4.1212). 또 비트겐슈타인은 "우리의 근본적인 원리는 논리학에 의하여 완전히 결정될 수 있는 모든 문제는 그대로 결정될 수 있다는 것이다."(5.551)라고 주장합니다. 이 주장은 러셀의 무한성 공리에 대한 비트겐슈타인의 논박을 담고 있습니다. 러셀은 무한성 공리를 끌어들임으로써 수학을 논리적인 것이 아니라 경험적인 것으로 만들어 버렸습니다. 그러나 비트겐슈타인에 의하면, 논리적인 것은 결코 경험적인 것에 의존하지 않습니다. 논리학의 명제들은 경험적으로 논박될 수 없을 뿐만 아니라, 경험적으로 확증될 수도 없습니다(6.122). 그런 점에서 논리학은 세계에 관해 무엇인가를 말하는 여타 경험과학과는 근본적으로 다릅니다. 논리학의 명제들은 항진명제들이며(6.1), 세계에 관해 아무 것도 말해 주는 바가 없는 분석명제입니다(6.11). 논리학의 명제는 세계의 골격만을 기술할 뿐입니다(6.12). 경험적인 명제가 아니므로, 논리학에는 놀랄 만한 것이 없습니다(6.1251). 그래서 논리학의 모든 명제는 같은 서열에 있습니다(6.127). 논리학은 이론이 아니라, 세계의 반영이며 따라서 논리학은 선험적입니다(6.13). 그리고 비트겐슈타인에게는 수학명제들도 항진명제와 같습니다. 수학은 바로 논리학의 방법이며(6.234), 따라서 어떠한 사고도 표현하지 않는 사이비명제이기 때문에(6.2) 말할 수 없는 것에 속합니다.

유아론에 관한 명제도 말할 수 없고, 단지 그 자체로 보일 뿐입니다(5.62). 생각하고 현전하는 주관, 그러한 것은 없습니다(5.631). 주관은 세계에 속하지 않는 세계의 한계입니다(5.632). 예를 들어 눈이 바라볼 수 있는 시각영역이 있습니다. 시각영역이 존재함은 눈이 존재한다는 것을 보여줍니다. 그러나 눈 자체는 시각 영역에 나타나지 않습니다. 마찬가지로 자아는 세계에 관한 내 의식에 나타나지 않습니다. 자아는 세계인식의 원천이지, 그 대상의 원천이 아닙니다. 즉, 자아는 경험의 세계에 나타나지 않습니다.

　가치를 표현하는 명제 또한 세계 속의 사실을 표현하는 명제가 아닙니다. 그래서 가치는 세계 속에 있는 것이 아니라, 세계 밖에 있어야만 합니다(6.41). 즉, 세계 속에 윤리적 명제란 있을 수 없습니다. 윤리학은 초월적입니다(6.421). 세계는 내 의지와 독립해서 존재하는 것입니다(6.373). 삶의 의미에 관한 문제들도 선악의 문제처럼 과학적 문제들이 아닙니다. "우리는 모든 가능한 과학적 물음들이 답해졌을 때에도 삶의 문제는 완전히 손대지 않은 채 남아 있음을 느낀다. 물론 남아 있는 문제란 없다. 그리고 이것이 바로 대답이다."(6.52)라고 비트겐슈타인은 말합니다. 삶의 문제는 문제의 소멸에서 보인다는 것입니다(6.521). 마찬가지로 죽음은 삶의 사건이 아닙니다. 우리는 살면서 죽음을 겪지 않습니다(6.4311). 죽는다고 해서 세계가 변하는 것이 아니라, 단지 그칠 뿐입니다(6.431). 인간영혼의 시간적 불멸성도 결코 보장될 수 없습니다. 시공 속에 있는 삶의 수수께끼의 해결은 시공 밖에 있기 때문입니다. 다시 말해 세계 속의 존재는 삶의 수수께끼, 존재의 목적에 관한 답할 수 없는 문제를 해결할 아무 수단도 없기 때문입니다. 시공 밖에 있는 삶이나 죽음의 물음이 표현될 수 없다면, 답도 표현될 수 없습니다. 그러므로 수수께끼는 존재하지 않습니다(6.5). 이런 수수께끼는 그런 물음을 해소함으로써만 해결될 수 있을 따름입니다. 그런데 비트겐슈타인에게 정말로 표현할 수 없는 것이 있습니다. 그것은 신비적인 것입니다(6.522). '신비적'이란 예를 들어 어떻게 세계가 있는가

하는 것이 아니라, 도대체 세계가 있다고 하는 것입니다(6.44). 한계지어진 전체로서 세계를 느끼는 것이 바로 신비적인 감정입니다(6.45). 이 신비적인 것은 그 자체 보일 뿐입니다(6.522).

끝으로 철학의 본성에 관한 명제들도 말할 수 없는 것에 속합니다. 비트겐슈타인에 의하면, 역사상 대부분의 철학적 명제들은 그 명제에 사용된 기호들이 세계에 대해 아무 것도 말하고 있지 않기 때문에, 거짓이 아니라 무의미한 명제들입니다(4.003). 철학의 명제들은 필연적이지도 않고, 자연과학의 명제처럼 사실적이지도 않습니다. 따라서 철학은 자연과학이 아닙니다(4.111). 철학명제들은 표면상 지식을 전달하는 것과 같은 문법적 외양을 지니지만, 사실상 우리에게 그 어떤 사실적 지식도 전해 주지 않는 사이비명제들이었습니다. 그런 언어의 외양에 속아 종래의 철학자들은 무의미한 형이상학적 명제들을 생산해 왔습니다. 그렇다면 철학의 목적과 기능은 무엇일까요? 먼저 비트겐슈타인의 말을 들어 보십시오.

4.003　모든 철학은 언어 비판이다.

4.112　철학은 사고의 논리적 명료화에 있다. 철학은 교설이 아니라 활동이다. 철학적 활동은 본질적으로 해명들로 이루어진다. 철학의 결과는 '철학적 명제'의 수가 아니라, 명제의 명료하게 하는 데 이른다. 철학은 애매하고 흐릿한 사고를 분명히 하고, 또 뚜렷하게 사고의 한계를 정해야 한다.

결국 비트겐슈타인에게 철학의 진정한 목적은 언어의 비판과 해명 그리고 사고의 한계를 설정해 주는 데 있었습니다. 철학을 하는 올바른 방법은 "말할 수 있는 것, 즉 철학과는 아무 상관이 없는 자연과학의 명제들 이외에는 아무 것도 말할 수 없다는 것, 따라서 누군가가 형이상학적인 것에 대해 말하려고 할 때마다 그가 말하려는 명제의 기호들은 아무 의미도 없다는 것을 증명해 주는 것"입니다(6.53). 그런데『논고』의 명제들도 사실은 자연과학적 명제와 같은 것이 아니라, '실재', '사실', '대상' 등과 같은 표현이 들어 있는 철학적인 명제들이었으며, 해명적인 명제들이었습니다. 여기서 철학의 올바른 방법은 비트겐슈타인 자신의『논고』에도 적용되어야 합니다. 이를 자각했던 비트겐슈타인은 그래서 다음과 같이 말하였습니다. "내 명제는 다음과 같이 해명된다. 나를 이해하는 자는 내가 말한 명제들이 무의미하다는 것을 깨달을 것이다……(말하자면 그는 사다리를 타고 올라간 후, 사다리를 던져 버려야 한다.) 그는 이런 명제에서 헤어나야 한다. 그러면 그는 세계를 바르게 보게 될 것이다."(6.54). 비트겐슈타인 자신의 명제들도 결국은 세계를 바로 보기 위한 사다리와 같은 것이었던 셈입니다. 이것은 그의 철학이 일종의 형이상학이었다는 것을 암암리에 인정한 것이나 다름없습니다.

『논고』는 "말할 수 없는 것에 대해서는 침묵해야 한다(Wovon man nicht sprechen kann, darüber muß man schweigen.)."(7)라는 선언으로 끝

납니다. 『논고』의 목표는 세계의 존재론적 형식에 대한 언어분석적, 논리적 해명이었습니다. 그것을 통하여 사고의 한계를 설정하고 유의미성과 무의미성의 기준을 마련하는 것이었으며, "내 언어의 한계는 내 세계의 한계"(5.6)임을 밝히는 것이었습니다. 이를 위해 비트겐슈타인은 언어와 사실 간의 대응이라는 의미의 외연성과 논리적 구조동일성을 통해, 언어의 의미 속에서 그 스스로를 보여 주는 세계의 본질구조를 논리적으로 해명하였던 것입니다.

현대에 와서 『논고』는 분석철학의 가장 영향력 있는 저작의 하나이자 고전으로 손꼽히고 있습니다. 『논고』는 논리실증주의의 성립에 결정적인 역할을 하였습니다. "한 문장의 의미는 그것의 검증방법이다."로 요약되는 논리실증주의자의 검증적 의미 이론은 '말할 수 있는 것'과 '말할 수 없는 것'의 구분을 언어에 가감 없이 적용시킨 결과입니다. 카르납(R. Carnap)의 「언어의 논리적 분석을 통한 형이상학의 제거」도 위의 구분을 근거로 해서 씌어진 논문입니다. 거기에서 카르납은 하이데거의 철학 전체가 형이상학을 이야기하는 사이비명제라고 몰아치고 이를 제거하고자 하였습니다. 에이어(A. J. Ayer)의 『진리, 언어와 논리』도 『논고』에 영향을 받아 쓴 초기 논리 실증주의 저서입니다. 『논고』는 그 밖에도 램지를 위시한 케임브리지의 젊은 철학자들에게도 많은 자극을 주었습니다. 브로디(R. Brody)는 당시의 상황을 다음과 같이 재치 있게 표현하였습니다. "나는 비트겐슈타인군이 부는 피리의, 고도로 절제된 연주에 맞추어 춤을 추는 일단의 젊은 철학자들을 자애로운 눈으로 바라볼 것이다." 그러나 비트겐슈타인은 논리실증주의자들과의 교류를 통해 차츰 『논고』의 주장이 어딘가 잘못되었다는 점을 깨닫게 됩니다. 그래서 세계를 그림과 같이 그려 보고자 했던 전기의 관심을 포기하고, 일상언어의 쓰임새를 연구하기 시작합니다. 비트겐슈타인의 후기 철학을 일반적으로 의미용도론이라고 합니다. 그 내용은 다른 지면을 통해 소개하기로 하겠습니다.

참고 문헌

한전숙·차인석, 『현대의 철학 I』, 서울대학교 출판부, 서울: 1980.

앤더슨, 『철학과 인문과학』, 양성만 옮김, 문예출판사, 서울: 1988.

윌 듀란트, 『철학이야기』, 설헌영 옮김. 동서문화사, 서울, 1975.

브라이언 매기, 『위대한 철학자들』, 수선철학회 옮김, 동녘, 서울: 1994.

박정호 외, 『현대철학의 흐름』, 동녘, 서울: 1996.

에릭 매슈스, 『20세기 프랑스 철학』, 김종갑 옮김, 동문선, 서울: 1996.

위스망·베르제, 『인간학 철학 형이상학』, 남기영 옮김, 도서출판 정보여행, 서울: 1996.

다이아네 콜린슨, 『50인의 철학자』, 박은미·유현상 옮김, 시공사, 서울: 1999.

박이문, 『하나만의 선택』, 문학과 지성사, 서울: 1978.

조셉 치아리, 『20세기 프랑스 사상사』, 이광래 옮김, 종로서적, 서울: 1982.

강대석, 『새로운 역사철학』, 한길사, 서울: 1991.

뮤니츠, 『현대분석철학』, 박영태 옮김, 서광사, 서울: 1997.

쇼펜하우어, 『의지와 표상으로서의 세계』, 김중기 옮김, 집문당, 서울: 1976.

발터 아벤트로트, 『쇼펜하우어』, 이안희 옮김, 한길사, 서울: 1998.

니체, 『차라투스트라는 이렇게 말하였다』, 강두식 옮김, 휘문출판사, 서울: 1972.

백승영 외, 『니체가 뒤흔든 철학 100년』, 민음사, 서울: 2000.

베르크손, 『의식에 직접 주어진 것들에 관한 시론』, 최화 옮김, 아카넷, 서울: 2001.

월터 라우리, 『키에르케고르: 생애와 사상』, 이학 옮김, 청목서적, 서울: 1988.

표재명, 『키에르케고르 연구』, 지성의 샘, 서울: 1995.

키에르케고르, 『공포와 전율』, 곽복록 옮김, 휘문출판사, 옮김, 서울: 1972.

키에르케고르, 『죽음에 이르는 병』, 박환덕 옮김, 휘문출판사, 서울: 1972.

하이데거, 『존재와 시간』, 이기상 옮김, 도서출판 까치, 서울: 1998.

레비나스, 『시간과 타자』, 강영안 옮김, 문예출판사, 서울: 1996.

김연숙, 『레비나스 타자 윤리학』, 인간사랑, 서울: 2001.

손영실, 「레비나스의 주체와 책임」, 『사색』 제15집, 숭실대 철학과, 1999.

김형효, 『메를로-퐁티와 애매성의 철학』, 철학과 현실사, 서울: 1996.

메를로-퐁티, 『의미와 무의미』, 권혁면 옮김, 서광사, 서울: 1985.

이윤일, 「프레게의 논리철학」, 『사색』 제8집, 숭실대학교 철학과, 1986.

알프레드 에이어, 『러셀』, 신일철 옮김, 이대출판부, 서울: 1988.

팬, 『비트겐슈타인의 철학』, 황경식·이운형 옮김, 삼일당, 서울: 1983.

이윤일, 「비트겐슈타인의 『트락타투스』에 관한 연구」, 숭실대 석사학위 논문, 1984.